Staat und Kapital

Johannes Agnoli

Staat und Kapital

Theorie und Kritik

Herausgegeben von Michael Hewener und Niccoló Agnoli

Schmetterling Verlag

Bibliografische Informationen *der Deutschen Nationalbibliothek*
Die Deutsche Nationalbibliothek verzeichnet diese Publikation in der Deutschen Nationalbibliografie; detaillierte bibliografische Daten sind im Internet über
http://dnb.d-nb.de abrufbar.

Schmetterling Verlag GmbH
Libanonstr. 72A
70184 Stuttgart
www.schmetterling-verlag.de
Der Schmetterling Verlag ist Mitglied von aLiVe,
der assoziation Linker Verlage

ISBN 3-89657-171-0
1. Auflage 2019
Printed in Poland

Satz und Reproduktionen: Schmetterling Verlag
Druck: sowa, Warschau, Polen

Inhalt

Vorwort

Der Haupttext dieses Bandes, Johannes Agnolis Aufsatz «Der Staat des Kapitals», versucht das Verhältnis zwischen Staat und Kapital in expliziter Auseinandersetzung mit zwei Theorien zu bestimmen. Das ist zum einen die Theorie des staatsmonopolistischen Kapitalismus (Stamokap), die auf Lenin basiert und seit den frühen 60er-Jahren Staatsdoktrin in den meisten realsozialistischen Ländern Europas war. Sie nahm eine Verschmelzung des Staatsapparats mit dem zu Monopolen konzentrierten Kapital an. Zum anderen handelt es sich um die deutsche Staatsableitungsdebatte,[1] die Anfang der 1970er-Jahre versuchte, die tragende Funktion des Staates innerhalb einer kapitalistisch organisierten Ökonomie zu untersuchen. Darüber hinaus ist Agnoli auch von der italienischen Debatte dieser Jahrzehnte beeinflusst – die gramscianische Tradition[2] auf der einen, der klassische Operaismus[3] auf der anderen Seite.

Abgesehen von an Gramsci anschließender Hegemonietheorie gelten diese Ansätze momentan nicht als maßgebend in der linken politischen Debatte. Zudem scheint auch der historische Kern des Textes, die damaligen politischen Kräfteverhältnisse, nichts mit der heutigen Situation zu tun zu haben. So stellt sich die Frage nach der Aktualität von Agnolis Text. Warum also so lange Zeit nach dem ersten Erscheinen der deutschen Fassung diesen Band neu herausgeben?

Der Grund ist, dass es Johannes Agnoli gelingt, trotz des vorläufigen und fragmentarischen Charakters des Textes, Grundzüge einer materialistischen Staatstheorie zu entwerfen. Er führt formallogische Erkenntnisse der Staatsableitungsdebatte über den Zusammenhang von Staat und Kapital mit hegemonietheoretischen Ansätzen zusammen, die die Kräfteverhältnisse ins Zentrum rücken. Agnoli argumentiert, dass innerhalb eines kapitalistischen Systems auf der Formebene der Staat die Voraussetzungen für eine gelingende Akkumulation gewährleisten muss. Dies gilt seiner Analyse nach unabhängig von der politischen Orientierung der konkreten Regierung. Ka-

1 Exemplarisch: Wolfgang Müller, Christel Neusüß: «Die Sozialstaatsillusion und der Widerspruch von Lohnarbeit und Kapital», in: Sozialistische Politik, Nr. 6/7, 1970; oder auch Elmar Altvater: «Zu einigen Problemen des Staatsinterventionismus», in: *Probleme des Klassenkampfs*, Nr. 3, S. 1-53, 1972.

2 Ausgehend von Antonio Gramsci (1891–1937). Mitbegründer der PCI, entwickelte in faschistischer Haft in seinen Gefängnisheften eine Hegemonietheorie, bei der politische Kräfteverhältnisse ins Zentrum rücken.

3 Marxistische Strömung, die ab Beginn der 1960er-Jahre in Italien entwickelt wurde. Im Gegensatz zu abstrakten «Kapitalbewegungen» wird die Subjektivität des Arbeiters (ital. Operaio) in der Fabrik ins Zentrum gestellt.

pitalfreundliche Regierungen haben ohnehin ein Interesse daran. Aber auch Regierungen, die sich für die Belange der Arbeiterschaft einsetzen, unterstützen das Ziel der Maximierung der Profite, schließlich müssen sie Steuereinnahmen generieren, um z. B. sozialstaatliche Leistungen finanzieren zu können. Die staatliche «Autonomie» ist also eingeschränkt, weil ihre Zielvorgabe letztendlich immer die (bestmögliche) Reproduktion des Kapitalismus ist. Das ist das Primat des Ökonomischen gegenüber dem Politischen.

Vor diesem Hintergrund spielt der Staat nach Agnoli auf der Ebene der Kräfteverhältnisse für Kapital und Proletariat eine entgegengesetzte Rolle. Für das Kapital ist der Staat die Institution, in der sich aus den miteinander konkurrierenden Einzelkapitalen ein Gesamtkapitalist herausbildet, der langfristig das Ziel einer gelingenden Akkumulation verfolgt und sich deshalb kurzfristig auch gegen Einzelkapitalinteressen wenden kann.

Das Verhältnis des Staates zum Proletariat ist dagegen ein grundsätzlich anderes: Wenn die Massen die Produktion stören, müssen sie befriedet werden, gegebenenfalls sogar mit materiellen Zugeständnissen, wenn Zwang, Propaganda und institutionelle Einhegung nicht ausreichen. Sobald aber das Proletariat nicht mehr aufrührerisch ist, wird der Staat versuchen, bereits gemachte Zugeständnisse wieder wegzunehmen, da der Akkumulationshunger tendenziell grenzenlos ist. Der Staat ist und bleibt für Agnoli also, unabhängig von der politischen Ausrichtung der Parteien, die die Regierung stellen, am Ende immer der Staat des Kapitals und steht als solcher dem Proletariat antagonistisch gegenüber. Indem Agnoli die abstraktere Ebene der Formlogik stärker in die Analyse der Kräfteverhältnisse einbezieht, kann er die Grenzen einfacher Reformbemühungen klarer bestimmen als beispielsweise Nicos Poulantzas, auch wenn dessen Breite in der Binnenanalyse der Staatsapparate in dem hier vorliegenden Aufsatz nicht erreicht wird.[4] Agnolis Aktualität liegt dabei in den Einwänden, die er gegen einen einfachen sozialstaatlichen Reformismus, gegen die Parteiform und gegen eine naive parlamentarische Strategie anführt. Es sind Einwände und Fragen, mit denen sich jede linke Bewegung, egal welcher Organisationsform, auseinandersetzen und auf die sie dringlich Antworten finden muss, wenn sie nicht im politischen Prozess bewusst-unbewusst auf die andere Seite der Barrikade überwechseln und als kapitalistische Partei enden möchte. Agnoli macht es einer unkritischen parlamentarischen Strategie schwer, ihn einfach einzugemeinden – wie es der Gramsci-Poulantzas-Linie aktuell allzu häufig ergeht – zumal er uns ohne konkrete politische Handlungsanwei-

4 Allerdings hat er in seiner 1967 erschienenen politologischen Teiltheorie «Die Transformation der Demokratie» sehr scharfe Analysen zu Parlament und Partei geliefert. Es empfiehlt sich diese mit dem «Staat des Kapitals» vor allem vor dem Argument der sozialen Befriedung zusammen zu denken!

sung zurücklässt. Eindeutig geht bei ihm nur eines hervor: Eine politische Machtübernahme bei gleichzeitigem Weiterbestehen der kapitalistischen Wirtschaftsordnung stellt leider keine reale Alternative dar.

Genau wie in der deutschen Originalausgabe, die 1975 bei Wagenbach erschienen ist, wird der «Staat des Kapitals» hier von zwei weiteren Aufsätzen und einer Diskussion begleitet. In «Klasse und Staat in Deutschland» versucht Agnoli den Arbeiterinnen und Arbeitern von Fiat quasi als Warnung in einem Ländervergleich die Stabilität deutscher Verhältnisse zu erklären und diskutiert mit ihnen anschließend politische Strategien. In «Revolutionäre Strategie und Parlamentarismus» setzt er sich dagegen mit den Strategien der kommunistischen Parteien Frankreichs, West-Deutschlands und Italiens auseinander.[5]

Die Beiträge wurden also als Kritik im Handgemenge verfasst und benötigen zur besseren Verständlichkeit heutzutage eine kleine historische Einordnung sowie einige theoretische Anpassungen an aktuelle wirtschaftliche und politische Entwicklungen. Vor allem ökonomisch kann es schwer sein, sich in Texte hineinzudenken, die vor dem heute allgegenwärtigen neoliberalen Globalisierungsdiskurs geschrieben wurden.

Zuerst zum letzten Aufsatz «Revolutionäre Strategie und Parlamentarismus». Auf parlamentarischer Ebene waren die frühen 1970er-Jahre in Italien vom sog. Compromesso Storico, dem Historischen Kompromiss gekennzeichnet. Obwohl zeitweise eine rechnerisch linke Mehrheit im Parlament vorhanden war, verzichtete der PCI (Partito Comunista d'Italia) auf die Machtübernahme und tolerierte gegen Zugeständnisse eine Regierung der DC (Democrazia Cristiana). Argumentativer Hintergrund war die Angst, dass sich ein von der CIA unterstützter rechter Putsch wie in Chile auch in Italien wiederholen könnte, wenn die Linken an die Staatsmacht gelangen würden. Agnoli setzt sich hiermit im für die deutsche Ausgabe hinzugefügten Vorwort von «Revolutionäre Strategie und Parlamentarismus» kritisch auseinander.

Nun zu den anderen Aufsätzen. Obgleich erstmals 1975 auf Deutsch erschienen, beruhen sowohl der «Staat des Kapitals» als auch «Klasse und Staat in Deutschland» auf Vorträgen, die Agnoli im Februar 1973 in Turin gehalten hatte. Im März 1973 erreichten die im Heißen Herbst 1969 begonnenen Arbeitskämpfe[6] in Italien mit der Besetzung der Fiat-Fabrik in Mirafiori, Turin, ihren Höhepunkt. Agnoli schreibt also in einer zuversichtlichen

5 Der Beitrag beruht auf einem älteren Aufsatz: Johannes Agnoli: «Strategia rivoluzionaria e Parlamentarismo», in: *Sviluppo economico e rivoluzione*, Bari (De Donato) 1969.

6 Entscheidend bei diesen italienischen Arbeitskämpfen war, dass die Arbeiterschaft sich großteils autonom organisiert hatte und ihre Aktionen auch gegen Einsprüche der PCI oder der Gewerkschaftsfunktionäre durchsetzte.

Aufbruchstimmung. Die ökonomischen Überlegungen, die diesem Optimismus zu Grunde liegen, bestehen in der Annahme, dass dem Kapital durch Fabriken und Maschinen ein sehr hoher Finanzierungsaufwand entstanden ist (fixes Kapital). Wenn die Arbeiterinnen und Arbeiter nun in der Lage wären, deren Verwertung zu stoppen, wie es in dem historischen Moment den Anschein hatte, würden sie am längeren Hebel sitzen, da bereits kurze Zeitspannen für das Kapital mit starken Verlusten verbunden wären. Vor diesem Hintergrund ist auch die Relevanz von Agnolis Behauptung bezüglich der Verschiebung der Vorherrschaft des Finanzkapitals zum Industriekapital zu verstehen, die mit dem jetzigen Wissen um den nach dem Ende von Bretton Woods im März 1973 aufkommenden Neoliberalismus widersinnig erscheinen muss. Allerdings präzisiert er bereits in seinem damaligen Vorwort: «Die Richtigkeit der hier entwickelten Analyse kann nur von der Praxis bestätigt oder widerlegt werden.»

Nun, in diesem Punkt wurde die Analyse widerlegt, denn die Klassenkämpfe bei Fiat endeten schließlich 1979/1980 mit einer Niederlage. Flankiert von der Kriminalisierung und Verhaftung zahlreicher Aktivistinnen und Aktivisten, konnte Fiat umfangreiche Entlassungen und Produktionsverlegungen durchsetzen. Diese Niederlage steht exemplarisch für zahlreiche andere Niederlagen der organisierten Industriearbeiterschaft gegen neoliberale Angriffe. Auf sie hat die Linke in Europa bis heute keine schlagkräftige Antwort gefunden. Dass Agnoli diese Wandlungsfähigkeit des Kapitals nicht hat kommen sehen, teilt er allerdings mit den meisten Beiträgen der frühen 70er-Jahre.

Durch die Fehlinterpretation der Verhältnisse zwischen Finanz- und Industriekapital setzt sich die zeitbedingte Schwäche von Agnolis Argumentation mit seinem Versäumnis fort, die einzelnen Nationalstaaten im globalen Zusammenhang zu betrachten. Er scheint die nationalpolitischen Zirkulationsbarrieren des Finanzkapitals seiner Zeit und damit einen weiteren wesentlichen Faktor für die Standortgebundenheit für unumstößlich gehalten zu haben. Jedenfalls hat er die Auswirkungen einer massiven Kapitalflucht nicht beachtet und stattdessen die Bestimmung der Grenze dessen, was vom Kapital abpressbar ist, allein bei einer gegen null gehenden Profitrate auf nationaler Ebene gesucht. Wie vor allem Joachim Hirsch jedoch später herausgearbeitet hat, geschieht Kapitalflucht bereits, sobald einer der anderen nationalen Wettbewerbsstaaten bessere Bedingungen bietet.

Eine weitere historische Merkwürdigkeit, die der Erklärung bedarf, ist die Zentralität der Debatte um den «Planstaat». Diese Debatte geht auf eine Intervention des Operaisten Raniero Panzieri[7] zurück, der in den frühen

7 Raniero Panzieri (1921-1964), italienischer Marxist, Mitbegründer des Operaismus und der Zeitschrift *Quaderni Rossi*.

60er-Jahren die traditionelle linke Ansicht kritisiert hatte, Staatsplanung sei dazu da, kapitalistische Marktkräfte einzugrenzen. Er versuchte stattdessen zu zeigen, dass Staatsplanung in der damaligen historischen Situation ausgesprochen wichtig für die direkte Organisation der Mehrwertproduktion moderner monopolkapitalistischer Industriestaaten sei. Agnoli sieht den wichtigsten Punkt bei der staatlichen Gesellschaftsplanung dagegen nicht in der Wirtschaftsorganisation an sich, sondern vielmehr in der Befriedung und parteiförmigen Institutionalisierung des aus seiner Sicht zentralen Krisenherdes, den aufmüpfigen Massen, worin sein eigener Beitrag besteht.

In diesem Zusammenhang hatte Agnoli in der BRD zunächst mit den Gründungsvorbereitungen der DDR-freundlichen DKP ganz unmittelbar im Republikanischen Club[8] zu kämpfen. Später versuchte er zusammen mit Peter Brückner eine Parteigründung einiger ehemaliger APO-Genossinnen und Genossen zu verhindern, von denen dann fast alle wenige Jahre später bei der Gründung der Grünen dabei waren. In Italien hat sich die parteiförmig organisierte Linke in einem Prozess schleichender Sozialdemokratisierung komplett abgeschafft. In Deutschland haben die Grünen auf dem Weg zur Macht ihre neoliberale Anpassung vollendet. Und selbst die Linkspartei fällt ähnlichen Anpassungsprozessen immer zum Opfer, sobald sie in die Nähe von Machtpositionen gelangt.

Allein diese Entwicklungen, die immer wieder und wieder zu sehen sind, beweisen Agnolis Aktualität. Zudem können wichtige Anpassungen und Aktualisierungen in sein Gedankengebäude integriert werden, ohne dass dieses zusammenbricht, da seine theoretische Stärke – wie übrigens auch in der «Transformation der Demokratie» – nicht in der konkreten historischen Analyse besteht, sondern im Aufzeigen allgemeiner Strukturen im kapitalistischen Staat.

Es ist die besondere Tragik von Johannes Agnoli, dass zwar nicht seine hoffnungsvollen Prognosen bezüglich der aufkommenden Klassenkämpfe eintraten, seine Vorhersagen über den Befriedungscharakter der parteiförmigen Organisierung dafür aber schließlich umso mehr. Wenn auch sicherlich nicht monokausal, so ist die Suche nach einem Zusammenhang eine Analyse wert. Aus diesem Grund kann eine erneute Lektüre von Agnolis Texten zum kollektiven Denkprozess anregen und zur Erarbeitung strategischer Perspektiven beitragen, wie er selbst es sich in seiner Einleitung gewünscht hat.

Berlin im Dezember 2018
Michael Hewener und Niccolò Agnoli

8 Vgl. hierzu: Michael Hewener: «Die Westberliner Neue Linke und die Stasi – *Der Kampf um den Republikanischen Club*», in: *Arbeit – Bewegung – Geschichte*, Nr. 1, S. 22-441, 2017.

Zur Einleitung

Bei den hier vorgelegten Texten handelt es sich – um dies von vornherein klarzustellen und Erwartungen nicht zu enttäuschen – um vorläufige Arbeitsergebnisse. Sie enthalten nichts weiteres als Anregungen zum kollektiven Erkennen und zum kollektiven Denkprozeß und zur Erarbeitung strategischer Perspektiven. Dabei wird allerdings auch ein Nebenzweck anvisiert: Die marxistische Diskussion aus der einseitigen Bahn der sogenannten korrekten Ableitung ökonomischer Prozesse und politischer Entwicklungen aus der «Kapitalbewegung» so weit wie möglich entgleisen zu lassen.

Ein wissenschaftlicher Anspruch im Sinne gängig-akademischer Vorstellungen (Vorstellungen in dem von Hegel benutzten, genauen Sinn des Wortes[9]) wird nicht erhoben, noch wird Originalität behauptet. Letztere ist inzwischen ohnehin unsinnig geworden. Wer heute «große» wissenschaftliche Werke verfaßt: als abgeschlossene Systemtheorien oder als enzyklopädische Darstellungen, usurpiert nur den Titel der Autorenschaft. Die Vergesellschaftung des Erkennens hat einen derart hohen Grad erreicht, daß «Autoren» in Wirklichkeit kollektiv erarbeitete Materialien, Informationen und Reflexionen sowie kollektiv erfahrene Ergebnisse der Praxis lediglich registrieren und redigieren.

Was die mögliche wissenschaftliche Gültigkeit der «Überlegungen» angeht: Die Richtigkeit der hier entwickelten Analyse kann nur von der Praxis bestätigt oder widerlegt werden. Eben deshalb freilich versteht sich die Analyse auch als Anleitung zum Handeln. Wird sie praktisch, so beweist sie sich von selbst. Ist in den Beiträgen unter anderem von einer Verschiebung der Krisen kapitalistischer Gesellschaften von der Zirkulation in die Produktion die Rede, so enthält dies zugleich auch die politische Aufforderung, die Praxis dorthin zu verlegen und die These mittels Verwirklichung zu bestätigen. Anders wäre die materialistisch-dialektische Methode nur eine intellektuelle Übung. Veri criterium est idipsum fecisse – an Vicos erkenntnistheoretischem Satz soll ruhig festgehalten werden.[10]

Alle in diesem Band veröffentlichten Beiträge sind sozusagen «italienisch». Die Diskussion mit den FIAT-Arbeitern und der Aufsatz »Der Staat des Kapitals« sind thematisch und zeitlich miteinander verknüpft. Der Aufsatz geht auf Vorträge zurück, die ich im Februar 1973 (also gleichzeitig mit der Turiner Diskussion) an der Turiner Universität im Rahmen eines Graduierten-

9 Hegel, Phänomenologie des Geistes, Schlußsatz V. A. Beobachtende Vernunft.

10 **Anmerkung der Hg.:** Lat.: Das Wahrheitskriterium besteht darin, etwas selbst gemacht zu haben. Giambattista Vico (1668-1744).

seminars über die Autonomie der Politik gehalten habe. Hinter der thematischen Verknüpfung steckt allerdings ein wichtiger Aspekt der Einheit von Theorie und Praxis in der spezifischen Form einer Verbindung zwischen wissenschaftlicher Berufsarbeit (Graduiertenseminar) und politischer Diskussion mit Arbeitern. Der Versuch gelang und fiel überdies zugunsten der Arbeiter aus, die sehr schnell den von Intellektuellen nur postulierten Praxisbezug fanden – während die Universitätsgraduierten hingegen sich – wenn auch in sehr gescheiter Weise – stundenlang über die Verträglichkeit der von mir entwickelten Kategorien mit Begriffen der Frankfurter Schule ausließen.

Es wird auffallen, daß im großen und ganzen die bei beiden Gelegenheiten benutzte Terminologie die gleiche ist. Das scheint mir aus zwei Gründen wichtig zu sein. Erstens versteht der klassenbewußte Arbeiter theoretisch schwierige Zusammenhänge viel besser, als Intellektuelle und intellektualistische Avantgarden sich das vorstellen. Zweitens ist die sogenannte Popularisierung nicht nur eine moralisch gefaßte Beleidigung des Proletariats, sondern auch ein politischer Irrtum. Intelligenz ist eine Funktion und keine Substanz, und als Funktion muß sie in Tätigkeit gesetzt werden. Popularisierung kommt keineswegs einem vorgeblich niedrigen Bildungsstand entgegen, sondern schafft ihn erst und verfestigt seine Grenzen. Gewiß spielt bei der Verständnisbereitschaft und -fähigkeit bekanntlich der Stand der Klassenauseinandersetzungen eine wesentliche Vermittlungsrolle. Ausdrücke wie Ausbeutung, Mehrwertproduktion, Tauschverhältnis von Arbeit und Kapital, Einheit von Arbeits- und Verwertungsprozeß sind für eine kämpfende Klasse keine Wörter aus einer fremden Welt. Der Arbeiter, der seine Lage kennt und einsieht, der also genau weiß, was Verausgabung von verkaufter Arbeitskraft von der tätigen Selbstverwirklichung der eigenen Fähigkeiten unterscheidet, begreift die Widersprüche des Produktionsprozesses und seiner eigenen Stellung darin unmittelbarer als Studenten oder Marx-Repetitoren. Er vermittelt die sinnlich wahrgenommene eigene Leistung ohne Reflexionshemmungen mit der Zwangslage, für andere und zum Wohl und Gewinn anderer arbeiten zu müssen. Tätig sein – und auch die Muße als Form der Selbstverwirklichung ist eine besondere Form der Tätigkeit – ist ihm ein Bedürfnis. Arbeiten gilt für ihn aber schlicht als «Scheiße». Nur wenn der Klassenkampf abflacht (oder wenn der Versuch partiell gelingt, ihn zum Abflachen zu bringen), verringert sich die Möglichkeit der theoretischen Vermittlung und der politischen Bewußtheit. Die Arbeit bleibt dann immer noch Zwang, die Beziehung zur Ausbeutung und der Widerspruch zwischen Arbeit und Selbstverwirklichung – ohnehin reduziert auf die bornierte Fassung von Arbeitszeit und Freizeit – wird aber verdunkelt.

Da von Klassen und vom Klassenkampf die Rede ist, so wird sich sicherlich – sollten bürgerliche Wissenschaftskollegen zufälligerweise diese Texte lesen – der Vorwurf erheben, ich nähme gar keine Rücksicht auf die «Ergebnisse der neueren soziologischen Forschung» und auf die sie sichernden forschungslogischen Regeln neuester Wissenschaftstheorien und ließe die ganze Komplexität moderner sozialer Prozesse, Schichtendifferenzierungen, Disparitätskonflikte, Interaktionen und so weiter außer acht.

Dazu einige Bemerkungen.
Zunächst: Wenn auch bürgerliche Forscher aufgefordert bleiben, sich mit der materialistisch-dialektischen Perspektive zu befassen, um endlich einen erkenntnisfähigen Zugang zur Wirklichkeit zu gewinnen, haben die hier vorgelegten Beiträge gar nicht den Ehrgeiz, den Bestand der bürgerlichen Wissenschaft zu mehren. Sie möchten vielmehr in die theoretisch-praktische Kritik der kapitalistischen Gesellschaft eingehen. Der Unterschied zwischen der intellektuell gebotenen Bescheidenheit von Arbeiten, die sich als marxistisch verstehen, und der Arroganz der bürgerlichen Wissenschaft, sich zur einzig objektiv-richtigen und akademisch zulässigen Form des Forschens hochzujubeln, zeigt genau den Trennungsstrich zwischen gesellschaftlicher Wirklichkeit und praktischem Bezug auf der einen Seite, Ideologie und ausgetüftelter Elukubration auf der anderen Seite. Denn es muß sodann bürgerlichen Sozialwissenschaftlern eines einmal öffentlich mitgeteilt werden: Ergebnisse ihrer Arbeit, ganz gleich welcher methodologischen Observanz, die über heuristische Konstruktionen und Modelle hinausgehend einen tatsächlichen Erkenntniswert hätten und sich in Praxis umsetzen ließen, liegen kaum vor. Ihre phantasievollen Systeme und komplizierten Erklärungszusammenhänge mögen oft ein vorzügliches intellektuelles Vergnügen bereiten und Anlaß zu tiefsinnigen Debatten sein. Sie gleichen aber eher Glasperlenspielen als daß sie in der Lage wären, außerhalb des Wissenschaftsbetriebs die Wirklichkeit begrifflich zu fassen. Es ist insofern nicht weiter verwunderlich, wie simpel die praktischen Schlußfolgerungen vieler komplexer Untersuchungen sind; wie bescheiden und belanglos sich die Plan- oder Reformvorschläge mancher systemtheoretisch oder logisch-empirisch orientierten Analysen ausnehmen. Oder aber und andersherum: Aus der Komplexität der Untersuchung ergibt sich zuweilen eine derart unüberschaubare Kompliziertheit, daß am Ende für die praktische Politik und für die beratenen Politiker nur noch der simpelste, pragmatisch bestimmte Dezisionismus übrigbleibt, der dann pünktlich in die Linie der Durchsetzung mächtiger ökonomischer Interessen einschwenkt.

Derartige Modelle und Systeme pflegen im allgemeinen beim ersten Klassenvorstoß und beim ersten Anzeichen wirtschaftlicher und sozialer Krisen zusammenzubrechen. Kommt es zum zyklischen Bruch und zum sozialen Schwur, tritt die Klassenstruktur der kapitalistischen Gesellschaft wieder hervor und setzen sich die Akkumulationszwänge des Kapitals ebenso robust durch wie deren gesellschaftliche Negation. Da kann die Politik mit den Ergebnissen der neueren Sozialwissenschaften nichts beginnen; Schichten und Differenzierungen fliegen auf und es bleibt nur noch – als Appell oder als Staatsmaßnahme – die unmittelbare Beziehung zu «Unternehmern und Gewerkschaften», also zu Kapital und Arbeit. An einer bestimmten Art moderner «Wissenschaft» ist im Grunde wenig Ernstes. Ihr Bezug zur gesellschaftlichen Wirklichkeit ist unbestreitbar. Er besteht aber lediglich in ihrer wissenschafts- und kommunikationspolitischen Machtstellung.

Cosenza, Frühjahr 1975

Klasse und Staat in Deutschland

(Vortrag und Diskussion vom 28. Februar 1973 im Centro di Documentazione di Torino. Teilnehmer an der Veranstaltung waren Arbeiter, zum größten Teil aus dem Fiat-Werk Mirafiori[11], und einige Studenten. Die meisten gehörten linken politischen Organisationen an: von der KPI bis zur Lotta Continua[12].

Der vorliegende Text ist die Übersetzung einer Tonbandaufnahme mit den üblichen Korrekturen am freigehaltenen Referat, aber mit den unvermeidlichen Wiederholungen. Ausgelassen wurden die Diskussionsbeiträge über die deutsche Studentenbewegung. Zur Terminologie ein Hinweis: Was auf Deutsch kompliziert und je nach Auffassung «abstrakt» oder «parteichinesisch» klingt, gehört in romanischen Ländern entweder direkt zur Umgangssprache; oder das Verständnis wird durch den Politisierungsgrad vermittelt. Zum Teil handelt es sich um neue, aus der politischen Praxis seit 1969 entstandene Begriffe («Klassenverstoß», «kontraktuale und konfliktuale Linie»). Es ist schwierig, dies in einer «allgemein verständlichen» deutschen Fassung wiederzugeben. Ich sah mich jedenfalls bei der Übersetzung außerstande, das Problem – ein Aspekt des Theorie-Praxis-Problems – einigermaßen zu lösen.

Die Originalaufzeichnung ist in einer gekürzten und unkorrigierten Fassung unter dem Titel «Classe e stato in Germania» im September 1973 als Heft 14 des Centro di Documentazione erschienen.

Ich bitte die Puristen der Sprachregelung im Lande um Nachsicht, wenn italienische Arbeiter in völliger Ignoranz der geschichtlichen Purzelbäume Deutscher Nation die BRD als Deutschland bezeichnen.

In der letzten Zeit lassen sich in Westeuropa zwei gleichzeitige Entwicklungen feststellen, die sich gegenseitig bedingen: das von den Apologeten der bürgerlichen Gesellschaft als endgültiger Durchbruch des Kapitals gefeierte lineare Wirtschaftswachstum ist zu Ende – und in einen erneuten Zyklenablauf eingegangen; der soziale Frieden, das politische Programm des Spätkapitalismus, ist von den Arbeitern weitgehend aufgekündigt worden.

Diese doppelte Entwicklung verläuft nicht in allen Nationalgesellschaften gleich und auf gleichem Niveau. Uns interessiert hier die Frage, wie sich

11 **Anmerkung der Hg.:** Die ehemalige Fiat-Fabrik in Turin, die wenige Tage später besetzt wurde.

12 **Anmerkung der Hg.:** Lotta Continua war eine aus der Studierendenbewegung hervorgegangene linksradikale Politgruppe, die ihren Schwerpunkt in Turin hatte und es auf ihrem Höhepunkt schaffte, Studierende und Arbeiterschaft zusammenzubringen.

diese Situation in Westdeutschland darstellt – und zwar exemplarisch, also in einer verallgemeinbaren Form. Ich will nicht einen Bericht über deutsche Ereignisse oder deutsche Zustände erstatten; vielmehr versuchen, die zentralen Aspekte und Probleme zu erläutern. Im wesentlichen wird es sich um drei Punkte handeln: Erstens: Wie reagiert das Kapital auf die neue Situation? Zweitens: Welche Möglichkeit bietet die Politik, der Krise zu steuern und welche Veränderungen erfährt dabei der bürgerliche Staat? Drittens werde ich auf die politische Lage der Arbeiterklasse eingehen, vor allem hinsichtlich des euch unmittelbar interessierenden Problems der Klassenautonomie.

Ich werde die drei Punkte nicht formell hintereinander behandeln. Sie bilden eine Einheit und verlangen daher eine diskursive Darstellung.

Eine Bemerkung muß aber vorausgeschickt werden: Das Interesse, das in Italien für die westdeutschen Zustände herrscht, wird von dem hohen Grad an Entwicklung und an Modernität der deutschen Gesellschaft hervorgerufen. Es findet sich auf beiden Klassenseiten: Ihr stellt immer wieder die Frage, wann denn die deutschen Arbeiter sich als Klasse – wie ihr sagt – «rekonstruieren» würden; das Kapital, vor allem das Großkapital und die reaktionären und konservativen Kräfte des Landes orientieren sich seit etlichen Jahren an der BRD als an einem politischen Organisationsmodell der – wie sie sagen – «modernen Industriegesellschaft».

Will man aber Vergleiche anstellen oder die Frage einer möglichen Übertragbarkeit und Verallgemeinbarkeit klären, so müssen zunächst einige wesentliche Unterschiede in der ökonomischen und sozialen Lage zwischen Westdeutschland und Italien beachtet werden. An erster Stelle steht hier das schwere Ungleichgewicht, das die italienische Situation bestimmt und das sich viel stärker als Unterscheidungsmerkmal auswirkt als die sonst immer erwähnten spezifischen Erscheinungen des gesellschaftlichen Rückstands wie Korruption, Unfähigkeit, Ineffizienz der politischen Führungsgruppen und ähnliches. Ich meine das berühmte Ungleichgewicht zwischen Nord und Süd, das ich euch wohl nicht näher zu erläutern brauche. Ebenso wichtig ist auch die Ungleichmäßigkeit der Entwicklung, die nicht mehr regional festzumachen ist, sondern quer durch das ganze Land geht: der Widerspruch zwischen einer übermäßigen Kapitalkonzentration und der Bildung großer privat- und staatskapitalistischer Konzerne auf der einen Seite; und auf der anderen Seite die Rückständigkeit im Prozeß der Vergesellschaftung der Arbeit. In der Schärfe wie bei euch tritt dieser Widerspruch in keinem anderen kapitalistischen Land auf. Die meisten Beschäftigten im Produktionsbereich arbeiten hier in Handwerksbetrieben, in der Kleinindustrie, in der Heimindustrie, die auch einen unverhältnismäßig hohen Anteil am produzierten Gesamtwert haben. Die Vergesellschaftung der Arbeit hat in Westdeutschland hingegen extreme Grenzen erreicht (es genüge der Hinweis, aus dem Gedächtnis, daß es dort zwar etwa zwei Millionen Unternehmer gibt; daß aber etwa 75 % der Produktion sich in den Händen von 1,7 % Unternehmen befindet) und auf der politischen Ebene zu einer, in Italien unbekannten Modernisierung der staatlichen Regelung des Verhältnisses Arbeit/Kapital geführt. An diese Regelung denken in erster Linie die italienischen Kapitaleigentümer, wenn sie sozusagen zur BRD emporblicken und deren Instrumentarium des sozialen Friedens bewundern.

Es gibt aber auch den entgegengesetzen Unterschied. Während hinsichtlich der gesamtgesellschaftlichen Garantie und Organisation der Akkumulationsbedingungen der deutsche Staat besser funktioniert als der italienische, scheint Italien in anderer Beziehung insofern fortgeschrittener zu sein, als hierzulande die Symbiose von Ökonomie und Politik einen höheren Grad erreichen konnte. So beobachten wir zwar auch in Westdeutschland eine enorme Ausweitung des öffentlichen Haushalts und eine Zunahme des Staatseingriffs in den Reproduktions- und infrastrukturellen Bereich, ohne jedoch jene besondere Erscheinung der unmittelbaren Staatsbeteiligung im Produktionsbereich und ohne jede staatlich vorgenommene Programmierung, die man in Italien kennt. Nebenbei bemerkt: Daß die Programmierung in Wirklichkeit scheitert (s. Mezzogiorno), wirft die Frage auf, ob dies an der Disfunktionalität des italienischen Staats liegt oder an den Bewegungsgesetzen des Kapitals. Das soll uns aber hier nicht weiter beschäftigen.

Es muß noch eine weitere Voraussetzung ökonomischen Charakters geklärt werden. Wir ihr wißt, hat das heutige Kapital die Phase der rein anarchischen Konkurrenz des vorigen Jahrhunderts schon längst überwunden. Fusionen und Kartellabsprachen sind Ausdruck einer zunehmenden Umstrukturierung und Organisierung. Überdies stellt das Kapital immer dringender spezifische Planungsforderungen, deren Verwirklichung zu einem beachtlichen Teil vom Staat abverlangt und ihm übertragen werden. Indessen kann der Staat diese Forderungen nur auf einer Ebene verwirklichen, die nicht die Ebene der eigentlichen Kapitalverwertung ist. Er stellt allgemeine Programme auf, z. B. zur Industrialisierung unterentwickelter Gebiete; er kann bei der Aufbereitung industrieller Standorte oder bei der Stützung schwacher wirtschaftlicher Sektoren ebenso nach Plan vorgehen. Er kann aber einen Plan zur direkten Verwertung von investiertem Geld nicht von sich aus ins Werk setzen. Die Planung der Verwertung, d. h. der Produktion, bleibt immer Sache des Kapitals. Das hat auch der Korporativismus in Italien oder die sogenannte Zentralkommandowirtschaft des Nazismus erfahren müssen. Planung der Kapitalverwertung und Staatsplanung können nur bei vollentwickeltem Staatskapitalismus in eins fallen. Sonst schlägt die Trennung selbst auf das verstaatlichte Kapital zurück. Gerade das italienische Beispiel trägt zur Klärung dieses Problems entscheidend bei. Sofern der Staat sich unmittelbar in die Produktionssphäre begibt und selbst als Produktivkapital auftritt, kann er nur noch als Konzern neben anderen, privatkapitalistischen Konzernen planen und verliert seine Eigenschaft, sogenannter ideeller Gesamtkapitalist zu sein. Das Staatsunternehmen ist dem Wertgesetz genauso unterworfen wie alle anderen kapitalistischen Unternehmen auch. Lassen sie also allgemeine Programme auch ökonomischer Art aufstellen, so fällt ihre Praktizierung in der Wirklichkeit wieder in die Zuständigkeit der Einzelkapitale zurück, sofern in ihrem Rahmen auch *produziert* werden muß.

Anders, wenn von einer Planung auf der Ebene der gesellschaftlichen Reproduktion die Rede ist. Hier kehrt sich das Verhältnis um. Der «Gesellschaftsplan» des Kapitals kann vom Kapital selbst gar nicht durchgeführt werden, da das Kapital als wirkliches, selbst in der ausgedehnten Form etwa der US-amerikanischen corporations noch nicht jenen Grad an totaler Konzentration erreicht hat, von dem Marx sprach, als er meinte, eines Tags werde das konzentrierte Kapital in der Lage sein, die Organisation der gesamtgesellschaftlichen Reproduktion selbst zu übernehmen. Zur Zeit wird diese vom «Staat» besorgt.

Der Staat bleibt also allen seinen Krisen und seiner Brüchigkeit zum Trotz der gesellschaftliche Organisator; übrigens selbst wenn *ökonomisch* das Kapital durch die Internationalisierung dem national gebliebenen Staat davonläuft. Das führt sicherlich nicht zum Absterben des Staats und zur Übernahme seiner Aufgaben durch die multinationalen Konzerne, wie z. B. einige amerikanische Wissenschaftler behaupten; sondern eher zur Bildung entsprechender, den Nationalstaat überwindender Instanzen mit Staatscharakter. Was hat nun die Planung gesellschaftlicher Prozesse zur Folge? Zunächst: die Veränderungen, die der organisatorische Gesamtzusammenhang der Gesellschaft, also das politisch-staatliche System heute erfährt, sind nicht die Folge freier Entscheidungen oder einer politischen Perspektivwahl (scelta politica). Sie werden also nicht von planungsorientierten politischen Gruppen getroffen, die sich etwa in Konkurrenz befänden mit Gruppen, die mehr «freiwirtschaftlich» orientiert wären. Sie ergeben sich vielmehr als umfassende gesellschaftliche Folge aus dem Akkumulationsprozeß des Kapitals, als dem Hintergrund weitergehender Verwertung. Es ist dieser Prozeß, der gesellschaftliche Planung geradezu herausfordert. Durch die extreme Vergesellschaftung der Arbeit und durch die eigene Konzentration ist das Kapital nicht mehr in der Lage, sich selbst zu reproduzieren, wenn – jenseits aller Marktkonkurrenz – die Gesellschaft sich in chaotischer, «anarchischer» Weise fortentwickelt.

Das ist heute wichtiger geworden als die sonst immer wieder geforderte Regulierung der Konkurrenz und Überwindung der Anarchie im Verhältnis der Kapitale zueinander und des Einzelkapitals zum Markt (Anarchie der Produktion). Ich werde das später ausführlicher begründen. Wir wollen hier vorläufig festhalten: Die Koppelung von Erhöhung der Maschinerie und Vergesellschaftung der Arbeit, die den jetzigen Stand der Akkumulation kennzeichnet, *verschiebt die Achse der Krisen kapitalistischer Gesellschaften von den Marktbeziehungen der Kapitale untereinander zu dem in der unmittelbaren Produktion stattfindenden Verhältnis zwischen Arbeit und Kapital.*

In dieser spezifischen Verschiebung scheint mir eine der wesentlichen Ursachen für alle Transformation zu liegen, die im bürgerlichen Staat vor sich gegangen ist und die zu jener besonderen Form der politischen Organisation geführt hat, die wir exemplarisch in der Bundesrepublik Deutschland vorfinden. Die Verschiebung interessiert uns hier und jetzt nicht in der Perspektive der ökonomischen Ergebnisse (Monopolbildung), sondern hinsichtlich ihrer politischen Konsequenz. Ich will versuchen, eben diese Verbindung von ökonomischen und sozialen Gründen zu entwickeln, die die Transformation des bürgerlichen Staats bedingt.

* * *

Es handelt sich allerdings nicht um eine Analyse der westdeutschen Situation allein. Die Problematik trifft alle kapitalistischen Gesellschaften, trifft auch für Italien zu, zumindest in der Entwicklungsperspektive der weiteren Industrialisierung. Das gilt heute schon für große Komplexe wie FIAT und Pirelli und deren Verhältnis zum Staat. Nicht von ungefähr hatte Panzieri gerade bei euch in Turin die unlösliche Verbindung von Mehrwertproduktion und Planung bei einem weit fortgeschrittenen Akkumulationsstand entdeckt.[13]

Nur ist das Großkapital keine isolierte Größe, sondern national wie international in den von ihm selbst nicht gesteuerten Prozeß der Gesamtgesellschaft einbezogen. Nicht, daß sich dieser Prozeß unabhängig vom Kapital und *seiner* Reproduktion vollzöge. Er *ergibt sich* daraus. Allein: Das einzelne Kapital (selbst der mächtigste Konzern), das die Politik mächtiger bürgerlicher Regierungen bestimmt, kann die Gesamtgesellschaft nicht unter Kontrolle halten. Das ist aber der entscheidende Punkt. Die Produktionsplanung setzt ein System der gesellschaftlichen Reproduktion voraus, das der Leitung des Großkapitals langfristige Dispositionen durch die Ausschaltung störender, unüberschaubarer und nicht disziplinierbarer Ereignisse und Aktionen ermöglicht. Erst wenn eine möglichst im Gleichgewicht gehaltene Entwicklung der gesellschaftlichen Reproduktion sozial und politisch

13 Raniero Panzieri, Plusvalore e pianificazione, in: Quaderni Rossi, 4, Torino 1963; jetzt deutsch: Mehrwert und Planung, in: Klassenkämpfe im Spätkapitalismus, Europäische Verlagsanstalt, Frankfurt/Main

garantiert ist, kann ein Konzern seine ökonomische Expansion, selbst die Konkurrenzlage gegenüber anderen Konzernen im voraus kalkulieren und regeln. Wenn z. B. heutzutage das europäische Großkapital versucht, auf der Ebene des Weltmarkts eine eigene Strategie zu entfalten gegenüber dem japanischen oder dem US-amerikanischen Kapital, so kann es diese Strategie durchhalten nur, wenn es ein Organ, eine Instanz gibt, die den in der Verwertung selbst liegenden sozialen Konflikt eingrenzen kann. Es geht nicht um die «Abschaffung» des sozialen Konflikts und um die Herstellung einer widerspruchsfreien Produktionssphäre. Nur müssen bestimmte Grenzen feststehen; sie dürfen nicht niedergerissen werden durch den Einbruch eines gegen die Verwertung gerichteten Negationselements.

Dieses Negationselement, zugleich das die Verwertung ermöglichende positive Element des Produktionsprozesses seid ihr: die Arbeiter, die sich als Klasse rekonstruieren, zum Bewußtsein ihrer eigenen Bedürfnisse kommen und die also als Klassenverhältnis in die Kapitalbewegung förmlich einfallen. Auf der politisch-gesellschaftlichen Ebene ist jedoch die Rekonstruktion einer *offen* revolutionären Klasse nicht unbedingt erforderlich, um die Akkumulation zu erschweren und die mögliche Produktionsplanung zu stören. Dazu würde schon eine politische Artikulation selbst unmittelbarer Massenbedürfnisse voll ausreichen, die wirksam auf die Umorientierung der Produktion auf nützliche Gebrauchswerte drängte. Denn die Kapitalverwertung findet nur in der Produktion profitabler Tauschwerte statt. Die ökonomische Linie: Tauschwertproduktion anstelle der Gebrauchswertproduktion, die zum Wesen des Kapitalismus gehört, setzt also gesellschaftlich voraus, daß die Massen unfähig sind oder unfähig gemacht werden, ihre Gebrauchsbedürfnisse durch politischen Druck in Wirklichkeit umzusetzen. Fraglos kann die politische Artikulation der Massenbedürfnisse sich auch in einem institutionellen Rahmen entwickeln und friedliche Ausdrucksformen finden, die durchaus in der Lage wären, die Kapitalakkumulation zu durchkreuzen. Nun liegt gerade in dieser erfreulichen Seite der Hund begraben. Wer strikt den Weg der Institutionen einhält, begibt sich genau in die Logik des bürgerlichen Systems und läßt sich ebenso institutionell wieder einfangen. Gesellschaftsplan bedeutet auf dieser Ebene nichts Geheimnisvolles oder Verschwörerisches; ist vielmehr nichts weiteres als die Anwendung institutioneller Mittel gegen den institutionellen Einbruch der Massenartikulation – gegebenenfalls allerdings durch entsprechende Korrekturen an den Institutionen selbst und an ihrer Wirkungsweise.

Das hat bei euch Agnelli[14] mit seinen Vorschlägen zur Kooperation aller politischen Kräfte bei der Wiederankurbelung der Produktion und bei

14 **Anmerkung der Hg.:** Giovanni Agnelli, damaliger Präsident von Fiat.

der Wiederherstellung der Arbeitsdisziplin sehr eindeutig formuliert. Damit fordert er für Italien die Rekonstruktion eines modernen Staats, dessen Strukturen eben den Planungserfordernissen des modernen Kapitalismus entsprechen.

Rekonstruktion des modernen Staats, institutionelle Strategie und Gesellschaftsplan: Ich will jetzt versuchen, die Vermittlungen aufzuzeigen.

Der alte bürgerlich-liberale Staat ließ Einbruchstellen immer noch offen. Daraus ergab sich auch jene ursprüngliche Ambivalenz und Doppeldeutigkeit des Staats, von der auch Marx sprach. Die bürgerliche Verfassung kann mit der Verwirklichung des sonst spezifisch bürgerlichen Prinzips der Volksvertretung auch den Widerspruch provozieren zwischen diesem Prinzip und dem Prinzip der Kapitalverwertung, da die Volksvertretung auch verwertungsfremde Interessen zumindest anmelden kann. Freilich ging die Entwicklung den für das Kapital durchaus richtigen Weg. Sobald Massenbedürfnisse und Verwertungsinteressen in einen unmittelbaren Konflikt gerieten, verstand der Staat durchaus, die Artikulationsfähigkeit der Massen zurückzudrängen und institutionell zu eliminieren. Sofern in geschichtlich bestimmten Fällen dies nicht gelang, wurden bekanntlich die liberalen Institutionen durch andere, härtere Formen der Machtausübung ersetzt (Faschismus). Aus diesen geschichtlichen Erfahrungen hat man inzwischen einiges gelernt. Es wäre aber ein Fehler, wollte man darin nur die Abwicklung eines bloßen politischen Machtprogramms erblicken – die Folge eines Willensakts einzelner oder aller Kapitalisten und Politiker, um die eigne Machtposition und die Ausbeutungsmöglichkeit zu behalten. Diese Fehleinschätzung kommt gerade bei euch häufig vor. Sie führt zum moralischen Vorwurf der Korruption und zur abstrakten Verurteilung von Personen und Organisationen. Nicht, daß die Transformation des bürgerlichen Staats bewußtlos und ohne gezielte Gruppenpolitik vor sich ginge. Keiner von uns ist heute noch so naiv, sogenannte Verfassungsentwicklungen und Machtverschiebungen als blinde Prozesse zu betrachten. Sie sind ebenso objektiv erforderlich wie subjektiv von Interessenten gewollt. Es gibt gewiß keine Verschwörung zur institutionellen Strategie; aber Vertreter von Politik und Ökonomie, zuweilen Vertreter von Kapital und Arbeit, kommen durchaus zusammen, um informell Entscheidungen zu treffen, die sich auch auf Verfassungsänderungen beziehen können. Solches ereignet sich auf alle Fälle, wenn es um die Regelung, Kontrolle, Reglementierung gesellschaftlicher Zustände geht. Dennoch ist dies nur Erscheinungsform, Folge eines Prozesses, der nicht von einem zufälligen Machtwillen eingeleitet wird; sondern in den notwendigerweise die Veränderung an der materiellen Basis unserer Gesellschaft, die Veränderung des Kapitalverhältnisses einmündet.

Von der Erhöhung der organischen Zusammensetzung des Kapitals wird oft gesprochen. Ein Genosse erwähnte vorhin, daß diese Erhöhung in der organischen Zusammensetzung gerade bei FIAT in letzter Zeit explosive Formen angenommen und zur Änderung alter Kampfperspektiven gezwungen habe. Eine sehr wichtige Erfahrung, denn sie zeigt, daß das Problem nicht bloß ökonomisch-technologischer Natur ist. Wie wir aus der Analyse der politischen Ökonomie wissen, stellt eine solche Erhöhung das Kapital vor die Aufgabe, mit geeigneten Mitteln der durch sie bedingten Tendenz zum Fall der Profitrate entgegenzutreten. Im Lauf eures Kampfs gegen die Rhythmenintensivierung und gegen die Gesundheitsschädlichkeit der mechanisierten Arbeit habt ihr selbst dieses Prinzip und dessen zentrale Bedeutung entdeckt und damit übrigens der weiteren analytischen Arbeit den Weg gewiesen. Sie soll sich nicht länger mit dem ewigen Nachweis der fallenden Tendenz befassen, sondern endlich die «Gegentendenzen» untersuchen, deren Folgen ihr unmittelbar tragt und die überdies strategisch wichtiger sind. Ihr habt zugleich aber auch die intime Schwäche des Kapitals mit hoher organischer Zusammensetzung unmittelbar erfahren – den Grund, warum Agnelli nach den autonomen, sich wiederholenden Streiks und nach eurer fortgesetzten Insubordination um seine ökonomische Existenz zu fürchten begann. Die Reproduktion- und Existenzbedingung dieses Kapitals liegt in viel höherem Grad als bei Kapitalen, die weniger intensiv eingesetzt werden, in der lückenlosen Kontinuität des Produktionsflusses. Marx hat in den «Grundrisse» diese Zusammenhänge überzeugend dargestellt. Wenn die organische Zusammensetzung des Kapitals sich erhöht und der maschinelle Anteil wächst, wächst auch die Möglichkeit des Zusammenbruchs der kapitalistischen Produktionsweise, sobald die Maschinerie stillgelegt werden muß. Das gilt zunächst für die Überproduktion, die zur Nichtauslastung der Kapazitäten führt. Vermutlich gibt es nach unten hin eine Grenze der Kapazitätenvergeudung, die nicht überschritten werden darf. Neuerdings aber – das gehört auch zu der Achsenverschiebung, von der ich eingangs sprach – gilt das noch stärker für die Arbeitsunterbrechung. Gerade weil das Kapital zur weiteren Mechanisierung bis zur Automatisierung hin drängt, greift die Arbeitsunterbrechung weit über zyklische Profitschwierigkeiten hinaus in den Verwertungsprozeß, da sie nicht an die Wirtschaftszyklen gebunden ist und also auch in hochkonjunkturellen Lagen eintreten kann. Die Aufrechterhaltung der kontinuierlichen Produktion ist – so gesehen – kein Randproblem der Profitmaximierung mehr, sondern das Existenzproblem des Kapitals selbst. Mit anderen Worten: Von einem bestimmten Grad der Industrialisierung an hält die kapitalistische Produktionsweise durch, nur wenn die Kontinuität der Produktion maximal garantiert wird.

Was bedeutet dies auf der politischen Ebene? Welche Konsequenzen ergeben sich aus der Gefährdung des Kapitalismus durch klassenkämpferische Aktionen der Arbeiter, also aus der schon dargestellten Verschiebung der Krisenachse von der Zirkulation (Konkurrenz) in die unmittelbare Produktion (Fabrik) für die Konstitution eines modernen Staats?

Die Lage stellt sich keineswegs als einfache Konfrontation dar. Wenn ich hier vom Einbruch des Klassenverhältnisses in die Kapitalbewegung spreche, so meine ich zunächst immer einen sozialen Konflikt, der ebenso gut korporativistische Formen annehmen kann, die sich zugunsten des Kapitals auswirken.[15]

Marx hat auf die Widersprüchlichkeit der gesellschaftlichen Auseinandersetzungen hingewiesen, die übrigens die Widersprüchlichkeit und die Brüchigkeit mancher gewerkschaftlicher Perspektiven bedingt. Die Arbeitskämpfe können durchaus einen positiven Wert für das Kapital gewinnen, wenn sie das Kapital zu bestimmten Maßnahmen, z. B. zu Rationalisierung zwingen. Auf der Ebene der unmittelbaren Konfrontation in der Fabrik kann also aus dem Arbeitskampf sich die Modernisierung des Kapitals ergeben. Die dabei herausspringenden, punktuell günstigen Ergebnisse für den einzelnen Arbeiter hätten auf die Gesamtheit bezogen einen zweifelhaften Charakter.

Besser kann dies Problem gefaßt werden, wenn wir von der unmittelbaren Mehrwertproduktion ausgehend, den Prozeß der Reproduktion der gesamten kapitalistischen Gesellschaften miteinbeziehen. Er erfaßt über die ökonomische Reproduktion des Kapitals hinaus auch die Organisierung des Marktes, also der Zirkulationssphäre; er kehrt aber insofern in die Fabrik, in die Mehrwertproduktion zurück, weil zu ihm auch die staatlich vorgenommene Regelung und die Organisation des Verhältnisses zwischen Arbeit und Kapital gehört. Ich bezeichne diesen Prozeß als Verrechtlichung der gesellschaftlichen Beziehungen.

Ich möchte zunächst klären, was sich dabei in der *politischen* Entwicklung vollzieht. Danach soll eine Vermittlung mit der ökonomischen Bewegung und mit dem Klassenverhältnis versucht werden.

* * *

Bis zu den ersten Höhepunkten des Imperialismus, also vor dem Ersten Weltkrieg, herrschte die Tendenz vor, Schwierigkeiten der gesellschaftlichen Reproduktion mit der berühmten «Stärkung der Exekutive» zu bewältigen. Un-

15 Anmerkung: korporativistisch = auf egoistische Berufsinteressen bezogene und daher für ertragreiche Kompromisse bereite, der Entfaltung des Klassenkampfs entgegenstehende Positionen.

wichtig und unrichtig ist das nicht. Das Prinzip steht heute immer noch im Vordergrund der wissenschaftlichen Analyse und der politischen Forderungen des Kapitals. Von dem Gedanken ausgehend, daß im bürgerlichen Staat der politische Wille der Massen, genauer: der Klasse, sich immer – sofern er im institutionellen Rahmen bleibt – in parlamentarische Präsenz umsetzt, dachte man und denkt man immer noch, daß die Machtverschiebung vom Parlament zur Regierung hin (von der sogenannten Legislative zur sogenannten Exekutive) genügen könnte, die Artikulationsmöglichkeit der Massen zu neutralisieren. Die Machtzusammenballung bei der Regierung sollte den kontinuierlichen Produktionsprozeß hinlänglich garantieren. Bekannt ist diese Einstellung als Doktrin des «starken Staats», die in spezifischen ökonomischen Situationen und geographischen Zonen auch zur faschistischen Ideologie geführt hat. Indessen reicht weder ein formell starker Staat noch ein faschistisches Regime, mindestens in der historisch bekannten Art, aus, die komplexen Probleme des heutigen Kapitalismus effektiv zu lösen. In diesem Zusammenhang müssen wir berücksichtigen (auch angesichts des Wiederauftauchens faschistischer Bewegungen, für die in Italien sich das Kleinkapital im Bündnis mit den Agrariern eher interessiert als das private oder staatliche Großkapital), daß der starke Staat faschistischen Typus Strukturen entwickelt hat, die für die Kapitalverwertung sich disfunktional auswirken und daher die Kapitalakkumulation keineswegs lückenlos garantieren können. Gerade diese Disfunktionalität des Faschismus hat zu einer Revision der politischen Einstellung vor allem der Gruppen des Großkapitals geführt, die mehr darauf aus sind, die Kontinuität des bürgerlichen Staats bruchlos durchzuziehen. Faschistische Erfahrungen und Strukturen werden dabei aufgenommen und weitergebildet; die dysfunktionalen Aspekte aber abgelehnt und abgebaut.

Das soll nicht heißen, daß Kapitalisten sich sonderlich um den Fortbestand demokratischer Verkehrsformen kümmerten. Ihr Desinteresse am Faschismus wird durch wirtschaftliche Interessen bedingt, kann also im Notfall umschlagen. Für sie ist das Ganze vermutlich eine Kostenfrage: Was springt bei der Gewinn- und Verlustrechnung per saldo heraus, wenn ein Regime wechselt. Jedoch, und einfach als Hypothese hingestellt: Sie tendieren am ehesten auf ein autoritäres Regierungssystem ohne despotische Willkür, sondern mit klar erkennbaren, der Kapitalakkumulation dienenden Spielregeln. Vor allem sollen die Entscheidungsmechanismen klar erkennbar sein – auch eine Voraussetzung der Produktionsplanung und des Eingriffs in die Entscheidung selbst. Damit zeigt sich der Schnittpunkt zwischen faschistischer Organisationserfahrung und kapitalistischer Reproduktionsbedingung an. Wollen wir den klassischen disfunktionalen Aspekt des Faschismus fassen, so können wir ihn retrospektiv an der

Absage an jenes Prinzip des «Rechtsstaats» festmachen, daß das spezifische konstitutionelle Prinzip der kapitalistischen Produktionsweise seit jeher ist. Das bringt allerdings, wie ich gleich zeigen werde, eine geschichtliche Differenzierung in der Analyse des Faschismus mit sich.

Erstens: Kapital kann sich nur verwerten, wenn die vom Staat organisierte gesamtgesellschaftliche Reproduktion die von der Kapitalakkumulation bestimmten Grenzen nicht niederreißt. Der «Rechtsstaat» ist derart nicht das Gegenteil des «starken Staats» (der Ausdruck starker Staat ist bezeichnender Weise von den Liberalen erfunden worden), stellt nicht das Gegenstück zu einem Staat dar, der die Massen unterwirft. Der «Rechtsstaat» beinhaltet vielmehr die Durchsetzung *rechtlicher* Regeln der Kapitalreproduktion, die für alle gelten müssen. In erster Linie sollen sie für die politischen Führungen des Lands gelten, aber auch für alle Konkurrenten auf dem Markt und für alle Arbeiter in ihrem Tauschverhältnis mit dem Kapital. Gegenüber diesem Prinzip ist die spezifische Staats- oder Regierungsform dem Kapital gleichgültig.

Zweitens: Die allgemeine Tendenz des Kapitals gegenüber dem eigenen Organisator Staat geht insofern zwar in Richtung des «totalen Staats», aber nicht auf die Ausschaltung des Rechts aus; also nicht auf eine unkontrollierbare politische Diktatorialmacht, wie angeblich tendenziell diejenige des Nazismus in Deutschland gewesen ist. Vielmehr strebt das Kapital eine totale *Ordnung* aller gesellschaftlichen Beziehungen und des Klassenverhältnisses an – genau als letzte Konsequenz der Vergesellschaftung der Arbeit. Erst in dieser Sicht gewinnt die Veränderung innerhalb des bürgerlichen Verfassungsstaats ihren geschichtlichen Sinn. Bei ihr geht nicht jene bloße oberflächliche Verschiebung von Entscheidungsbefugnissen vor sich, von der auch die bürgerliche Wissenschaft ständig redet. Sie findet zwar statt, aber nur, weil die vielzitierte Stärkung der exekutiven Entscheidungsbefugnisse instrumental notwendig ist für den Versuch, gesellschaftliche Verhältnisse zu verstaatlichen.[16] Gerade auf diese Weise kann jede Form sozialer Beziehungen, daher auch der soziale Konflikt, auf rechtliche Verkehrsformen zurückgeführt und insofern diszipliniert werden. Wir dürfen dabei die doppelte Eigenschaft solcher rechtlichen Regelungen nicht leichtfertig vergessen. Die Zurückführung sozialer Beziehungen und Konflikte auf rechtlich geregelte und rechtlich austragbare Auseinandersetzungen bedeutet keineswegs, daß sie in eine bloß ideologische Sphäre verlegt werden. Hinter dieser Zurück-

16 In der «Transformation der Demokratie» habe ich dies näher ausgeführt. Hier genüge die Erinnerung, daß nicht so sehr die sogenannte Entmachtung der Vertretungskörperschaften, vulgo Legislative, das entscheidende Merkmal bildet, sondern eine neue gemeinsame Funktion von Regierung und Parlament als Organe der Ausübung politischer Macht und der Repräsentation gesellschaftlicher Herrschaft.

führung steht die Macht des Staats, also die Durchsetzbarkeit der Regelung, die nur noch am Kampf der Arbeiter scheitern kann. Rechtliche Regelung bedeutet das Recht und die Berechtigung des Staats, mittels seiner Gewalt gesellschaftliche Konflikte sowohl friedlich wie auch gewalttätig abzublocken.

Hier können rechtsstaatliche Forderungen und Repressionszwänge des Kapitalismus übereinkommen. Dies kennzeichnete auch die spezifisch geschichtliche Eigenschaft des italienischen Faschismus. Das ist die Differenzierung, von der ich gerade sprach. Vielleicht erinnert ihr euch an die faschistische Verfassungsreform nach dem Matteotti-Mord. Der damalige faschistische Minister Rocco sprach beim Einbringen der verfassungsändernden Gesetzesvorlage im italienischen Parlament 1925 von einer Orientierung des italienischen Staats an der englischen Verfassungswirklichkeit (eben Stärkung der Exekutive im Rechtsstaat) und verkündete zugleich deren Weiterführung und Modernisierung. Die Modernisierung, genau als institutionelle Strategie verstanden, sollte den alten Staat an die Reproduktionsbedingungen der modernen Gesellschaft anpassen. Voraussetzung war aber zunächst die Wiederherstellung von *Rechts*zuständen. Es ging darum, die Phase des ungezügelten Terrorismus der faschistischen Aktionstrupps zu überwinden. Diese bewaffneten Haufen, im Zeichen der Wiederherstellung der Ordnung gegen die «Roten», gegen die die Fabriken besetzenden Arbeiter und die Ländereien besetzenden Landproletarier losgelassen, drohten gerade den geordneten Ablauf der gesellschaftlichen Reproduktion zu stören, den sie hätten sichern sollen. Wurde auch die Repression nach wie vor als notwendig anerkannt, so mußte sie dennoch in die Konstitutionalität zurückgeführt werden. Die von Rocco dabei vorgebrachte Argumentation war sicherlich skurril, aber nicht ganz ohne Rationalität. Sie wirft ein bezeichnendes Licht auf die bürgerliche Rechtsstaatlichkeit. Hatte der alte italienische Staat den Zweikampf abgeschafft, indem er den *Individual*konflikt auf eine juristisch gefaßte und daher rechtlich erträgliche Form zurückführte, so vollendete – meinte Rocco – der Faschismus diese juristische Linie des Rechtsstaats und löste den *sozialen* Konflikt in einer gerichtlichen Auseinandersetzung auf: den Klassenkampf in einer Verhandlung vor dem Arbeitsgericht, in der die zwei Klassen, die Arbeiter und die Unternehmer, wie die alten Privatduellanten im alten liberalen Staat nach rechtlichen Regeln zusammenstoßen mußten und juristisch zusammenfinden konnten.

In dieser anspruchsvollen Selbsteinschätzung des italienischen Faschismus äußert sich die Widersprüchlichkeit der Geschichte kapitalistischer Gesellschaften deutlich – eine Widersprüchlichkeit auch auf der Ebene ungleichzeitiger Entwicklungen. Es klingt zunächst absurd, wenn ausgerechnet das in der Kapitalakkumulation rückständige Italien (das faschistische Italien der zwanziger Jahre) ein Modernisierungsprogramm aufstellt, das selbst die politische Organisationsform des damals mit am weitesten fortgeschrittenen kapitalistischen Lands weiterführen wollte. Jedoch nahm in diesem Punkt die rückständige Gesellschaft im Vorgriff – und durch die Tendenz zur beschleunigten Akkumulation bedingt – in der Tat die Anpassung der Politik an die neue Ökonomie vorweg. Heute endlich sehen sich die verschiedenen englischen Regierungen zu der Verrechtlichung des Arbeitskampfs genötigt, die Rocco schon damals normativ festgelegt und das faschistische Italien im System des Korporativismus aufgebaut hatte.

Die Tendenz zur *totalen* Verrechtlichung fällt also nicht aus der Entwicklung des bürgerlichen Staats heraus. Sie stellt vielmehr die im wörtlichen Sinne gemeinsame reaktionäre Antwort der Ökonomie und der Politik auf die Emanzipationstendenzen dar. Drücken sich diese in Forderungen aus nach Demokratisierung aller Bereiche, langfristig oder revolutionär nach dem Sozialismus, so reagieren die Herrschenden mit der Ausdehnung der rechtlich gefaßten, dem staatlichen Zwang unterworfenen Bereiche. Geht die Verrechtlichung aber über den früheren Rahmen der konstitutionellen Ordnung (Regelung der Beziehungen zwischen Parlament, Regierung, Verfassungsgericht usw.) hinaus, so weitet sich auch der Bereich der Staatlichkeit. Der moderne Staat besteht nicht mehr länger aus den «klassischen» Staatsorganen: aus einem Parlament, dem gegenüber die Regierung steht; aus einem Verfassungsgericht, das über Parlament und Regierung wacht; aus dem Exekutivapparat als dem Träger des nackten Gewaltmonopols des Staats. Der moderne Staat fällt heute auch mit anderen Instanzen zusammen, die zu seiner heutigen Struktur gehören: Parteien, Unternehmerverbände, Gewerkschaften, Massenmedien und all jene Apparate, die in unserer Zeit die ökonomischen Interessen und die sozialen Bedürfnisse der Klassen und der Gruppen in Politik umsetzen. Daher erfaßt die Transformation des bürgerlichen Staats zu einem autoritären Rechtsstaat nicht so sehr die alten klassischen Organe (die ihr eigenes konstitutionell-formelles Leben weiterführen), sondern jene Totalität, die man das *politische System* nennt: die politisch organisierten Kräfte. Diese bestimmen die Machtverschiebung innerhalb der alten Organe.

Wichtig in diesem Zusammenhang ist die Veränderung des Parteiensystems in einzelnen Ländern. Wie ihr wißt, standen und stehen (gerade in Italien) politische Parteien außerhalb bestimmter gesetzlicher Regelungen. Zum Beispiel geht das ganze Gesellschaftsrecht sie gar nichts an. Schon deshalb konnten sie eine ambivalente Stellung beziehen und als Arbeiterparteien Organisation und Repräsentation auch revolutionärer Bewegungen darstellen. An dieser Stelle muß jene Regelung einsetzen, die in der italienischen Diskussion den erfreulich offenen Namen «juridische Disziplinierung der politischen Parteien» gefunden hat.

Am weitesten entwickelt scheinen mir zumindest im kapitalistischen Europa die dargestellten Strukturen in der BRD zu sein. (Ich spreche hier von *Strukturen* und berühre den Aspekt möglicher Unterschiede nicht, die ein etwaiger Regierungswechsel mit sich bringt.

Die eine Regierung mag zuweilen für die Klasse vorteilhafter sein als die andere. Am Rande ändert sich manches, an der wesentlichen Funktion indessen nichts.) Die BRD zeigt auch hinsichtlich des Parteiensystems ihre Modernität und zugleich die spezifische Form einer zwar nicht bruchlosen, vielmehr widersprüchlichen Kontinuität vom vorfaschistischen Staat zum nachfaschistischen. Dies äußert sich am deutlichsten in zwei Hauptaspekten der Verrechtlichung politischer und sozialer Auseinandersetzungen: in der Rechtsordnung der Parteien und in den vertraglichen Regelungen gewerkschaftlicher Tätigkeit.

Nehmen wir zunächst das neue westdeutsche Parteiengesetz. Oberflächlich gesehen handelt es sich um die bloß formale Erfüllung eines Verfassungsauftrags: um die «nähere Regelung» des anerkannten Sonderstatus der Parteien (GG 21, 3); um einen gesetzgeberischen Akt ohne Bedeutung, auch wenn dadurch die Verwandlung der politischen Partei von einer gesellschaftspolitischen Kraft zu einem Verfassungsorgan ausdrücklich bestätigt wird. Daß das Gesetz die Finanzierungsfrage ebenso regelt wie es die staatliche Finanzierung der Parteien sanktioniert, ist auch nicht sonderlich wichtig. Auch bei euch in Italien wird seit längerer Zeit über dieses Finanzierungsproblem diskutiert, und zwar in einer scheinbar rationalen Weise. Da Staatsorgane ohnehin aus dem Steueraufkommen bezahlt werden, sollte dies auch für Parteien gelten, zumal die Staatsgelder das politische Gewicht unkontrollierter privater Zuwendungen seitens des Kapitals angeblich ausgleichen.

Das ist aber nicht das Wesentliche am Parteiengesetz. Die Verwandlung der Partei in ein Staats- und Verfassungsorgan nimmt eine ganz andere Qualität an. Vordergründig eine verfassungsrechtliche Erhöhung der «Würde», führt die rechtliche Anerkennung in Wirklichkeit zu einem entscheidenden Verlust der politischen Autonomie. Dies hört sich im Gesetzestext eher harmlos an; und es ist gerade die Harmlosigkeit der gesetzlichen Bestimmung, die viele Marxisten vor einer ernsthaften Beschäftigung mit solchen Erscheinungsformen abhält. Das Gesetz stellt lediglich fest, daß eine politische Organisation als Partei anerkannt werden und in den Genuß der entsprechenden Verfassungsprivilegien kommen kann (zum Beispiel kann sie nicht administrativ verboten oder als kriminelle Vereinigung strafrechtlich verfolgt werden — das sind westdeutsche Begebenheiten, die euch vielleicht verblüffen), nur wenn sie sich nach den vorgesehenen Spielregeln verhält und in erster Linie wenn sie sich an Wahlen beteiligt. Diese einfache

Norm enthält aber das genaue Institutionsgebot: taktisch wie strategisch, in der Programmatik wie in der Alltagspolitik sich in die Vermittlungsformen des bürgerlichen Staats zu begeben. *Dieser* – und das ist die Garantie der Weiterexistenz der kapitalistischen Gesellschaft – darf nicht angetastet werden. Mehr wird von der Partei also nicht verlangt, als daß sie ein mittragender Teil des Herrschaftssystems wird. Derart führt die Verrechtlichung geradewegs in die Verstaatlichung der Partei, in der sich die allgemeinere Tendenz zur Verstaatlichung der gesellschaftlichen Beziehungen im Spätkapitalismus politisch am klarsten äußert: Alle Parteien sind – sofern sie sich nach dem Gesetz richten – Staatsparteien.

Mit einem Wort: Werden politische Parteien entgesellschaftet und verstaatlicht, so engt sich nicht nur ihr Spielraum ein. Vielmehr werden sie zur Einhaltung einer spezifischen politischen Linie genötigt (bei Androhung von Verbot und Kriminalisierung), die ihre ganze Tätigkeit der institutionellen Strategie der Konservation unterwirft. Die außerinstitutionelle Opposition wird auf diese Weise rechtswidrig und verfolgbar. Der «parlamentarische Weg zum Sozialismus», in Italien ein programmatischer Beschluß der Parteiführung, ist in der Bundesrepublik – so eigentümlich dies für euch auch klingen mag – eine gesetzliche Vorschrift, der sich die DKP beugen muß. Die Folgen liegen auf der Hand und haben sich im Laufe der letzten Zeit, nach dem zaghaften Wiederbeginn der offenen Klassenkämpfe in Westdeutschland in sehr bedenklicher Form gezeigt. Die DKP, die auf der Betriebsebene durchaus klassenkämpferisch argumentiert, sieht sich genötigt, diese eigene Linie zur bloßen Taktik verkommen zu lassen, sie abzublocken, sobald sich der Kampf auf die allgemeine politische Ebene erhebt. Auf dieser Ebene wird dann nicht mehr gegen den Kapitalismus und für die Revolution argumentiert, sondern gegen die «Monopole», gegen den Faschismus und für die Demokratie. Die Parole lautet nicht mehr: «Für den Kommunismus», sondern für die antimonopolistische Demokratie. So wird die Partei in eigentümlicher Weise durch ein Zwangsgesetz des Staats (durch eine Erscheinung also, die wir eigentlich als bloß ideologisch bezeichnen) genötigt, den realen Klassendruck umzuleiten auf die gesellschaftlich und in der Klassenperspektive gesehen inhaltsleere Forderung nach der allgemeinen Demokratie. Es versteht sich, daß darin ein Wechselverhältnis ins Spiel kommt. Ebensosehr rastet der gesetzliche Zwang für sie deshalb ein, weil sie – der Generallinie aller traditionellen Parteien folgend – sich ausschließlich für die institutionelle Strategie entschieden hat. Daher auch ihr unterschiedsloser Kampf gegen alle linksradikalen Gruppen, von deren außerinstitutioneller Politik sie sich permanent distanziert.

Wir wollen die Frage nicht weiterverfolgen, ob der Unterwerfungsakt sich langfristig doch auszahlt und sich also vertreten läßt; oder ob umgekehrt die parlamentarisch-institutionelle Präsenz einer kommunistischen Partei im bürgerlichen Staat, zur wesentlichen Richtlinie der Politik erhoben, die klassenspezifische Eigenschaft der Partei zerstört, die Negation des Kapitals und des bürgerlichen Staats zu organisieren, zu artikulieren und zu führen.

In ähnlicher Weise vollzieht sich die Verrechtlichung, tendenziell die Verstaatlichung in dem dargestellten spezifischen Sinn, auch auf dem gewerkschaftlichen Gebiet. Nur ist die rechtliche und vertragliche Regelung der Gewerkschaftstätigkeit für uns ungleich wichtiger. In ihr erweist sich erst die Funktionsfähigkeit eines nach bestimmten Normen festgefügten sozialen Systems, das die autonome Klassenartikulation ebenso verhindert (oder verhindern soll) wie vor allem die Möglichkeit der Klasse, in die Kontinuität der Produktion einzugreifen.

Ich sagte schon, daß diese Kontinuität die Grundbedingung für die Kapitalreproduktion darstellt. Sie besteht aber nicht in einem *abstrakt* ununterbrochenen Fluß, obgleich es Produktionszweige gibt, bei denen nur der permanente Fluß erhebliche Verluste verhindert – zum Beispiel in der Stahlerzeugung. Es geht vielmehr um die, von der jeweiligen Konzernleitung nach dem eigenen Ermessen und je nach der konjunkturellen Lage zu bestimmenden Form der Kontinuität: Intensivierung, Kurzarbeit, Produktionsstopp, Urlaubsperioden und so weiter. Kontinuität des Produktionsflusses bedeutet also wesentlich, daß die Leitung die ganzen Prozesse in der Hand behält und über sie jederzeit verfügen kann. So betrachtet kann das Großkapital durchaus in der Lage sein, einen Streik in diese Globalkontrolle einzubeziehen, ihn also einzuplanen. Nur müssen dazu genaue Bedingungen erfüllt und feststehende, nicht beliebig anwendbare Regeln beachtet werden. Sie wirken sich allgemein gesehen in erster Linie zeitökonomisch aus. Sie gewähren dem Kapital die nötige Zeitspanne zur Umdisposition und sichern ihm die Kontrolle selbst über den Produktionsausfall, sofern die Unterbrechung nicht plötzlich unkontrolliert eintritt, sondern sich ankündigt und also kalkulierbar bleibt. Darin liegt der Sinn etwa der US-amerikanischen Regelung, die eine genaue Zeitfrist zwischen Ausrufung des Streiks und Streikausführung vorsieht; oder der bundesrepublikanischen Regelung, die – in einem noch durchdachteren Kontrollsystem – den ganzen Ablauf des Lohnkonflikts an ein komplexes Beschlußritual bindet, dessen genormte, etappenweise Abwicklung die etappenweise Vorbereitung der Gegenmaßnahmen begünstigt und die Einplanung des Arbeitskampfs sichert.

Wie auch die zur Zeit in Großbritannien stattfindende Diskussion zeigt, setzt alle gesetzliche oder sonstwie verbindliche Regelung der gewerkschaftlichen Tätigkeit auf diesen Punkt. Das Streikrecht wird trotz aller Widerstände und moralischer Diffamierungen prinzipiell anerkannt. Der Streik aber, das ist: der unmittelbare Kampf der Arbeiterklasse gegen das Kapital wird in funktional erträgliche Formen kanalisiert. Er fängt sich sozusagen von selbst auf. Gewiß gilt dies nur für das Großkapital. Kleine Industriebetriebe können selbst bei einer Vorlaufzeit von siebzig Tagen unmöglich den ganzen Produktionsablauf so verschieben, daß Streiks neutralisiert werden.

Dieser Weg bleibt nur den großen Unternehmen offen, für deren Planung eine ganze Streikwoche relativ belanglos ist, wenn sie zeitlich genau angegeben und in angemessener Frist im voraus angekündigt wird. Es versteht sich, daß auch hier konkrete Grenzen der Einplanung bestehen, die von einem zwar angekündigten und ritual beschlossenen, aber lang andauernden Streik gesprengt werden. Was aber den Produktionsplan und die Kontrollfähigkeit einer Konzernleitung *sicher* sprengt, ist der autonome, nicht nach den Regeln angekündigte sogenannte spontane oder wilde Streik. Das ist für die Ausarbeitung einer korrekten Strategie ungeheuer wichtig: Ein autonomer, außerhalb der Regelung beschlossener, lokal gestaffelter Streik von einigen Stunden kann die Mehrwertproduktion eher durcheinanderbringen als der übliche, von langer Hand vorbereitete Generalstreik. Dieser hat eher mobilisierende Folgen allgemein politischen Charakters, die aber eben wegen ihrer Allgemeinheit die vorgefundene Wetterlage kaum ändern.

Das ist die Lehre, die man aus dem Arbeitskampf der letzten Zeit in Westdeutschland ziehen kann und die die Erfahrung des italienischen heißen Herbsts bestätigt. Eine Lehre, die sich durchaus verallgemeinern läßt. Nur über den Grad der Verallgemeinerung, je nach dem Stand des Klassenbewußtseins und des Klassenkampfs in den einzelnen Ländern, kann noch diskutiert werden.

Zwischenruf: Aber nicht nur wir haben etwas gelernt. Die Kapitalherren (padroni) haben auch dazugelernt. Das kann man jetzt jeden Tag in den Zeitungen lesen: sie sind zur KPI sehr freundlich geworden. Daher haben wir heute all diese Schwierigkeiten.

Sicher: Die Lehre sozusagen auf der anderen Klassenseite spricht eine ebenso deutliche Sprache und ist von ebenso allgemeiner Gültigkeit. Der moderne Staat funktioniert als Organisator der gesamtgesellschaftlichen Reproduktion nur unter der Voraussetzung, daß die Massen diszipliniert bleiben. Und das heißt hier für uns, daß erstens die Parteien, die die Massenbedürfnisse, vor allem das Emanzipationsbedürfnis, artikulieren, sich in den staatlichen Machtmechanismus eingliedern (Verstaatlichung der Parteien und ihre Unterwerfung unter die bürgerlichen politischen Spielregeln); und daß zweitens die Organisationen, die den unmittelbaren Kampf der Arbeiter gegen das Kapital in der Produktionssphäre organisieren: die

Gewerkschaften, sich – teils freiwillig – in eine, die Mehrwertproduktion nicht gefährdende Ordnung einfinden. Auf diesem Hintergrund und nach der dargelegten Perspektive findet in Westdeutschland die Entwicklung von sogenannten Volksparteien statt, italienisch ausgedrückt von «interklassistischen», also klassenpluralistischen Parteien, die schon in der Programmatik jeden Klassenkampf ablehnen. Parallel dazu geht die Bildung von Integrationsgewerkschaften, deren Aufgabe es nicht mehr ist, den Klassenkampf voranzutreiben. Vielmehr polen sie ihn zu einem anerkannten und geordnet ausgetragenen Konflikt, der – wie es heißt – Tarifpartner um. Ich muß hinzufügen, daß die deutschen Gewerkschaften diese ihre Ordnungsfunktion durchaus bejahen. Das führt zu den entsprechenden harten Widersprüchen innerhalb der gewerkschaftlichen Organisation, sobald die Arbeiter autonom sich zu regen beginnen und den Gewerkschaften die entsprechenden unangenehmen Fragen stellen. Meines Erachtens handelt es sich aber bei der Integration nicht um eine vorübergehende Erscheinung, sondern um einen irreversiblen Vorgang, der nicht mehr innerhalb der Organisationen selbst umgekehrt werden kann. Die Entwicklung stellt geschichtlich die Fortsetzung faschistischer Ansätze dar, die mit den korporativistischen Experimenten allen kapitalistischen Staaten den Weg der – wie man sagte – «Abschaffung» des Klassenkampfs gewiesen hat.

Hier muß man allerdings eine Zwischenbemerkung anbringen. Ich spreche nicht vom gewöhnlichen Faschismus, der sich ebenso in den Praktiken des staatlich betriebenen oder staatlich zugelassenen Terrors gegen Minderheiten und gegen Arbeiter äußerte wie er ideologisch die harmonische, klassenfreie nationale Einheit verkündete. Daneben und darüber gab es den funktionalen und funktionsfähigen Faschismus, der von der Notwendigkeit des sozialen Konflikts für die Weiterexistenz der kapitalistischen Gesellschaft ausging. Ich erinnere zum Beispiel an den Korporationsminister Cianetti. Er vertrat eine Konfliktdoktrin, die anstelle des Klassenkampfs einen pluralen Interessenkonflikt setzte und Thesen vorwegnahm, wie sie später von ehrenwerten bürgerlichen, überaus verfassungsfreundlichen Wissenschaftlern wie Parsons in den USA oder Dahrendorf in Westdeutschland vertreten wurden. Der Kern der Sache liegt also in dem Wechsel vom negativen Klassenkampf zum positiven Konflikt. Er impliziert auch den Übergang von einem Kampf, der alle Regelungen sprengt, zu einer Austragungsform, die die institutionellen Kanäle anerkennt. Der Kern der Sache, d. h. das gesellschaftspolitische Hauptstück einer institutionellen Strategie, die viel effizienter, rationaler und viel «moderner», dem Stand der Kapitalakkumulation angemessener ist als die Strategie der bloßen polizeilichen Repression, wie sie im alten liberalen Staat üblich war, aber auch angemessener als die brutale Unterdrückung im Stil des Nazismus.

Gewiß darf dabei die Gegenposition nicht vergessen werden. Die Effizienz der institutionellen Strategie findet ihre Schranken in der Wirksamkeit einer außerinstitutionellen Politik. Überschreitet die letztere die Grenzen des bloßen Protestes oder des lokalen Kampfs, so bleibt der institutionellen Strategie immer noch der Weg der Gewalt offen. Genau freilich lassen sich diese Grenzen nicht angeben. Die Tendenz der Machthaber richtet sich nach spezifischen Erfordernissen der Gesellschaft. Im allgemeinen wird man immer wieder versuchen, Ventile des vereinzelten Protestes offenzulassen und massenhafte Ausweitungen rechtzeitig zu stoppen. Dagegen hilft auf alle Fälle keine Anbiederungstaktik, sondern nur das, was die konstituierte Ordnung gerade verhindern will: die massenhafte, außerinstitutionelle Opposition.

Die institutionelle Strategie konnte sich in Westdeutschland nach 1949 unter günstigen Bedingungen ökonomischer und gesellschaftlicher Art entwickeln. Insofern hat der westdeutsche Staat eine Übereinstimmung mit der heutigen kapitalistischen Gesellschaft gefunden, die sich unter anderem auch in der von konservativen Kräften, aber auch von weiten Teilen der Sozialdemokratie behaupteten Identifikation von Verfassung und Wirtschaftsordnung äußert. Von dieser Übereinstimmung können die politische Klasse und vor allem die moderneren Vertreter des Kapitals in Italien vorläufig immer nur noch träumen. Aus dem gleichen Grund aber ergeben sich in Italien konkretere Widersprüche zwischen dem erheblich repressiveren Charakter des italienischen Staats auf der einen Seite und dem immer noch klassenkämpferischen und nicht integrativen Charakter großer Sektoren eurer Gewerkschaften auf der anderen Seite. Ob bei den italienischen Arbeiterparteien, in der italienischen KP allerdings eine Entwicklung zur Volkspartei sozialdemokratischen Typus stattfindet, ist eine andere Frage.

* * *

Der Übergang von einem Staatstypus, der nur den Ablauf der Ökonomie, also die Marktwirtschaft im wörtlichen Sinne garantiert, zu einem Staat, der den gesellschaftlichen Reproduktionsprozeß organisiert, bildet erst geschichtlich die Ausgangsbasis des vorhin erwähnten Gesellschaftsplans. Zu diesem letzteren sind einige Bemerkungen notwendig, da sich sonst beachtliche Mißverständnisse einschleichen. Gerade in Italien vermischt sich das politische Programm der Gesellschaftsplanung mit der Politik einer Programmierung der Ökonomie und führt so zu einer fragwürdigen Theoretisierung des staatlich *geplanten* (und nicht nur staatlich *geregelten*) Kapitalismus. Ich muß hier aber an den Unterschied erinnern zwischen der Produktionsplanung, die nach wie vor nur von den Subjekten der Ökonomie getragen wird (von den Konzernen, privatwirtschaftlicher wie staatswirtschaftlicher

Form) einerseits; und der Gesellschaftsplanung andererseits, die ebenso genau nur im gesellschaftlichen Organisator ihr Subjekt finden kann. FIAT entwickelt sich ökonomisch von selbst – rein äußerlich. In Wirklichkeit garantiert und verwirklicht nur der Staat jene gesellschaftlichen Planungselemente, ohne die die ökonomische Reproduktion des Agnelli-Imperiums zusammenbrechen würde. Dies ist 1969 sehr deutlich geworden, als unmittelbare politische Wirklichkeit wie als Forderung des Kapitals an *seinen* Staat. Das Problem einer Verwechselung oder Vermischung stellt sich für Westdeutschland nicht, weil dort die staatliche Regelung des Kapitals nirgends den Rahmen einer modernen Wirtschaftspolitik überschreitet und auf keinen Fall in eine verbindliche, von Regierung und Parlament festgelegte Programmierung umschlägt.

Der Gesellschaftsplan des modernen Staats äußert sich also nicht als vorweggenommene, staatlich besorgte Planung der Kapitalverwertung. Der Staat setzt sich Stützungs- und Stabilitätsziele; versucht auch, durch entsprechende Eingriffe die ruinösen Formen der Zyklen zu mildern – zum Beispiel die Arbeitslosigkeit. Er versucht aber nicht, durch zentrale Planung der Produktion und durch lückenlose Kontrolle der Distribution die zyklische Krise zu eliminieren. Warum sollte er es auch? Nicht nur lassen sich Krisen, die heute auf dem Weltmarkt entstehen, durch Interventionen des Nationalstaats nicht verhindern. Die zyklische Krise erfüllt überdies eine positive Funktion im Akkumulationsprozeß des Kapitals. In ihr liegt nicht das Todesurteil des Kapitalismus, wie viele, auch linke Ökonomen meinen, sondern das Zerstörungsprinzip der disproportional gewordenen Kapitale, insofern aber die unumgängliche Bedingung der Kapitalregeneration. Auf dieser Regeneration ist auch der Gesellschaftsplan abgestellt. Nicht die Programmierbarkeit oder gar die Abschaffung zyklischer Krisen steht im Vordergrund, vielmehr der Versuch des Staats, die mögliche soziale Krise als Folgeerscheinung der ökonomischen förmlich zu leiten, zu verwalten. Dazu gehört in erster Linie nicht etwa, wie viele häufig annehmen, eine massenfreundliche Sozialpolitik, die ohnehin an den Erfordernissen der Akkumulation scheitern muß; also aufhört, sobald ihre Kosten die Profite zu stark beschneiden, sondern die unmittelbar *politische* Qualität: äußerlich die Integration der Parteien und der Gewerkschaften; im Kern die schon vor der Krise vorgenommene gesellschaftliche Neutralisierung der Klasse. Das ist in neuen Formen allerdings nichts weiteres als die Fortsetzung der alten Aufgabe des bürgerlichen Staats, genau des Rechtsstaats: zu verhindern, daß gesellschaftliche und wirtschaftliche Krisen die Grenzen des Systems gefährden und in einen revolutionären Prozeß einmünden.

Hier taucht aber die entscheidende Frage auf. Inwiefern kann dieser Versuch, der häufig genug mit der Wirklichkeit verwechselt wird, auch gelingen. Daß der Staat im Auftrag des Kapitals oder von sich aus (das ist relativ gleichgültig) die soziale Krise planbar machen und verwalten will, sagt über die Effizienz seiner Maßnahmen, über die Erfolgsaussichten der institutionellen Strategie nichts aus. Selbst wenn alle Arbeiterparteien in das System der rechtlichen Repression einbezogen und diszipliniert werden; selbst wenn der Staat durch entsprechende Gesetze die Gewerkschaften zu einer spezifischen Integrationspolitik zwingt: Es bleibt immer offen, wie die Klasse selbst darauf reagiert. Der Anpassungsprozeß der Arbeiter*parteien* an den bürgerlichen Staat wird zwar immer als Folgeerscheinung der Anpassung der *Arbeiter* an die kapitalistische Gesellschaft und des passiven Einverständnisses mit der Ausbeutung und mit der Mehrwertproduktion ausgegeben. In der Wirklichkeit kehrt sich das Verhältnis um. Die viel zitierte «Verbürgerlichung» des Proletariats, die in Westdeutschland angeblich schon stattgefunden hat, enthüllt sich als Legitimationstheorie einer besonderen Parteiauffassung, einer besonderen Strategie. Nur ein Beispiel: Die Fixierung auf den parlamentarischen Weg wird nicht immer offen als strategische Entscheidung zugestanden. Häufiger wird sie begründet mit der alten leninschen Auffassung, daß die Kommunisten zwar nicht mehr, das Proletariat aber immer noch an das Parlament glaube. In Wirklichkeit – und das trifft für Italien noch mehr zu als für Deutschland – ist das Proletariat dem Parlament gegenüber äußerst skeptisch, oft feindlich eingestellt. In dieser Hinsicht läßt sich keine Spur einer bürgerlichen Staatsgesinnung feststellen. Dagegen kann eine Parteiführung die eigene Verbürgerlichung decken mit dem Argument der Verbürgerlichung des Proletariats. Indessen räumten die Ereignisse der letzten Jahre, der Wiederbeginn der Klassenkämpfe mit dem Märchen von der Integration des Proletariats ebenso auf wie die lange Reihe von Rezessionen den Hoffnungen auf lineares Wachstum der kapitalistischen Wirtschaft den Garaus gemacht haben. Hier findet sich also der *wirkliche* Widerspruch, der, vom negativen Faktor der Mehrwertproduktion, von den Arbeitern, vorangetrieben, *sich der staatlichen Lenkung entzieht und also die kapitalistische Gesellschaftsplanung zum Scheitern bringen kann*. Diese Perspektive besteht nicht für diejenigen die eine politische Subjektverschiebung von der Klasse zur *Partei* vollziehen, und für die das politische bewußte Element der Emanzipationsbewegung sich wesentlich mit der Partei des Proletariats identifiziert. Ich wiederhole die Eigentümlichkeit dieser Verkehrung: Wenn die Partei sich dann für die Perspektive der Evolution entscheidet, so findet sie ihre Rechtfertigung immer wieder in dem angeblichen Bewußtseinsstand der Klasse, in der – wie es immer wieder heißt – ökonomischen Orientierung der Arbeiter, die von sich aus angeblich nicht reif für radikale Emanzipationen sind: nur Reformen und keine Revolution wollen.

Damit wäre ich bei dem wichtigsten Problem der Arbeiterbewegung angekommen, dessen Klärung gerade in der westdeutschen Diskussion zur Zeit die politische Linie bestimmt. Bei jeder Regung der Arbeiter beeilen sich ganze Scharen von Theoretikern, Empirikern, Wissenschaftlern und Parteiideologen mit dem Hinweis, was sich da rege, sei lediglich «ökonomisch» gerichtet und schlage nicht ins «Politische», also in keine revolutionäre Tendenz um. So schwierig auch das Problem für mich selbst ist, muß ich kurz darauf eingehen. Vermutlich liegt hierin der Schlüssel zur Lösung der Organisationsfrage.

Ihr wißt, daß wesentliche Theorien der Arbeiterbewegung von der Trennung zwischen ökonomischem Bewußtsein des Arbeiters und dem politischen Bewußtsein des in proletarischen Parteien organisierten Politikers ausgingen. Sie wurden zunächst von Kautsky, dann von Lenin entwickelt – und ihr selbst habt sie nach dem heißen Herbst zu spüren bekommen, als die Partei euch Mangel an Einsicht in «größere politische Zusammenhänge» vorwarf. Richtig an dieser Theorie ist allerdings, daß der Arbeiter sich in einer ziemlich unerträglichen Lage befindet; und daß daher er in der Tat permanent auf die Verbesserung seiner ökonomischen und sozialen Existenz, also auf Reformen drängt. Nur muß man dieses Verhältnis als Totalität, als eine widersprüchliche Einheit sehen. Man spricht sonst doch so gerne von Dialektik. Aber dialektisch ist es nicht, wenn für einen Widerspruch (Reform und Revolution) zwei Träger ausfindig gemacht werden.

Ob nun die traditionelle Einschätzung richtig ist oder mein Analyseversuch, habt ihr zu entscheiden. Es geht um eure Situation, über die wir häufig nur theoretisch-deklamatorisch entscheiden. Es sei betont, daß ich hier die allgemeine Situation analysiere, wie sie aus der Stellung des Arbeiters im Produktionsprozeß entsteht. Es gibt in dieser Hinsicht also keine nationalen Unterschiede, auch wenn die Intensität der Erfahrung verschieden ist und die Gewichte sich entsprechend verschieben.

Mir scheint, daß die Trennung von ökonomischen Interessen und politischer Perspektive sich nicht gruppenmäßig festmachen läßt: Hie Arbeiter, die an Reformen und gewerkschaftliche Tätigkeit denken – hie Kommunisten, die die Revolution bewußt anstreben und strategisch vorbereiten. Die Absage an die staatliche Lenkung der Krise wird vielmehr von dem gleichen Element getragen, dem es auf eine staatlich durchgeführte Reform der jetzigen Zustände ankommt. Der Widerspruch oder die Trennung vollzieht sich im Arbeiter selbst, sowohl subjektiv als Person wie auch objektiv in der Verdoppelung der Arbeit, die er leistet. Marx hat diese Lage ganz richtig als die Verbindung von Arbeit und Verwertung im kapitalistischen Produktionsprozeß erkannt. In diesem Prozeß eingespannt, verwirklicht und trägt der Arbeiter mit seiner Leistung den ganzen Widerspruch, auch dessen politische Form. Seine verkaufte Arbeitskraft geht in den *Verwertungsprozeß* ein und insofern bildet der Arbeiter selbst (seine Existenz in der Fabrik) einen Teil des Kapitals, gehört der «Existenzweise des Kapitals an». Ihm kann es in dieser Hinsicht nur darum gehen, seinen Anteil am produzierten Wert zu erhöhen. Die politische Integration in die bürgerliche Gesellschaft läßt ihn dabei gleichgültig. *Gleichzeitig* übt er seine Tätigkeit aus, trägt den *Arbeitsprozeß*, der nicht Kapital verwertet, sondern Gebrauchswert schafft und ihm die Möglichkeit zur Selbstentfaltung bietet. Als Subjekt des Arbeitsprozesses ist er sich seiner Ausbeutung und Unterdrückung durchaus bewußt und steht daher – wie Marx irgendwo sagt[17] – zu dem Verwertungsprozeß in einem *rebellischen* Verhältnis. Der gleiche Arbeiter ist also genötigt, seine Arbeitskraft zu verkaufen (und darin gründet sich seine reformistische, tradeunionistische Seite); zugleich negiert er seine Ausbeutung (die revolutionäre Seite).

(Zwischenruf: Ich verstehe nicht die Verbindung zu der Parteitheorie von Kautsky und Lenin)

Der Fehler, den die alte Sozialdemokratie und mit ihr Lenin mit der Trennung des «normalen» Arbeiters von dem bewußten Revolutionär machte; die These, daß das revolutionäre Bewußtsein sich nicht in der Klasse unmittelbar entwickeln könne (was geschichtlich und zufällig vielleicht zutreffen mag); die damit verbundene Legitimation einer äußeren Parteiführung finden hier ihre Begründung. Man war nicht in der Lage – um noch einmal Marx sinngemäß zu zitieren (Anmerkung Marx a. a. O., S. 27) – die Arbeit als Prozeß zu begreifen, der sowohl selbständig ist als auch der Kapitalverwertung völlig unterworfen. Man begriff also nicht, daß der Arbeiter als Objekt der Verwertung (Teil der Maschinerie) zusehen muß, wie er für seine verkaufte Arbeitskraft das höchste Äquivalent erzielt: höhere Löhne, längeren Urlaub, bessere Krankheits- und Altersversorgung; daß er aber als Subjekt der Arbeit die Produktion von Mehrwert negiert und die Umwälzung der Produktionsverhältnisse anstrebt: «Reformist» und «Revolutionär» in einer Person. Der Arbeiter wird *zerrissen* gerade durch die *Einheit* von Arbeit und Verwertung im Produktionsprozeß. Und er wird zusätzlich noch auseinandermontiert von solchen Parteitheorien, die den Arbeitsprozeß aus der Dialektik der Produktion herausnehmen und auf diese Weise einen nicht existenten Arbeiter präparieren, der nur Kapital verwertet, nur an eigene Vorteile denkt und also förmlich zubereitet wird, die Führung der Berufsrevolutionäre (eines Subjekts, das nun wirklich gänzlich aus dem Produk-

17 Im Bewußtsein meiner öffentlich-wissenschaftlichen Verpflichtung habe ich nachgeschlagen. Marxens Hinweis ist zu finden in: Resultate des unmittelbaren Produktionsprozesses, Archiv sozialistische Literatur, Nr. 17, Verlag Neue Kritik Frankfurt, 1969, S. 18.

tionsprozeß herausfällt) zu akzeptieren. Nebenbei bemerkt: Ganz marxistisch ist diese berühmte Ableitung des tradeunionistischen Bewußtseins des Arbeiters ohnehin nicht, da diese keineswegs aus der Produktion vom Mehrwert selbst erfolgt. Vielmehr wird im Stil der bürgerlichen Soziologie argumentiert: aus der Zugehörigkeit zu spezifischen Gruppen innerhalb der Arbeitsteilung. So spricht man von einem für die Erarbeitung sozialistischer Theorien notwendigen «Bildungsstand», den der Arbeiter nie erreicht oder man geht schlicht gruppensoziologisch vor: Die Arbeiter als «Arbeiter» könnten nicht ... und so weiter.

Nicht, daß die Gruppenzugehörigkeit unwichtig wäre, sie ist sogar von zentraler Bedeutung für die organisatorische und strategische Diskussion, zum Beispiel für die nähere Bestimmung der Stoßrichtung der politischen Arbeit. Wir wollen hier aber nur das Wesentliche festhalten. Der gleiche Arbeiter, der die reformerischen Praktiken von Parteien und Gewerkschaften unterstützt und insofern die Integration fördert, stellt zugleich die soziale Kraft dar, die gegen den Gesellschaftsplan des bürgerlichen Staats wie gegen die Mehrwertproduktion Widerstand leistet und den revolutionären Prozeß vorantreibt. Politisch nimmt dieser Widerstand und der sich daraus ergebende Prozeß zur Umwälzung hin zur Zeit den Charakter der Wiederankurbelung des Klassenkampfs auch außerhalb der strategischen Linien der Arbeiterparteien, sogar gegen die Strategie verstaatlichter Parteien und verrechtlichter Gewerkschaften an.

* * *

Wie stellt sich nun die Lage der Arbeiter im westdeutschen Staat dar. Gewiß lassen sich kaum Vergleiche mit dem weit fortgeschrittenen Stand der politischen Bewußtheit und der Kampfpraxis anstellen, den die italienischen Arbeiter seit Ende der sechziger Jahre erreicht haben. Aber auch in Westdeutschland fand inzwischen ein politischer Wiederaufschwung der Klasse statt, der teilweise zu einer stärkeren Betonung der kämpferischen Linie einiger gewerkschaftlichen Sektoren führen mußte und die parlamentarisierten Arbeiterparteien (SPD) ebenso verunsicherte wie die ins Parlament drängende DKP. Es zeigt sich überdies, daß – obgleich mit den nötigen Einschränkungen und Korrekturen – die Hauptlinie des Wiederaufschwungs im Grunde dem Arbeiterkampf entspricht, der sich in Italien, in Frankreich, aber auch in England und Belgien entfaltet. Ihr liegt die generelle Weigerung zugrunde, beim Zusammenstoß mit dem Kapital die eigene gewerkschaftliche Organisation als eine integrierte und integrierende Instanz hinzunehmen und die sich daraus ergebende Tendenz, im gegebenen Fall gegen ihre Organisationsbefehle zu handeln. Bleibt auch zum Beispiel bei den Betriebsratswahlen in westdeutschen Fabriken die Aufstellung von selbständigen Listen sporadisch (obwohl, unter uns gesagt, schon dieser sporadische Fall emblematische Züge zeigt), so wird die Masse der Gewerkschaftsmitglieder und noch mehr die Masse der Arbeiter zunehmend unruhig und aktiv. Man braucht nur die Ergebnisse der ritualisierten Urabstimmungen über schon abgeschlossene Lohnkompromisse zu verfolgen, die übrigens nur von Gewerkschaftsmitgliedern vorgenommen werden. Der prozentuale Anteil der Stimmen, die gegen solche Kompromisse abgegeben werden, reicht zwar zur Ablehnung nicht aus (auch eine Folge klug ausgeformter vertraglicher Regelungen), weist aber eine steigende Tendenz auf. Es handelt sich also auch in Westdeutschland um neuartige erste Anzeichen zur Klassenautonomie. Die Arbeiter lassen sich nicht nur nicht mehr ohne weiteres integrieren. Sie fangen schon an, den Gewerkschaften gegenüber präzise Forderungen zu erheben. Es sollen keine schiefen Annäherungen versucht werden: Köln ist nicht Turin, Opel ist nicht Alfa. Wir müssen aber die Erneuerung der Klassenautonomie in der BRD an der westdeutschen Wirklichkeit messen. Und diese Wirklichkeit hat allerdings eine völlig neue Qualität gewonnen. Die versuchte Verrechtlichung verliert allmählich an Effektivität. Die Gewerkschaftsführung sieht sich zuweilen außerstande, die teils von ihr selbst organisierten sozialen Kämpfe durchgängig und verwertungsfunktional zu verwalten.

Wie antwortet nun der Staat auf diesen Neubeginn einer Klassenrekonstruktion. Allgemeiner gefaßt: Wie reagiert der Staat, wenn sein Gesellschaftsplan und dessen Integrationsmechanismen nicht mehr einrasten.

Zunächst muß festgestellt werden, daß die staatliche Reaktion nicht willkürlich erfolgt, als bloße unterschiedslose Macht- und Gewaltmaßnahme. Spezifische Interessen der großen ökonomischen Gruppierungen müssen dabei berücksichtigt werden. Ebenso spielen internationale Beziehungen und Rücksichten eine gewisse Rolle und – das wollen wir nicht vergessen – die Verkettung des bürgerlichen Staats an die eigene Konstitutionalität. Geschichtlich wird diese nur im Extremfall aufgegeben, da sie als System feststehender Spielregeln gesellschaftliche Prozesse am ehesten kontrollierbar macht. Diese besondere Seite der Rechtsstaatlichkeit habe ich schon erläutert. Allein sie führt zu paradoxen Situationen, die wiederum das wahre Gesicht der Rechtsstaatlichkeit enthüllen. So betreibt der Polizeiapparat der BRD seit geraumer Zeit eine minutiöse Observierung und eine offene Verfolgung linker radikaler Lehrer, Dozenten, Funktionäre und Arbeiter. Dagegen wendet sich auch die sogenannte liberale Öffentlichkeit – aber nicht um die Freiheit der Meinung und der beruflichen Tätigkeit zu verteidigen. Vielmehr verlangt sie die Wiederherstellung und die Aufrechterhaltung des «Rechtsstaats». Berufsverbote sollen nicht unterbleiben, sondern gesetzlich geregelt werden: gegen Behördenwillkür, aber nicht gegen die Repression.

Diskussionsleiter: Genosse Agnoli, verzeihe die Unterbrechung, du mußt aber zum Schluß kommen. Wir wollen noch über das Thema diskutieren und einige von uns haben Frühschicht.

Agnoli: Also, der Staat antwortet auf den Neubeginn zunächst in der altbewährten Weise, die offene Repression zu verschärfen. Der Staat, aber auch der Gewerkschaftsapparat, der unbotmäßige Elemente auszumerzen versucht. Nur funktioniert die offene Repression bis zu einer gewissen Grenze: Sie funktioniert nur gegenüber einer Arbeiterklasse, die ihrerseits positiv auf die Repression reagiert und also in die Passivität zurückfällt. Die eigentlich politische Antwort des bürgerlichen Staats richtet sich also gegen jede Möglichkeit einer *Aktivierung* der Klasse. Sagen wir ruhig: gegen alle Möglichkeit kommunistischer Artikulation. Auch hier wirken sich die zweiseitigen Instrumente der Integration aus. Die offene Repression richtet sich gegen «radikale» Gruppen; die Disziplinierung durch die Rechtsordnung schränkt den Einfluß der traditionellen KP ein. Beide, die Radikalen und die Traditionalisten, sollen an der Entfaltung der sozialen Wirksamkeit gehindert werden. Das ist ihr gemeinsames «Schicksal». In beiden Fällen liegt die Perspektive dieser Antwort also klar auf der Hand. Man versucht, die Rekonstruktion der Klasse doch noch in die Institutionalität zurückzuführen. Was die zukünftige Entwicklung angeht, so soll man sicherlich immer berücksichtigen, daß der westdeutsche Staat es zu einer gewissen Integrations- und Repressionsmeisterschaft gebracht hat. Sie hat sich aber keineswegs als Naturzustand festgesetzt und ist also nicht unabänderlich. Ohne allzu optimistische Hoffnungen zu wecken: Eindämmung der wiederauftretenden Kampfbereitschaft und Bewußtheit der Arbeiter will nicht mehr so gelingen, wie dies in den fünfziger-Jahren der Fall war. Setzt aber der gesellschaftliche Widerspruch gegen die bestehenden Zustände erneut an und sich politisch um, so müssen wir uns am Schluß noch über einige Bedingungen seines Erfolgs unterhalten. Und über die langfristigen Perspektiven einer revolutionären Strategie in den kapitalistischen Gesellschaften. Dies um so mehr, als in zunehmendem Maße die Erneuerung der Klasse mit dem Wiederauftreten zyklischer Krisen einhergeht: das schon erwähnte Zusammenfallen der Aufkündigung des «sozialen Friedens» mit dem Ende des Mythos vom linearen Wirtschaftswachstum, zu dem noch als drittes Element die Erstarkung der Befreiungsbewegung in der sogenannten Dritten Welt hinzukommt. Was die einzelnen Streiks und die einzelnen Konflikte extrem vereinzelt; was den Wiederaufschwung der Klasse in Frankreich 1968, in Italien 1969 auf das bloß lokale Ereignis zurückzuwerfen droht, ist das Fehlen einer Qualität, die das Kapital nach dem Zweiten Weltkrieg schon längst erreicht hat; die

Arbeiterklasse aber immer noch nicht verwirklicht. Es fehlt der *operative Internationalismus*, der das Vorgehen übernational organisiert und dadurch erst dem multinationalen Kapital entgegentreten kann. Wir müssen diese Lage klar erkennen und richtig einschätzen. Gegenüber einem Kapital, das sich trotz der verschärften Konkurrenz *politisch* international organisiert (das gemeinsame Vorgehen westlicher Regierungen gegen radikale Gruppen ist nur die äußere, handgreifliche Erscheinung dieser gemeinsamen Politik), gelingt es der revolutionären Klassenfront noch nicht, die nationalen Grenzen zu überschreiten. Der Internationalismus wird nie operativ, bleibt eine ideologische Position oder schlimmstenfalls eine verbale Beteuerung.

Auch aus einem anderen Grund wird es für Westeuropa dringend notwendig sein, den Klassenkampf zu internationalisieren. Auf diese Weise fielen auch die erwähnten rechtlichen Einschränkungen und die politische Neutralisierung in sich zusammen, da diese sich nur im Rahmen der alten Nationalstaaten – mindestens vorläufig – durchsetzen lassen. Ähnliches vollzieht sich seit einiger Zeit auch auf der Kapitalseite. Wir sehen, daß viele Versuche im Rahmen kapitalistischer Nationalstaaten die forcierte Kapitalfusion oder die «übertriebene», den Markt ruinierende Monopolbildung zu bremsen, an dem Umstand scheitern, daß das internationalisierte Kapital die rechtlichen Normen des Nationalstaats überspringen kann. Dagegen unternimmt allerdings der Staat nicht sonderlich viel, denn er ist und bleibt der Staat des Kapitals. Die formale Machtlosigkeit des Staats gegenüber dem internationalen Kapital muß aber zu einer materiellen Machtlosigkeit gegenüber der Klassenfront werden. Die Macht des Staats, den Klassenkampf permanent in die institutionelle Strategie zurückzuführen, scheitert also nur, wenn der Kampf selbst sich international ausweitet. Damit verbunden wäre aber auch die *effektive* und nicht programmatische internationale Klassenrekonstruktion – die geschichtliche Bedingung, die kapitalistische Ökonomie und ihr System nicht nur punktuell anzugreifen und zu verunsichern, sondern global zu sprengen. Aber selbst bei einer solchen Internationalisierung muß man sich vor falschen Perspektiven hüten. Der Ruf nach der gewerkschaftlichen Einheit, der überall zu hören ist in Westeuropa, kann auch ein vermittelter Lockruf des Kapitals sein. Es kommt hier genau auf die Qualität der gewerkschaftlichen Einheit an: ob sie als Einheit von Integrationsapparaten oder von Kampforganisationen gemeint ist. Es zeichnet sich eine Alternative ab, die für die weitere Entwicklung bestimmend sein wird. Bruno Trentin (Anmerkung: Vorsitzender der FIOM, des kommunistisch-sozialistischen Metallarbeiterverbands in der CGIL) hat vor einigen Jahren gleich nach dem heißen Herbst diese Alternative auf den Stand der gesellschaftlichen Konflikte in Italien und in Westdeutschland bezogen und prägnant formuliert: «Entweder gelingt es der italienischen Arbeiterklasse, die spezifisch italienische Form des Klassenkampfes nach Deutschland zu exportieren, oder – wenn dies scheitert – wird es dem italienischen Kapital gelingen, das deutsche Gewerkschaftssystem in Italien einzuführen» – das deutsche Gewerkschaftssystem, das als System von Mechanismen, Normen und Apparaten eine der Grundbedingungen für die gesellschaftliche Reproduktion des modernen Kapitalismus bildet.

Diskussion[18]

DR – Diskussionsredner. A = Agnoli

DR.: Deine Analyse der Partei hat mich nicht überzeugt. Die strategische Position der Partei kann unmöglich durch Gesetzesnormen bestimmt werden; noch kann es an der Schuld des Staats liegen, wenn eine besondere Perspektive gewählt wird. Sie wird durch den politischen Willen der Partei bestimmt, durch ihre Organisationsform, durch ihre interklassistische (klassenpluralistische) Zusammensetzung. Selbst die Zusammensetzung, zum Beispiel, daß die Partei sich nach bestimmten sozialen Schichten hin öffnet: zu den Angestellten, den Technikern, den Kleinbauern und so weiter, ergibt sich aus einer Analyse und aus einer politischen Perspektivwahl. Sie geht von der Einschätzung der Chancen der revolutionären Veränderung aus. Von da aus trifft die Partei politische Entscheidungen, und nicht aus einer durch das politische System und durch die Regeln, von denen du sprichst, hervorgerufenen Zwangssituationen. Das wäre zu einfach.

A.: Zu den Gesetznormen: Es versteht sich, daß sie – als Ausdruck der institutionellen Strategie des Kapitals – nur dann die Politik einer Arbeiterpartei bestimmen, wenn die Partei sie akzeptiert. In Westdeutschland zum Beispiel sprechen die DKP-Genossen und die Jungsozialisten von einem langen Marsch durch die Institutionen. Dazu müssen sie aber zunächst die Institutionen akzeptieren, sich ihnen unterwerfen. So verändert sich aber, auch wenn sie es nicht wollen, ihre politische Qualität. Sie fangen an Kompromisse zu schließen ...

DR.: ... kannst du ohne Kompromisse politisch handeln?

A.: Gewiß sind taktische Kompromisse unvermeidlich, die revolutionäre Bewegung ist keine religiös-puristische Angelegenheit. Andererseits haben Kompromisse, die man mit dem politischen Gegner oder eindeutiger: mit dem Klassengegner schließt, um von ihm *zugelassen* zu werden, in die Institutionen gelassen zu werden, einen strategischen Charakter. Du stellst

18 Zum besseren Verständnis: Italienische Arbeiter sprechen häufig von der «Partei». Meist ist damit die KPI gemeint. Aber in einem allgemeineren Sinne auch «die» Arbeiterpartei schlechthin.

dir das Ganze aber auch zu einfach vor: Die Partei will oder will nicht, sie tut dies und jenes, analysiert und entscheidet. Es handelt sich um eine viel kompliziertere geschichtliche Situation, die nicht erst heute vorhanden ist. Es ist also nicht nur die Frage, ob die Partei heute sich für eine Perspektive entscheidet, die nicht mehr revolutionär ist. Es muß mitgefragt werden, ob nicht die ganze historische Linie, die traditionelle Linie der Partei vielleicht von Anfang an organisatorisch und strategisch so angelegt war, daß sie in die jetzige Situation einmünden mußte.

Ich vermute, daß man nicht einfach sagen kann: Die Partei würde heute auf gesellschaftliche Prozesse, zum Beispiel auf den heißen Herbst oder auf die Arbeiterinsubordination [Anmerkung: Die KP-Führung in Italien hat sich mehrfach negativ über die Insubordinationsstrategie der Arbeiter und für eine Wiederherstellung der Produktionsdisziplin ausgesprochen] falsch reagieren. Man muß näher untersuchen, ob dies wirklich die Willenspolitik eines Berlinguer ist oder eines in zweideutiger Weise nach rechts gerückten Ingrao oder eines Amendola, der genau das ist, was er darstellt (Anmerkung: Berlinguer ist der Generalsektretär der KPI; Ingrao ist der Vorsitzende der parlamentarischen KPI-Fraktion; Amendola ist der anerkannte Chefideologe des rechten sozialdemokratischen Flügels der Partei); oder die Schlußfolgerung aus einer geschichtlichen Entwicklung, die übrigens nicht nur Italien trifft. Es handelt sich um ein europäisches Problem, das übrigens auch die kommunistischen europäischen Parteien erfaßt, die an der Macht sind. Die genaue Frage lautet nämlich: Wie kommt es, daß diese Parteien, sei es an der Macht, sei es in der Opposition, nicht mehr in der Lage sind, *die autonomen Klassenvorstöße aufzunehmen und auszuweiten*. Siehe zum Beispiel die ostdeutsche Situation 1953 oder die Streikereignisse in Nordpolen oder die Ereignisse in der CSSR oder die Reaktion der KPF nach dem Mai 1968. Auch in Westdeutschland kann die DKP eine spontane Streikbewegung zwar begrüßen, sieht sich aber außerstande, sie weiterzuführen. Was die «Schuld des Staats» an der Integration der Partei angeht, habe ich mich wohl mißverständlich ausgedrückt. Vom Standpunkt des Kapitals ist es eher ein Verdienst des Staats, wenn kommunistische Parteien zu Ordnungsfaktoren werden. Man kann gewiß einem bürgerlichen Staat keinen Vorwurf daraus machen, daß er die Geschäfte des Kapitals besorgt. Wohl aber kann eine kommunistische Partei kritisiert werden, wenn sie die Klassengeschäfte vernachlässigt.

Wenn du von einem Klassenpluralismus innerhalb der Partei sprichst, so finde ich das erstaunlich. Es ist das erste Mal, daß ich vom Klassenpluralismus im Zusammenhang mit einer kommunistischen Partei höre. Der Interklassismus ist doch die Charakteristik der christlich-demokratischen und der konservativen Parteien. In Westdeutschland ist das allerdings auch die Charakteristik der sozialdemokratischen Partei.

DR.: Gut, kein Pluralismus in der Mitgliedschaft, zumindest nicht als Programm. Die Partei ist eine Arbeiterpartei in ihrer Politik, ganz gleich, wie sie sich zusammensetzt. Mit Öffnung meine ich natürlich die Bündnispolitik. Du hast selbst am Anfang von dem niedrigen Stand der Vergesellschaftung der Arbeit hier bei uns gesprochen. Und daß es unterschiedliche Gruppen und Interessen der Kapitale gibt. Also muß die Partei sich mit diesem Problem der Kleinunternehmer befassen. Sie muß versuchen, deren Widersprüche auszunutzen und sie für den Kampf des Proletariats zu gewinnen. Ich weiß nicht, ob das auch auf Deutschland zutrifft. Für uns hier aber ist diese Seite der Bündnisfrage sehr wichtig.

A.: Hier liegt allerdings etwas vor, was schwieriger ist und schwerer wiegt als der Klassenpluralismus: die strategische Folge eines vermutlich verfehlten ökonomischen und sozialen Ansatzes. In einer solchen Analyse des Kapitalismus, wie sie zum Teil von der Partei vorgenommen wird, geht man von einem fundamentalen Unterschied zwischen Kleinkapital und Monopolkapital aus und gerät in die völlig irrige strategische Schlußfolgerung, daß das Kleinkapital heute zu den «natürlichen» Verbündeten des Proletariats gegen das Monopol gehöre. Darin liegt meines Erachtens einer der grundlegenden Irrtümer der Generallinie traditioneller kommunistischer Parteien: der Theorie des staatsmonopolistischen Kapitalismus. Aus dieser Einschätzung entspringt politisch jene «antimonopolistische Demokratie» (ich spreche hier vom politischen Programm der DKP) mit einem allgemein gehaltenen antifaschistisch-demokratischen und antimonopolistischen Inhalt. Sie überzeugt das Kleinkapital keineswegs: Es gliedert sich politisch in die gemeinsame Front mit dem Proletariat nicht ein. Statt dessen aber führt sie zu einer gewissen Bewußtseinstrübung in der Arbeiterklasse. Denn dem Arbeiter werden Differenzierungen innerhalb des Kapitals theoretisch aufgenötigt, die für ihn praktisch, für seine Stellung eines unmittelbar ausgebeuteten Mehrwertproduzenten einfach nicht existieren. Der Arbeiter steht auch im Kleinbetrieb gegen den Fabrikbesitzer oder den Handwerksmeister. Weiter noch: Seine Stellung ist innerhalb eines Kleinbetriebs viel schlechter als in einem Großbetrieb, da Ausbeutung und Unterdrückung durch die besondere Form des personellen Verhältnisses erhärtet werden. Daher auch das gesellschaftliche Interesse des Arbeiters am Großbetrieb. Polt man dieses Interesse strategisch um, so wird eine der wichtigsten Bildungsperspektiven der Klasse unterbrochen. Die Bildung, auch die politische Bildung des Arbeiters als Klasse in der Großindustrie zum bewußten Subjekt setzt doch die Existenz des Großunternehmens voraus – eine geschichtlich konkrete Parallelität zwischen Kapitalakkumulation und Klassenrekonstruktion. Nach der neuen Bündniskonzeption der Partei hingegen erscheint der Kapitalist der rückständigen Produktionsformen als Mitstreiter des Proletariats gegen das weiter fortgeschrittene Kapital. Oder sinnlich: Der den Arbeiter direkt ausbeutende Kleinkapitalist wird von der Partei als Verbündeter gegen einen fremden Gegner gepriesen.

Lenin hatte eher recht, als er den Kleinkapitalisten als permanent sich reproduzierende ökonomische Grundlage des Kapitalismus überhaupt bezeichnete.

DR.: Wenn du schon Lenin recht gibst, so mußt du dich auch korrekt an Lenin halten. Es gibt nämlich eine andere Begründung für diese Bündnispolitik. Der Monopolkapitalismus ist keine geschichtliche Zukunftsmacht mehr. Er droht, auch das Kleinkapital in seinen Zusammenbruch einzuziehen. So hat der Kleinunternehmer eine Überlebenschance, nur wenn er gegen den ökonomischen Verfall kämpft, den die Monopole verursachen.

A.: Eher würde ich diese spezifische Monopolanalyse von Lenin kritisieren, schon wegen der strategisch falschen Schlüsse, die aus ihr gezogen werden. Die Bildung der großen Monopole erscheint als eine Dekadenzphase des Imperialismus, als Verfaulungsprozeß des Kapitals. Die Frage ist, ob dies in der Wirklichkeit auch zutrifft; und ob nicht umgekehrt gerade die großen Kapitalkonzentrationen es sind, die die Expansion des Kapitals und dessen Reproduktion auf erweiterter Stufenleiter – wie die Formel lautet – heutzutage aufgrund der Erhöhung der organischen Zusammensetzung überhaupt erst ermöglichen. Es ist geschichtlich schief, theoretisch falsch und politisch bedenklich zu meinen, das Kapital breche deshalb unvermeidlich zusammen, weil es sich als Monopol konstituiert.

DR.: Aus deiner Beschreibung des Verwertungsmechanismus in Deutschland erscheint das deutsche Großkapital wie eine ziemlich homogene, sehr funktionale ökonomische Front, die sich ohne innere Widersprüche entwickelt. Dadurch bleibt dem Staat nur die Aufgabe der «gesellschaftlichen Regelung»: die gesellschaftlichen Folgen abzublocken oder auf die gesellschaftlichen Folgen zu reagieren, die eine solche Entwicklung hervorbringt. In Italien ist die Situation ganz anders. Die Krise der letzten Jahre scheint eine nicht gerade sekundäre Ursache in dem inneren Widerspruch der Bourgeoisie selbst, des Kapitals, zu haben; genauer in dem Weiterbestehen obsoleter Randbereiche der Produktion, die nur noch auf der politischen Ebene Widerstand leisten können, sofern es nämlich ihnen gelingt, vom Staat subventioniert zu werden. Ökonomisch sind sie schon am Ende und beeinflussen negativ den Akkumulationsprozeß. Gegen diese Rettungsversuche wendet sich die sogenannte, bisher allerdings nicht verwirklichte Reformpolitik der linken Mitte. Eines der Ziele des Staats ist die direkte Intervention auf der Kapitalebene, um eine ganze Reihe stagnierender Sektoren (gerade bei den Kleinbetrieben) zu eliminieren und so den Verwertungsmechanismus wieder wirksam zu machen. Es scheint mir, daß dies in Deutschland nicht eingetreten ist. Das ist übrigens auch von Interesse für die Frage, welches Kapital vom Staat vertreten wird.

A.: Zunächst: Die Kapitalfront erscheint in Deutschland homogen, in Wirklichkeit ist sie auch dort durch die Konkurrenz bestimmt. Gegenüber dem Staat bilden sich entsprechende Gruppierungen, die bestimmten Sektoren entsprechen, aber – genauso wie hier in Italien – in ihrer Interessenlage gegenüber dem Staat keine feststehenden Größen darstellen. Was den Staatsinterventionismus angeht: In der Tat hat in Deutschland ein unmittelbarer Staatseingriff auf der Verwertungsebene nicht stattgefunden, sondern nur immer indirekt, über die Maßnahmen einer normalen Wirtschaftspolitik. In letzter Zeit – eingeleitet vom ehemaligen sozialdemokratischen Minister Schiller – hat sich die Tendenz des direkten Eingriffs im Sinne einer Keynesschen Politik zur Erhaltung der Stabilität verstärkt. Der Konzentrationsprozeß aber geht naturwüchsig ohne staatliche Intervention vor sich. Umgekehrt: Die offizielle Politik spricht eher von dem notwendigen Schutz stagnierender Randbereiche (vom «Schutz des Mittelstands»). Die Reformpolitik gibt also in Westdeutschland eher das entgegengesetzte Ziel an – unter uns gesagt: rein ideologisch. In Italien ist das Großkapital an einer weiteren Beschleunigung der Akkumulation interessiert und an einer höheren Vergesellschaftung der Arbeit – und sucht dazu die Partnerschaft effizienter politischer Führungsgruppen, die endlich die von dir erwähnten Reformen durchsetzen. Dazu sind Leute wie Agnelli ja bekanntlich bereit, auch kommunistische Politiker zu akzeptieren, denen sie eher die Modernisierung der italienischen Reproduktionsstrukturen und die Hilfe für die Modernisierung der Produktionsstrukturen zutrauen.

Was die ökonomische Situation Italiens von der deutschen in dieser Hinsicht unterscheidet, ist das in Italien noch immer vorhandene starke Ungleichgewicht zwischen Kapital und Rendite. Hier wird ein beachtlicher Teil des Mehrwerts von der Rendite aufgesaugt und kann also nicht in die Akkumulation zurückfließen. Es ist zwar nicht mein Geschäft, die Hintergedanken eurer Kapitalherren zu erraten. Ich kann mir aber denken, daß Agnelli an einem gemeinsamen Vorgehen von Kapital und Arbeiterbewegung gegen die Rendite durchaus Geschmack finden könnte. Er hat doch irgendwann einmal geäußert, daß die Rendite verantwortlich sei für die Fehlentwicklung der italienischen Wirtschaft. Die Frage wäre dann, wie widerstandsfähig die von dir erwähnten Randbereiche sind. Die Entwicklung scheint mir selbst auf der politischen Ebene sehr widersprüchlich zu sein. Ich sehe keine Einheitlichkeit in der wirtschaftspolitischen Konzeption etwa innerhalb der Christdemokraten. Im allgemeinen ist das rückständige Kapital vor allem als Kleinkapital nicht in der Lage, die Auseinandersetzung um die Wirtschaftspolitik durchzuhalten. Seit Beginn der sechziger Jahre und durch alle Verrenkungen hindurch orientiert sich die italienische Politik immer mehr an effizienteren und «rationaleren» politischen Modellen und Systemen. Ob nun die Führenden dies können und die Abhängigen es akzeptieren wollen, das ist ein anderes Problem.

DR.: Ich möchte, daß du gerade an diesem Punkt noch einiges über die Modernisierung des Staats erläuterst. Das ist auch für die Politik der Partei wichtig, denn einen Fortschritt kann ich mir in Italien nicht vorstellen unter der Verwaltung und der Führung der Christdemokraten. Sicherlich gibt es hier einen ziemlichen Widerspruch. Ich will ihn so formulieren: Italien braucht einen moderneren Staat, wir Arbeiter können die alten staatlichen Strukturen einfach nicht mehr vertragen. Ich bin überzeugt, daß nur die KP hier eine Änderung herbeiführen kann. Aber auch das Kapital kann den alten Staat nicht mehr gebrauchen. Das Problem für uns ist, ob die Partei sozusagen das Spiel mitmachen und den Staat modernisieren kann, ohne das Geschäft des Kapitals zu besorgen.

A.: Ich weiß nicht, ob ich diese Schwierigkeiten zufriedenstellend klären kann. In welcher Richtung soll sich der Staat modernisieren oder anders gesagt: wie sieht eine Modernisierung aus, die kapitalfunktional ist; und ist sie dennoch alternativ, also gegen das Kapital anwendbar. Das ist ein altes Problem. Ich will versuchen, es zusammenzufassen:

Gestattet mir, daß ich weit zurückgreife. Schon Mitte der fünfziger Jahre machte Maranini, der florentiner Politikwissenschaftler und Leitartikler des «Corriere della Sera» konkrete Vorschläge für eine «wirtschaftskonforme» Modernisierung des italienischen Staats. Er orientierte sich dabei an zwei Alternativmodellen, die ohnehin die italienische Diskussion der letzten zwei Jahrzehnte im konservativen Sektor beherrschten: am Präsidialsystem Gaullistischen Typs; und am deutschen System des Parteienstaats. Was ihn am letzteren faszinierte, war der von mir herausgestellte staatliche Charakter der Parteien, oder – wie er sich ideologisch ausdrückte – daß die Parteien nicht gruppenorientiert seien, sondern verfassungsorientiert. Nun, das ideologische Mißverständnis, so typisch für bürgerliche Wissenschaftler, interessiert hier nicht. Wichtiger ist, daß das Mißverständnis die Wirklichkeit traf, wenn auch anders als Maranini es dachte. Ich wiederhole, was ich vorhin schon sagte: Der moderne Staat wird von der Tendenz zur Verstaatlichung aller gesellschaftlichen Beziehungen, also auch aller gesellschaftspolitischen Organisationen geprägt. Marx hat diesen Vorgang (ich glaube in der Deutschen Ideologie) schon vorausgesehen: Im Kapitalismus müsse alle gesellschaftliche Erscheinung immer mehr eine politische Form annehmen. Ob die Verstaatlichung sich als normales Gesetz äußert oder gewohnheitsrechtlich sich durchsetzt oder schließlich in Form freiwilliger verbindlicher Abmachungen, deren Einhaltung allerdings vom Staat gesichert wird, ist gleichgültig. Eine faktische und nicht verfassungsrechtlich festgelegte Verstaatlichung der Parteien haben wir zum Beispiel in Großbritannien. Das englische Parteiensystem – und ebenso das westdeutsche, daher das Interesse des konservativen Maranini an ihm – stellt keine Artikulation der Gesellschaft auf der politischen Ebene dar, vielmehr *die Eingliederung der gesellschaftlichen Kräfte in den Staat*. Das ist auch eine spezifische Form der institutionellen Strategie, die die durchgängige Übereinstimmung von Gesellschaft und Staat anstrebt. Das berühmte Wort «seiner Majestät Opposition» drückt dieses Verhältnis ideologisch aus. In Italien gehören noch nicht alle politischen Parteien zum staatlichen Machtmechanismus, sind aber auf dem besten Weg dazu.

DR.: Ich bin nicht ganz überzeugt, ob das auch für die Partei gilt. Sie bleibt immer Oppositionspartei, sie vertritt auch das, was du die gesellschaftliche Opposition, den Widerspruch zum Kapital nennst. Daß sie sich gerne an der Regierung beteiligen möchte, ist unbestreitbar. Das will aber jede Partei – und für uns wäre es gar nicht so schlecht, wenn die Herrschaft der Christdemokraten endlich gebrochen wäre. Die anderen Parteien der linken Mitte schaffen es nicht. Ich möchte von dir hören, ob es da grundsätzliche Bedenken dagegen gibt. Ich erinnere mich, daß Engels, vielleicht Marx, ich weiß es nicht genau, daß aber Engels der Ansicht war, daß eine Arbeiterpartei durch Wahlerfolge zur Macht kommen und den Sozialismus verwirklichen kann. Für uns ist die Frage: Kann die Regierungsbeteiligung der erste Schritt zur Macht sein; oder ist die Regierungsbeteiligung der erste Schritt zum Klassenverrat.

A.: Ich sehe die ganze Entwicklung nicht aus dem Gesichtspunkt der Machtgewinnung oder der Beteiligung an der Macht, sondern in der Sicht der von mir sogenannten Verstaatlichung der Partei. Ich bitte um Verzeihung, wenn ich darauf bestehe. Dazu ist nicht einmal als erster Schritt, wie du sagst, der Eintritt der Partei in die Regierungssphäre, wie man 1969 sagte, notwendig. Verstaatlichung bedeutet nicht unbedingt Regierungsbeteiligung. Sie findet schon in dem Einbau in den «Verfassungskreis» statt (arco costituzionale): Die Opposition seiner Majestät, das ist die verfassungskonforme Opposition. Das muß ich allerdings näher begründen. Es geht hier um den fundamentalen Charakter des bürgerlichen Staats, dessen Verfassung bekanntlich vieles enthält, das mit gutem Recht von uns allen verteidigt werden soll – zum Teil selbst gegen die Bourgeoisie. Diese fortschrittlichen, emanzipatorischen Normen stehen aber nicht zur Diskussion, sondern die Funktion des ganzen von der Verfassung geregelten Machtmechanismus. Ich akzeptiere die Doktrin vieler kommunistischer Genossen nicht, die den Verfassungsstaat völlig von der materiellen Basis frei und zu einem Wert an sich machen, den man verteidigen soll. Der Verfassungsstaat ist der Staat der Kapitalverwertung. Und wir müssen doch ...

DR.: (unterbricht): Mir scheint es, daß deine Argumentation sich immer auf der Ebene des Überbaus bewegt. Überdies halte ich die von dir benutzten Parameter für die Analyse der Partei für unhaltbar und vor allem für einen Marxisten undenkbar. Du sprichst rein politisch von der Verstaatlichung der Partei. Eine korrekte Analyse müßte aber ausfindig machen, welche spezifische Situation in Kapitalismus zur Verstaatlichung führt, welche nicht. Wir haben in Italien Kapitalgruppen, die für eine kurzfristige Allianz mit der KPI eintreten; andere, die mehr zum offenen Faschismus tendieren. Dies alles ist aber nicht politisch motiviert, sondern ökonomisch begründet. Es sind also ökonomische Gründe, die das Kapital zu politischen Perspektivwahlen zwingt. Das hast du ungenügend oder sogar falsch dargestellt. Völlig unannehmbar, sogar schädlich finde ich deine Ausführungen über die Wirkung des deutschen Parteiengesetzes. Du sprichst der Politik eine autonome Macht zu. Das kann viele Genossen zu verhängnisvollen Einschätzungen führen. Wie schon ein anderer Genosse sagte, die Politik der Partei kann unmöglich durch Überbauerscheinungen bestimmt werden. Das ist das eine. Aber auch zu deinen Ausführungen über das politische Bewußtsein des Arbeiters muß hier etwas gesagt werden. (Zwischenruf: Du bist gar kein Arbeiter)

DR.: Gut, ich bin ein Student. Aber Agnoli ist auch kein Arbeiter. Ich habe den Eindruck, daß Agnoli nur eine besondere Antiparteilinie theoretisch begründen will. Es ist zwar schmeichelhaft für die Arbeiter, wenn er ihnen politische Bewußtheit bescheinigt. Es ist jedoch eine Tatsache, daß die meisten von ihnen, und zwar aus völlig berechtigten Gründen, nur ökonomische Zielsetzungen haben und also tendenziell nur gewerkschaftlich denken.

A.: Bevor ich deinen letzten Punkt noch einmal aufgreife – er ist der wichtigste in unserer ganzen Diskussion – zunächst eine Klarstellung. Ich habe ausdrücklich gesagt, daß die Politik der Partei von der institutionellen Regelung nur insofern bestimmt wird, als die Partei diese Regelung, die Institutionalität überhaupt, zur allgemeinen politischen Richtlinie erhebt. Sodann möchte ich meine Einschätzung des Verfassungsstaats weiterentwickeln. Ich wollte vorhin sagen, daß dieser Staat mit all den Menschenrechten, die er garantiert, trotz der Schwächeanfälle der letzten Zeit eigentlich für die Reproduktion des Kapitals ganz gut funktioniert. Es kriselt überall, es gibt Regierungsstürze und zuweilen keinen politischen Ausweg aus dem Zustand der permanenten Labilität; aber zum politischen Sturz des Kapitalismus kommt es unter den Bedingungen solcher Verfassungsstaaten eigentümlicherweise nirgends. Als Engels um 1890 meinte, die bürgerliche Republik böte sich als bester Weg zur Diktatur des Proletariats, hat er sich schlicht geirrt. Die bürgerliche Republik, die parlamentarische Demokratie hat sich als wirksames Integrationsmittel erwiesen, zumindest, was viele

Arbeiterparteien betrifft. Nicht von ungefähr gewinnt die Arbeiterklasse ihren revolutionären Neubeginn jeweils und im Widerspruch zu den Parteien, die sich in den Verfassungskreis begeben haben.

Das bedeutet in keiner Weise, daß die gewonnene Klassenautonomie zu einer Absage an bestimmte verfassungskonforme Klassenparteien führen würde: zu einem abstrakten, moralischen Bruch. Diese Parteien werden vielmehr nach wie vor nach dem Gesichtspunkt des Klassenvorteils beurteilt. Darin drückt sich die List der Arbeitervernunft aus. In Deutschland wählen auch Arbeiter SPD, die mit der Partei nicht einverstanden sind, ja die sie als einen fragwürdigen Haufen ansehen. In Italien entscheiden sich die meisten Arbeiter auf der Ebene der politischen Wahl für die KPI, auch wenn sie sich mit der Partei nicht identifizieren und in den unmittelbaren Auseinandersetzungen mit dem Kapital gegen deren politische Richlinien und strategische Anordnungen handeln. Und das drückt doch nicht gerade mangelnde Reife aus. Vielmehr zeigt sich darin die politische Bewußtheit, die sich offensichtlich auch außerhalb der Partei und gegen die Partei entwickelt. Damit wäre ich bei der viel zitierten Trennung vom ökonomischen Verhalten der meisten Arbeiter und politischer Bewußtheit einer Avantgarde wieder angelangt. Das ist doch, wenn ich dich recht verstanden habe, das Problem. Dazu will ich nur kurz etwas bemerken: erstens die Sache mit der Überbauebene. Den Vorwurf höre ich auch in Deutschland häufig. Es ist sicherlich für viele geschulte Genossen sozusagen unter der eigenen materialistischen Würde, sich mit Überbauerscheinungen abzugeben. Nur die Ökonomie ist wichtig, alles andere klärt sich von der Ökonomie her auf. Theoretisch trifft das auch zu. In der Praxis aber stoßen wir nicht nur gegen ökonomische Bewegungen, sondern auch gegen politische Hindernisse. Nun fällt mir eine seltsame Brüchigkeit in deiner Argumentation auf. Auf der einen Seite betrachtest du die politische Ebene als etwas Abgeleitetes. Du meinst, wichtig sei in erster Linie nicht politische Motivation, sondern ökonomische Begründung. Wie gesagt: Das ist zweifellos in letzter Instanz richtig. Auf der anderen Seite aber meinst du, die Arbeiter hätten ein bloß ökonomisches und kein politisches Bewußtsein. Nach deiner eigenen Argumentation hieße dies, sie hätten das *richtigere* Bewußtsein gegenüber der bloß politischen Avantgarde. Oder du gibst zu, daß, wenn es um Praxis geht, nicht nur die Ökonomie, sondern ebenso sehr die Politik entscheidet. Dann aber müssen wir die Politik analysieren, um strategische Einschätzungen vorzunehmen.

DR.: Diese Polemik zwischen Professor und Student ist ziemlich unterhaltend, aber nicht so interessant. Ich will euch nur eines sagen. Die ganzen Unterscheidungen, die hier gemacht werden, von Ökonomie und Politik; von Arbeitern, die nur die eigenen materiellen Interessen sehen, und begabten

Leuten, die alles überblicken; oder der komplizierte Unterschied, den du, Agnoli, gemacht hast: der Arbeiter sei sowohl als auch, bringt uns wenig voran. Das gilt auch für die Partei, für die Mitglieder der Parteidirektion, für uns alle. Die einzige Frage ist: Wer gehört denn zur revolutionären Klasse. Meine Antwort: ein jeder, der die proletarische Revolution mitmacht. Ob er ein Handarbeiter ist, ein Intellektueller, ein Parteifunktionär oder ein Pfaff, ist mir gleichgültig.

DR.: Ich bin mit dir (dem Vorredner) zum Teil einverstanden. Ich finde zwar, daß in der Hauptsache nur wir Arbeiter eine wirkliche Revolution wollen und machen können. Aber ich finde ebenso, daß gerade die proletarische Revolution eine Art, wie soll ich sagen: Schmelztiegel ist. Sie will die Klassenherrschaft abschaffen, deshalb verschwinden in ihrer Verwirklichung alle sozialen Unterschiede. Andererseits finde ich die Unterscheidung von Agnoli zwischen Arbeitsprozeß und Verwertung doch wichtig. Wir können sie übrigens schon verstehen, so schwierig ist sie nicht, Genosse Agnoli. Wir sehen das jeden Tag: Ich finde es richtig und unumgänglich, daß wir produzieren. Sonst könnte doch kein Mensch leben. Was produzieren wir aber: lauter Dinge, die zum Leben gar nicht notwendig sind. Ich halte zum Beispiel Autos für notwendig, aber warum denn FIAT 124, FIAT 125 und dann den neuen FIAT 500 und so fort. Das ist, was ich Widerspruch nenne, wir müssen arbeiten, um zu leben, und wir produzieren dabei Dinge, die zum Leben nicht taugen. Das heißt, zu unserem Leben taugen sie nicht, für Agnelli sind das sehr nützliche Sachen.

Aber hinter der Analyse von Agnoli scheint mir, wenn ich richtig verstanden habe, etwas ganz anderes zu stecken: Eine Kritik an der Leninschen Parteiauffassung.

Diskussionsleiter: Mir scheint es auch unerläßlich, daß Genosse Agnoli seine Thesen etwas verdeutlicht. Sonst gehen wir alle mit seiner Zusicherung zufrieden nach Hause, daß wir, wie der Genosse sagte, sowohl als auch sind. Wir wissen dann aber nicht genau, welche politischen Konsequenzen sich daraus ergeben. (Zwischenruf: Die politischen Konsequenzen sollen wir lieber selber ziehen).

A.: Ich werde mich höchstwahrscheinlich nur noch wiederholen. Es geht hier nicht – um das als erstes klarzustellen – um die nominelle Organisationsfrage: Sollen wir uns in der Partei organisieren und mit der Partei identifizieren? Es geht vielmehr um das prinzipielle Verhältnis der Arbeiter und der Massen zur Organisationsstruktur. Dieses Verhältnis fand seinen geschichtlichen Ausdruck in der Frage, ob der Arbeiter als solcher ein revolutionäres Bewußtsein entwickeln und die sozialistische Theorie erkennen kann; oder ob dies die Aufgabe einer besonderen sozialen und politischen Gruppe sei, die sich als Partei (Parteispitze) organisiert.

DR.: Verzeihe mir die Unterbrechung. Aber hier muß ganz klar zum Leninschen Parteiprinzip Stellung bezogen werden. Ich habe ein unmittelbares Interesse daran, weil wir in unseren Kämpfen einige Zweifel an diesem Prinzip bekommen haben. Sonst betreiben wir hier nur Geschichtsunterricht.

A.: Du willst mit Lenin beginnen. Ich beginne mit dem Geschichtsunterricht bei dem Vater dieser Parteitheorie, beim Sozialdemokraten Kautsky. Es versteht sich: der Kautsky der Zweiten Internationale, nicht der spätere blindwütige Antibolschewik von 1917. Kautsky hat als erster die These vertreten und parteitheoretisch durchgesetzt, daß der Arbeiter nicht in der Lage ist, sozialistisch-revolutionär zu denken, sondern in gewerkschaftlichen, tradeunionistischen Vorstellungen befangen bleibt. Er meinte, daß die revolutionäre Theorie von dem intellektuellen, gebildeten, wissenschaftlichen Element aus dem Kleinbürgertum in die Arbeiterklasse hineingetragen wird. Diese Thesen wurden von Lenin voll inhaltlich in «Was tun» übernommen, später überdies kanonisiert. Aus einer Situation, die sich geschichtlich ergeben hatte (ich will gar nicht bezweifeln, daß die meisten Arbeiter im vorigen Jahrhundert in der von Kautsky beschriebenen Lage sich befanden), wurde ein ewiges Prinzip gemacht. Meines Erachtens liegt der grundlegende Fehler in der Unfähigkeit, die genaue Arbeiterlage konkret zu fassen, in ihrer Widersprüchlichkeit zu erkennen. Man hat also die ursprüngliche Marxsche Analyse völlig vergessen, die von der tatsächlich gegebenen doppelten Position des Arbeiters im kapitalistischen Produktionsprozeß bestimmt wird. Ich stelle also die ganze Lage erneut dar.

Der kapitalistische Produktionsprozeß entsteht aus der durchgängigen Verbindung des Arbeiterprozesses, in dem Gebrauchsgüter hergestellt werden, mit dem Verwertungsprozeß, in dem notwendigerweise und lückenlos aus dem Gebrauchsgut eine «Ware, ein Tauschwert» wird. Das ist dem Arbeiter durchaus bewußt, wie der Genosse vorhin ausführte. Durch den Verwertungszwang produziert der Arbeiter Sachen, die zum Leben nichts, zum Profit viel taugen. Politische Bewußtheit, die Einsicht in diese Situation, kann dem Arbeiter nicht abgesprochen werden. Er weiß, daß der Verwertungsprozeß zugleich Arbeitsprozeß ist; und er weiß, daß er durchaus Subjekt der Produktion werden kann, sobald der Verwertungsmechanismus gebrochen und die Ausbeutung abgeschafft wird. Dadurch wird der Weg frei für die Herstellung von Gebrauchswerten. Andererseits reicht diese Einsicht nicht zur eigenen Weiterexistenz aus. Der Arbeiter ist vielmehr gezwungen, sich als Arbeitskraft (und nicht als Subjekt der Produktion) zu verkaufen und sich den Bedingungen des Kapitals, also der Verwertung zu unterwerfen. *Sonst hat er nichts zu essen und stirbt*. Diesen einfachen Umstand hatte Kautsky vergessen. Der Arbeiter befindet sich im Gegensatz zum Intellektuellen und zum Berufsrevolutionär in einer viel härteren Situation: Er ist derjenige, der die Mehrwertproduktion konkret verweigern und also zerstören kann; und er ist der einzige in der ganzen Gesellschaft, der nur durch die Mehrwertproduktion zu seinen Subsistenzmitteln kommt. Daher denkt der Arbeiter tradeunionistisch und politisch zugleich, er ist ein Reformist und ein Revolutionär. Andere, die außerhalb der dialektischen Einheit der Mehrwertproduktion stehen, können sich den Luxus der klaren, sauberen und korrekten, lückenlos durchhaltbaren Entscheidung für Reform oder Revolution leisten.

Aus diesem Grund setzt sich je nach der spezifischen geschichtlichen Situation bei der Klasse abwechselnd die revolutionäre oder die reformistische Linie durch – ohne Zutun der Partei. Aber auch ohne strikte Rückkoppelung mit einer besonderen ökonomischen Lage. Gerade die Dialektik des Produktionsprozesses sprengt solche abstrakte Übereinstimmung zwischen ökonomischer Bewegung und Revolutionierungstendenzen. Das ist wichtig für die nähere Bestimmung der Strategie, die sonst immer in traditioneller Weise an ökonomischen Zyklen festgemacht wird – und daher immer wieder auf den Zusammenbruch als einen Gott wartet, während sie von ganz anderen «Wundern» überrascht wird: von unerwarteten Explosionen, auf die sie theoretisch und praktisch nicht vorbereitet ist. Auch hierin verdeutlicht sich die Folge der doktrinären Trennung von ökonomischem und politischem Kampf, von ökonomischen Interessen und politischem Bewußtsein. Wer von dieser Trennung ausgeht, denkt sich ein Proletariat aus, das erstens nur in zyklischen Krisen explosionsfähig ist; zweitens nur wenn die Partei ihm das Explosionsvirum eingeimpft hat. Die geschichtliche Erfahrung zeigt, daß in der Widersprüchlichkeit des reformistischen Verhaltens und des revolutionären Bewußtseins das Proletariat je nach besonderen Umständen sowohl in Krisenzeiten wie auch in Zeiten des konjunkturellen Aufschwungs eine revolutionäre Antwort geben kann; oder ebensosehr nicht in der Lage ist, sie zu geben. Es besteht mit einem Wort keine mechanische Zusammenstimmung zwischen Zyklus und revolutionärer Situation. Die Weltwirtschaftskrise von 1929 führte nirgends zu einem revolutionären Durchbruch. Der Neubeginn der Klassenbewegung in Westeuropa in der letzten Zeit fiel zusammen mit einer Hochkonjunktur. Gewiß darf man beide ökonomischen Phasen ebensowenig trennen. Man muß dabei die langfristige Auswirkung des unmittelbaren Krisenerlebnisses auf das Bewußtsein berücksichtigen. Insofern kann die angestaute Wut über die Unfähigkeit des Kapitals, Probleme zu lösen und Krisen zu verhindern, sich politisch erst in einer Periode relativen Wachstums umsetzen. In einer Wachstumsperiode steht der Arbeiter in der Tat nicht unter permanentem Konkurrenzdruck um den Arbeitsplatz und in der permanenten Angst um die eigene individuelle Existenz. Er kann also eher bereit sein, den Kampf auf sich zu nehmen. Allein: Es handelt sich nicht um einen naturgesetzlichen Ablauf. Auch das Gegenteil ist möglich, wenn die Auswegslosigkeit der gesellschaftlichen Lage stärker sich auswirkt als die individuelle Reproduktionsangst – so zum Beispiel in Rußland 1905 oder 1917.

DR.: Ich will hier offen reden. Du sprichst den meisten von uns genau nach dem Mund, auch wenn sie in der Partei sind. Im allgemeinen stimme ich dir also zu. Deine Analyse ist mir aber zu abstrakt. Sicherlich gibt es Augenblicke, wo die Widersprüche restlos einrasten. Dann hört die Tendenz auf, die du mit dem Fremdwort charakterisiert hast (Tradeunionismus). Es bleibt nur noch die Perspektive, alles radikal zu verändern: von der Fabrik bis zum Staat. Aber es gibt auch unter uns Differenzen. Ich möchte sagen, daß der abstrakte Arbeiter so ist, wie du ihn dargestellt hast; während unter den wirklichen, den lebendigen Arbeitern immer es zu inneren Spaltungen kommt. Das haben wir doch 1969, aber noch mehr danach erfahren. Es gab geschlossene Gruppen, die für den Widerstand bis zum letzten eintraten; und Gruppen, wie bei uns in der Mechanik (Motorenbauabteilung), die für politische Kompromisse waren; andere wiederum kämpften nur für ökonomische Kompromisse und für Lohnforderungen.

(Zwischenruf: Für diese Gruppen, die sich nur auf dem ökonomischen Boden bewegen, sind Avantgarden also doch notwendig. Zwischenruf: Nein, die schleppen wir mit. Gelächter.)

DR.: Fortsetzung: Wir lachen hier, obwohl es da wenig zu lachen gibt. Ich wollte zu Agnoli noch etwas sagen. In der Theorie findet man immer die richtige Lösung. In der Praxis ändert sich die Lage von Woche zu Woche. Du sagst selber: Der Arbeiter muß für das Kapital arbeiten, sonst hat er nichts zu essen. Es gibt aber auch eine andere Seite. Die gleichen Arbeiter, die heute revolutionär handeln, sind morgen körperlich mit ihren Kräften am Ende. Die Art, wie du Lenins Analyse des Arbeiters kritisierst, kann mich beinahe überzeugen. Aber die Lage, von der ich spreche, stellt wieder die Parteifrage zur Diskussion. Da der Arbeiter nicht kontinuierlich Reformist *und* Revolutionär ist, ist eine Organisation notwendig, die an die Kontinuität denkt. Das Problem liegt also nicht darin, ob unsere Autonomie sich durchsetzen soll *oder* eine zentral geleitete Aktion; sondern in einer Organisation, die nicht mehr in Basis und Spitze auseinanderfällt. Wir haben das gleiche Problem bei den Kadern. Ein jeder von uns, der die ganze Entwicklung seit 67 durchgemacht hat, weiß, daß Kader notwendig ist. Aber es hat sich ebenso gezeigt, daß es nicht notwendig ist, aus den Kadern sozusagen eine Extraorganisation zu bilden. Sie können immer wieder ausgewechselt werden. Das sehen wir an den Delegierten. Unsere wichtigste Errungenschaft ist, daß wir sie immer auswechseln können. Ein Kader muß wieder ein normaler Arbeiter werden und umgekehrt. Es ist also nicht gesagt, daß die Kader oder die Avantgarde etwas anderes sein sollen als die Klasse. Lenins Fehler liegt also nicht in der Auffassung, daß eine Partei notwendig sei; sondern in seiner Vorstellung des Berufsrevolutionärs. Auch der Berufsrevolutionär ist von Beruf ein Politiker. Deshalb kann es eintreten, daß er sich von uns abhebt und sich zur politischen Klasse und nicht mehr zur Arbeiterklasse zurechnet. Und dann kommt er zu uns und sagt, daß wir nicht alles übersehen, daß wir Disziplin üben und produzieren sollen und so weiter. Wir wollen aber mit dieser abgehobenen politischen Klasse nichts mehr zu tun haben.

A.: Nur eine Ergänzung: Ich sehe gerade in dem gleichzeitigen Angriff gegen das Kapital und gegen die politischen Strukturen der Macht einen der wesentlichen Inhalte eurer Kämpfe bei FIAT. Ihr habt etwas wiederentdeckt, was die Arbeiterbewegung zum Teil aus den Augen verloren hatte: die Koppelung des Ausbeutungssystems mit der Bildung der verselbständigten politischen Führungsgruppen, die ihr hier in Italien die politische Klasse nennt. Aus diesem Grund ist es berechtigt, daß ihr euer Vorgehen als autonom und nicht als spontaneistisch einschätzt. Die Klassenautonomie ist nicht organisationsfeindlich. Das hast du selber mit deinem Hinweis auf die Notwendigkeit der Kader gezeigt. Sie stellt ein neues Element dar, das die spontaneistische Position überwindet. Eines aber scheint mir festzustehen: Die traditionellen Parteien sind nicht in der Lage, dieses neue Element auf der politischen Ebene angemessen zu artikulieren. Ich habe eher den Eindruck, daß sie das Problem auf altbewährte Weise lösen. Sie ziehen sich aus der Diskussion zurück und lamentieren über den angeblich «im Grunde» spontaneistischen Charakter der autonomen Aktionen.

DR.: Ähnliche Tendenzen scheinen mir im Vorbereitungsreferat Lamas (Vorsitzender der CGIL – kommunistisch-sozialistischer Gewerkschaftsbund) für den nächsten Kongreß der CGIL durchzuschimmern. Da ist auch die Rede von Produktivität, Ordnung und von der Notwendigkeit, den Führungsanspruch der Gewerkschaft zu bestätigen. Lamas Äußerungen haben zu einer starken Polemik bei uns an der gewerkschaftlichen Basis geführt. Ich meine, daß Lama in der Tat ganz klar auf eine Integration der Gewerkschaft hin tendiert. Es gibt aber auch andere Anzeichen. So hat man neuerdings beschlossen, den Generalstreik einen Monat nach seiner Proklamierung durchzuführen (die berühmte Vorankündigung, von der du im Hinblick auf Deutschland gesprochen hast). Wie schätzt du nun aus der von dir bisher entwickelten Perspektive und nach dem Referat von Lama die gewerkschaftliche Lage in Italien ein?

A.: Bei der Lektüre des Referats von Lama hatte ich auch den Eindruck, daß er sich in die korporativistische Linie einreiht. Ich nehme allerdings an, daß dieses Referat in keiner Weise die objektive Lage der italienischen Gewerkschaften widerspiegelt. Gerade im Metallarbeitersektor ist die italienische Gewerkschaft alles andere als eine Integrationsgewerkschaft.

Ich möchte zur Klärung dieser Frage etwas wiederholen und präzisieren, vielleicht auch in provozierender Weise. Es wird immer wieder gesagt, daß der italienische Staat zu nichts mehr tauge. Die Regierung ist korrupt. Polizei und Armee bilden «abgehobene Körperschaften» (corpi separati) und machen ihre eigene Politik. Nun: Wenn ich vom Staat rede, meine ich nicht nur die Staatsorgane (diese auch), sondern – wie ich schon sagte – die politisch organisierten Kräfte. Es geht also nicht um den Staat im verfassungs- und staatsrechtlichen Sinn, sondern um das politische System. Die KPI ist aber schon ein Teil, wenn auch ein vorläufig oppositioneller, dieses politischen Systems. Das ist keine Vermutung von mir noch eine Unterstellung. Die Partei rechnet sich von sich aus zum Verfassungskreis. Was bedeutet dies? Vorhin sagte ich, daß der Staat das Subjekt der Gesellschaftsplanung ist, das auch die soziale Krise «verwaltet». Ihr wißt doch, wie stark sich die KPI in diese Lenkungsversuche der Krise einschaltet. Sofern es *ihr* gelingt, eine gewisse autonome Klasseninsubordination zu disziplinieren, kann von einem Erfolg des politischen Systems gesprochen werden. Wir hätten also doch mit einem sehr effizienten Staat zu tun. Die «abgehobene Körperschaft» Polizei wird mit dem Proletariat nicht fertig; die Partei schafft es. Und nun zu den Gewerkschaften. Angesichts der zunehmenden Tendenz der Partei, sich mit dem politischen System und dem Verfassungskreis zu identifizieren, gewinnt die Frage an Bedeutung (das zeigt auch die westdeutsche Erfahrung), ob die nicht politisch, sondern beruflich organisierte Arbeiterschaft, also die Gewerkschaft, auch zu einem Bestandteil des politischen Systems wird oder im Gegensatz zu ihm bleibt. Lama strebt den Einbau der Gewerkschaften ins System der kapitalistischen Reproduktion, also deren Verstaatlichung an. Ich wiederhole: Ob eine solche Tendenz mehr ist als ein Versuch, ob sie sich mit der gesellschaftlichen Wirklichkeit der italienischen Gewerkschaften deckt, scheint mir eine ganz andere Sache zu sein. Alle negative Einschätzung der italienischen Gewerkschaften fällt in sich zusammen, wenn man einen unmittelbaren, konkreten und auf den Arbeitsplatz und den Arbeitskampf bezogenen Vergleich etwa mit den deutschen Gewerkschaften anstellt. Euch kommt die CGIL deshalb als lahme Kompromißorganisation vor, weil der Stand der Klassenkämpfe hierzulande sehr weit fortgeschritten ist. Gemessen an dem DGB vertritt die CGIL eine linke revolutionäre Linie – um nicht von der FLM zu sprechen (FLM = einheitliche Gewerkschaft aller Metallarbeiterverbände), die nach deutschen Begriffen schon zum Bereich der linksradikalen Gruppen gehört.

(Zwischenruf: Du mußt aber den Unterschied klar sehen. Bei der Metallarbeitergewerkschaft gibt es schon eine Einheit, die zum Radikalismus tendiert, aber eher an der Basis als an der Spitze. Lama selbst als Vertreter einer revolutionären Linie? Ich kenne die deutschen Gewerkschaften nicht.

So wie du sie darstellst, könnte Lama auch in Deutschland Gewerkschaftsführer sein.)

A.: Aber Lama ist nicht die Gewerkschaft! So einfach, wie zum Beispiel Lotta Continua die Gewerkschaftsfrage sich vorstellt, ist es nicht. Ihr kennt ja die Widersprüche, die bei dem Problem der Delegierten entstanden sind. Ich kenne das Problem von einer ganz anderen Seite her: Wir müssen in Deutschland immer wieder diesen Vergleich anstellen bei den italienischen Arbeitsemigranten. Wir sind da genötigt, eine doppelte Argumentation voranzubringen. Auch wenn wir die italienischen Arbeiter davor warnen, sich im DGB zu organisieren und Vertrauen in die deutschen Gewerkschaften zu haben (wir haben da ziemlich große Schwierigkeiten mit der Partei gehabt, die offensichtlich den DGB voll anerkennt), so müssen wir zugleich verhindern, daß daraus eine abstrakte antigewerkschaftliche Position resultiert. Man kann a priori nicht sagen, welchen Weg die italienischen Gewerkschaften, die kommunistischen und die nichtkommunistischen, gehen werden. Hier nämlich hängt die Entscheidung nicht nur von der Gewerkschaftsführung ab. Es gibt in euren Reihen – und zwar ganz speziell bei euch in Turin – eine handfeste syndikalistische Tradition, die die Übertragung politischer Aufgaben von der Partei auf die Gewerkschaft erleichtert. Damit ist das Problem natürlich noch nicht gelöst. Gerade die gewerkschaftliche Linke sucht immer noch nach geeigneten politischen Artikulationsmöglichkeiten, die sich auch im nationalen Rahmen ausdrücken. Obgleich also Lama zur Einreihung der Gewerkschaften in das bürgerliche Machtsystem tendiert, werden hier auch die Arbeiter ein Wort mitzureden haben. Kommt die Klasse immer mehr zum Selbstbewußtsein (und das zeichnet sich selbst in Westdeutschland ab), so kann der ganze gewerkschaftliche Integrationsapparat ohnehin die Klasse und ihre Bewegung nicht mehr unter Kontrolle halten. Um auf Lama zurückzukommen: 1968/69 hätte er kaum gewagt, solche Positionen zu vertreten. Also liegt das Problem wieder bei der Arbeiterklasse. Sieht dieser Gewerkschaftsführer bei den Arbeitern sich Prozesse abzeichnen, die der von ihm angestrebten Integration wieder günstig geworden sind?

DR.: Ich sehe Widersprüche zwischen der Lama-Linie und der Linie vieler anderer Funktionäre der Metallarbeiter. Nur geht der Streit vermutlich um die Zeitperspektive bei der Durchführung der gleichen Linie. Wenn Lamas Programm kurzfristig durchgezogen werden sollte, würde es auf starken Widerstand bei den Arbeitern stoßen.

Es gibt eine Tendenz, den Arbeiterkampf in den Dienst der «permanenten Vertragsverhandlung» zu stellen. Aus dem Konflikt macht man also ein Mittel zur Erzielung eines neuen Vertrags – und nicht aus der Vertragsverhandlung ein Mittel zum Vorantreiben der Konfliktsituation. Ich meine damit die Tendenz zur kontraktualen, gegen die konfliktuale Linie, die zuweilen bei unseren Gewerkschaften sich durchsetzt. Das erfolgt bei FIAT in den Akkordausschüssen, in den Qualifikationsausschüssen, in den Ausschüssen zur Bekämpfung gesundheitsschädlicher Arbeit. Wo ich arbeite, bei der Gießerei, gibt es noch mehr solche Ausschüsse: gegen Unfälle, für die Mensa und so weiter. Dies beweist die Tendenz der Gewerkschaft zur Befriedung auf der Betriebsebene. Das schafft aber allmählich ohne Zweifel einen scharfen Widerspruch zwischen Gewerkschaftsspitze auf der einen Seite und den Delegierten und der Klasse auf der anderen Seite. Die Klasse ist sicherlich auf keinen Fall bereit, den «sozialen Frieden» zu akzeptieren, auch nicht nach dem Abschluß von Verträgen.

A.: Diese Auseinandersetzung zwischen Basis und Basisorganen (Delegierten) auf der einen Seite und Spitze auf der anderen Seite – findet sie innerhalb der Gewerkschaften statt oder zeigt sie antigewerkschaftliche Richtung?

DR.: Die Lage ist heute in dieser Hinsicht anders als 1969. Damals gab es die klare Gegenüberstellung: Es gab die «Gewerkschaften» auf der einen Seite; auf der anderen Seite die Arbeiter, die – um eine klare Position anzuführen – auf der Linie von Lotta Continua lagen. Heute, nach der Entwicklung des Konflikts um den neuen Vertrag und nach der Stellungnahme von Lama, hat eine Verlötung stattgefunden zwischen den kämpfenden Arbeitern, den tüchtigeren Genossen aus der Gewerkschaft und den Arbeitern, die mit den Gruppen verbunden sind.[19]

A.: Ich möchte eine konkrete Frage stellen. Wenn bei FIAT es zu einem autonomen, von den Arbeitern organisierten Streik kommt, wie verhalten sich dabei die Gewerkschafter in der Fabrik und wie die Gewerkschaft als solche.

DR.: Wo ich arbeite, an der Mirafiori (Montagebänder), kam es zu autonomen Streiks. Wenn man von einigen wenigen absieht, haben in meiner Werkstatt die gewerkschaftlich organisierten Arbeiter verstanden, daß es keinen Sinn hat, den Feuerwehrmann gegen die autonomen Arbeitskämpfe zu spielen.

Aber jetzt geht es um etwas anderes. Da das Kapital sich europäisiert, wird die von Trentin gezeigte Alternative aktuell. Werden die italienischen Arbeiter ihre Kampflinie nach Deutschland bringen; oder werden es die deutschen Gewerkschaften sein, die ihre Linie nach Italien bringen. Ich meine, daß es da gute Vorzeichen auch für den von dir angestrebten

19 Die «Gruppen» als Gegenstück zur «Partei»: Gemeint sind die links von der KPI entstandenen Gruppierungen wie die Lotta Continua, Manifesto, Avanguardia Operaia und so weiter. Im Februar 1973 hatte sich die Partei der proletarischen Einheit – PdUP – noch nicht gebildet, die die gewerkschaftliche Linke politisch zu fassen versucht.

operativen Internationalismus gibt. Zum Beispiel fanden vor einiger Zeit die FIAT-Streiks einen Widerhall bei der SEAT in Spanien, die ebenfalls bestreikt wurde.

A.: Hierzu gehört auch der gleichzeitige Streik bei der Dunlop-Pirelli in England und in Italien. Das ist in der Tat genau der operative Internationalismus. Nur wenn langfristig der Klassenkampf international geführt wird, kann er das Kapital ökonomisch wie politisch als Einheit treffen. Die lokale und nationale Isolierung des Klassenkampfs ist eine schädliche Erscheinung, die überwunden werden muß. Wie ihr seht, verstehe ich unter internationalem Klassenkampf etwas anderes als das, was man üblicherweise darunter versteht, nämlich als Wettbewerb zwischen dem sozialistischen und dem kapitalistischen oder imperialistischen Lager. Wir können uns heute nicht mehr darüber unterhalten, aber ich habe den Eindruck, daß dieser internationale Wettbewerb für das Vorantreiben eines revolutionären Prozesses in den imperialistischen Ländern eher abträglich ist.

DR.: Da du beide Situationen kennst: die deutsche und die italienische, welche konkrete Möglichkeit siehst du für eine Kontaktaufnahme zwischen Arbeitern in italienischen und Arbeitern in deutschen Betrieben. Ich denke dabei nicht an offizielle Kontakte über die gewerkschaftlichen Organisationen. Ich habe selbst zwei Jahre in Deutschland gearbeitet und dabei gemerkt, daß der DGB geradezu Angst hat vor der unmittelbaren Berührung der Arbeiter beider Länder. Ich hatte damals versucht – es war bei Ford – Kontakte auf der Ebene der Betriebsräte und der Fabrikkommission anzuknüpfen, fand aber keine Gegenliebe. Es gibt da eigentümliche Verhältnisse bei den Arbeitsemigranten. Die FILEF zum Beispiel (italienischer Fürsorgebund für Arbeitsemigranten und ihre Familien), das wissen wir ja, gehört organisatorisch und politisch zur CGIL, also zu der Gewerkschaft, die offiziell vom DGB nicht anerkannt und – da kommunistisch – sogar bekämpft wird. Auf der anderen Seite aber fordert die FILEF uns auf, den deutschen DGB-Gewerkschaften beizutreten. Es gab aber noch schlimmere Verrenkungen. Die IG Metall zum Beispiel schmiß deutsche Kommunisten heraus. Die Partei hier in Italien fordert uns inoffiziell auf, der IG Metall beizutreten. Es bleibt also nur der Weg des direkten Kontakts – oder über Gruppen in den Gewerkschaften und außerhalb der Gewerkschaften, die keine nur institutionelle Linie haben. Uns interessieren vor allem Gruppen, die eine Kampflinie haben. Und also Forderungen stellen, die sich gegen die Interessen des Kapitals richten und die Rationalität des Kapitals durchbrechen. Ich denke in erster Linie an unsere eigenen Forderungen: an die Egalisierung der Löhne; an die Orientierung der Löhne an der Arbeit und nicht am Verwertungserfolg der Arbeit; an die Herstellung der proletarischen Öffentlichkeit: Generalversammlungen in den Betrieben und innerbetriebliches Demonstrationsrecht. Diese Forderungen kamen bei uns alle von unten, während die üblichen Forderungen der Partei und auch der Gewerkschaften noch innerhalb der kapitalistischen Zweckmäßigkeit blieben.

A.: Du antizipierst einen Stand der Klassenkämpfe, der in dieser umfassenden Form in Westdeutschland noch unbekannt ist. Einige der von dir genannten Forderungen oder Ansätze dazu werden fraglos vertreten. Ob der Kampf gegen die Verwertungshierarchie in der nächsten Zeit durchkommen wird, möchte ich bezweifeln. Er stand auch bei euch nicht gerade am Anfang der Klassenrekonstruktion. Du hast also ein Problem angeschnitten, das wir heute Abend nicht klären können. Ich denke, daß Kontakte zwischen FIAT und Opel möglich sind, oder mit BMW oder mit Mercedes-Benz. Nicht minder wichtig wären Kontake zwischen Porto Marghera und Ludwigsburg. Aber das kann wirklich heute Abend kein Diskussionsthema sein. Im übrigen werden diese Kontakte nicht nur durch integrierte Gewerkschaftsapparate erschwert, sondern ebenso durch den Polizeiapparat kontrolliert und bekämpft. Alle linken italienischen Gruppen: von der KPI über Lotta Continua bis zur Unione Inquillini werden von der politischen Polizei «observiert». Dies gehört zur allgemeinen Repressionspolitik, die um so mehr auf Erfolge aus ist, je konkreter der Neubeginn der Klassenkämpfe sich abzeichnet. Alle Maßnahmen erfolgen – versteht sich – im Namen der Verteidigung der Demokratie. Hier vollzieht sich ein ideologischer Prozeß, der an den faschistischen Identifikationsprozeß zwischen Regime und «wahrem Staat» erinnert. Die Identifikation der Demokratie, der Anständigkeit und der Moralität mit der konstituierten Ordnung, selbst mit der kapitalistischen Produktionsweise (in Deutschland wird sie Marktwirtschaft genannt) ist derart total und geschichtslos, daß daraus schon eine mit Händen zu greifende totalitäre Tendenz geworden ist. Hinter einem jeden angeblichen Verteidiger der freiheitlich-demokratischen Ordnung verbirgt sich tendenziell ein Vertreter des Polizeistaats.

DR.: Gibt es in Deutschland eine Antwort der Arbeiter auf diese Organisation der Fabrik und der Gesellschaft?

A.: Ich schicke voraus, daß es sich unmöglich um die artikulierte Antwort handeln kann, wie sie von den FIAT- oder Pirelli-Arbeitern gegeben wurde. Vorläufig äußert sich die Antwort in der zunehmenden Ablehnung von Tarifen, die zwischen Gewerkschaften und den Unternehmerverbänden ausgehandelt wurden; oder in dem punktuell auftretenden Versuch, bei Betriebsratswahlen gegenüber den Gewerkschaften mit eigenen, autonomen Listen aufzutreten. Wichtig scheint mir der erstere Fall zu sein. Die Tendenz zur Absage an nachgiebige Tarifkompromisse läßt sich auch quantitativ fassen, in den nach dem schon dargestellten Ritual vorgesehenen Urabstimmungen über die abgeschlossenen Verträge. Kurz zum Ritual, dessen Bedeutung euch sofort ersichtlich wird. Das ganze Verfahren sieht sehr demokratisch aus und insofern kapitalfeindlich: Die Arbeiter entscheiden selbst durch Abstimmung, ob sie mit der nach einem Arbeitskampf vereinbarten Höhe der Löhne einverstanden sind. Aber das Ritual sieht einen Mechanismus vor, der pünktlich einrastet. Ein prozentual niedriges Mindestquotum an Zustimmungen genügt. Es liegt bei 25 %, und 25 % lassen sich leicht erzielen. Der Aufwärtstrend in der Ablehnung ist aber beachtenswert, immer von einem extrem niedrigen Stand der Klassenreife ausgehend. Vor vier Jahren wurde der Lohnvertrag in der Metallindustrie, ich glaube in Baden-Württemberg, etwa von 17% der abstimmenden Arbeiter abgelehnt; voriges Jahr sprachen sich 32% gegen den ausgehandelten Kompromiß aus. In diesem Jahr, von Land zu Land wechselnd, betrug der Anteil der Ablehnung zwischen 52 und 67 %. Ihr könnt euch die Bedrängnis des gewerkschaftlichen Apparats vorstellen: 7% mehr und der Vertragsabschluß wäre am Widerstand der Betroffenen gescheitert. Bei aller Vorsicht kann man also feststellen, daß die blinde Unterwerfung unter die Gewerkschaftsführung, die das deutsche Proletariat in den Jahren der kapitalistischen Restauration nach 49 kennzeichnete, sich allmählich abbaut. Ich halte sogar für möglich, daß es selbst zu politisch orientierten Streiks kommt.

Hinzu kommt noch das Anwachsen des spontanen Streiks, des wilden Streiks, wie er in Deutschland mit eindeutig moralischer Diffamierungsabsicht genannt wird. Bis vor einigen Jahren eine übrigens in der Öffentlichkeit vertuschte Ausnahme, tritt er heute immer häufiger neben der kontraktualen Strategie auf, zum Teil als deren Begleiterscheinung wie bei euch. Im Fall von Entlassungen spielen spontane Streiks eine noch wichtigere Rolle. Sie zeigen, daß die Kampfmaßnahme gegen Entlassungen wirksamer ist als die Verhandlung des Betriebsrats mit der Betriebsleitung.

(Es folgen weitere Ausführungen über das verunsicherte Verhalten der Gewerkschaften gegenüber dem spontanen Streik; über den Höschstreik und über andere Einzelheiten, die in Deutschland bekannt sind).

Mit Recht gehen die Arbeiter bei all diesen Kämpfen von ihrer eigenen materiellen Lage aus und überprüfen, ob der autonome, von den Gewerkschaften nicht geleitete Kampf sich lohnt. Innerhalb der deutschen Linken hat man daraus den Schluß gezogen, diese spezifische Form von Spontaneität sei wesentlich «lohnorientiert», also wieder rein ökonomistisch und daher politisch nicht bedeutsam. Es wird vergessen, um es noch einmal zu betonen, daß für den Arbeiter Ökonomie und Politik zusammenfallen; daß für ihn die Befreiung von Ausbeutung und die Befreiung von Herrschaft eine Einheit bilden. Sollte denn der Kampf der Arbeiter von bürgerlichen Idealen ausgehen? Im Grunde traf Marx genau das Richtige, als er sagte, daß jede historische Idee scheitert, wenn sie sich nicht mit den materiellen Bedürfnissen verbindet. Setzen jetzt in Deutschland oder sonstwo die Arbeiter Lohnforderungen autonom durch, so findet darin ein Lernprozeß statt, der mir eine wesentliche Bedeutung zu haben scheint. Die Arbeiter gewinnen in der Tat das Bewußtsein ihrer Macht nicht nur auf der manchmal abstrakten Ebene des politischen Kampfs, sondern auch auf der unmittelbaren materiellen Ebene. Sie erfahren, daß sie von sich aus die Befriedigung ihrer Bedürfnisse und die Erfüllung ihrer Forderungen gegen das Kapital durchsetzen, auch ohne Vermittlung oder Verwaltung durch äußere Instanzen.

Ich spreche hier immer von den deutschen Gewerkschaften. Die italienischen Gewerkschaften sind derart in sich voll von Widersprüchen und Gegensätzen, daß hier der Kampf durchaus innerhalb der Gewerkschaftsbewegung vorangetrieben werden kann. Vor allem ist bei euch eine Verbindung von innen und außen immer gewährleistet. Ich kenne italienische Genossen, die sehr kämpferisch «antigewerkschaftlich» sind, aber die selbstredend Gewerkschaftsmitglieder sind. Sie kämpfen also nicht gerade entlang der Lama-Linie, aber innerhalb der Gewerkschaften. Andererseits gilt das auch für viele Genossen der KPI, die – obwohl Mitglieder der Partei – in der Fabrik eine Linie unterstützen und mittragen, die der offiziellen Parteilinie zuwiderläuft.

Jemand hat gerade gesagt, dazu gehöre nicht viel. Eben. Und damit wollen wir abschließen.

* * *

Zusatz-Nachricht aus Turin (Süddeutsche Zeitung, 18. März 1974) «fg. Mailand (Eigener Bericht) – Fiat-Chef Giovanni Agnelli ist unmittelbar nach dem Abschluß einer außerordentlichen Sitzung des Verwaltungsrats der Gruppe von Turin nach Rom geflogen und hat den italienischen Staatspräsidenten Leone sowie den designierten Ministerpräsidenten Rumor über die Lage des Unternehmens informiert ...

Das Jahr 1974 wird als entscheidend für das Überleben des Konzerns als private Gruppe angesehen ... Als Hauptgründe für die gegenwärtige Krise nannte Giovanni Agnelli eine von den Gewerkschaften zu verantwortende zu geringe Produktivität durch Beschränkung der Kapazitätsausnutzung, hohe Abwesenheitsquoten, die Verminderung der Arbeitszeit und die dauernde Konfliktsituation in den Betrieben ... Fiat habe zu Beginn der Betriebstarifverhandlungen mit den Gewerkschaften vor drei Monaten alles getan, um ein grundsätzliches Gespräch mit den Arbeitnehmern zu führen. Die Gewerkschaften hätten jedoch alle Erfordernisse einer wirtschaftlichen und dem Wettbewerb ausgesetzten Produktion nicht anerkannt. Sie hätten im Gegenteil erklärt, daß sie die Forderungen nicht an dem Ergebnis der Produktion orientieren und ebensowenig einen organischen Beitrag für einen Wiederaufschwung leisten können.

In den Fiat-Werken habe sich in den letzten Monaten ein in erster Linie politisch motivierter Konflikt abgespielt, bei dessen Fortsetzung Italien in kurzer Zeit auch aus den internationalen Beziehungen herausgeworfen werden könne».

Der Staat des Kapitals

Vorbemerkung

Die Diskussion über die konkrete Eingriffsfähigkeit des Staats bei der Regulierung der Kapitalverwertung, vor allem bei der möglichen Vermeidung wirtschaftlicher Krisen, hat zu einer eigentümlichen Verschiebung und schließlich auch zur Verschleierung der spezifisch politischen Problematik geführt – und zugleich zu einem politischen Realitätsverlust. Dafür ist fraglos die einseitige Perspektive verantwortlich zu machen, die, sei es in der Form der Theorie des staatsmonopolistischen Kapitalismus («Revisionismus»), sei es in der Form der Kritik, die an dieser Theorie geübt wird («Antirevisionismus»), Wirklichkeit und Wirksamkeit des Staats an seiner unmittelbar ökonomischen Existenz festmachen will. Auf der einen Seite wird der Staat als bestimmende reale Macht betrachtet, da er sich als «ökonomische Potenz» betätigen und in den Verwertungsprozeß des Kapitals direkt einmischen kann; oder auf der anderen Seite wird der Staat als bloße Ideologie, «Überbau» im bornierten Sinn gesehen, da er anscheinend diese spezifisch ökonomische Fähigkeit nicht haben kann.

Dieser Realitätsverlust soll hier – emblematisch und insofern scharf betont – für die Schwäche der theoretischen Seite der Linken in der Bundesrepublik Deutschland und für die dadurch bedingte Erfolglosigkeit des praktischen Kampfs um die radikale Veränderung der Gesellschaft (zu deutsch: Revolution) an den zwei entgegengesetzen Vorstellungen des Verhältnisses von Kapital und Staat kurz dargestellt werden.

In der Theorie des staatsmonopolistischen Kapitalismus tritt der Staat förmlich auf die geschichtliche Bühne als ein ungeheurer Machtblock, der kapitalistische Herrschaft nicht bloß vermittelt oder ermöglicht, sondern als «selbständige ökonomische Potenz» sich mit der Kapitalpotenz verschmilzt. Irreal ist diese Vorstellung an sich nicht. Sowohl die Verschmelzung von Staatsapparat und ökonomischen Führungsgruppen (Großkapital) wie die ständig wachsende Gegenwart des Staats in ökonomischen und sozialen Prozessen ist eine schlichte Tatsache. Nur wird dieser tatsächliche Sachverhalt nicht als Folgeerscheinung der Entwicklungsphasen der Kapitalakkumulation und den diesen Phasen entsprechenden, in der Wirklichkeit stattfindenden Klassenbewegungen gefaßt. Vielmehr wird er als Ausdruck einer politischen Machtkonstellation *interpretiert*, in der nicht ökonomisch-gesellschaftliche Kräfte agieren, sondern politische Subjekte mit ökonomischen Interessen: die Monopole und der Staatsapparat. Die politische Strategie entwickelt sich nach diesen soziologisch bestimmten Machtstrukturen und schlägt die entsprechenden beachtlichen Purzelbäume. Die ungeheure Mächtigkeit des Staats der Monopole erscheint als günstigste Bedingung, den Staat zum Instrument einer antimonopolistischen Demokratie und des Übergangs zum Sozialismus zu machen. Durchaus stringent argumentiert: Da Staat und Monopol wesentlich Machtgebilde sind, muß (und darf) um die Macht, um den Zutritt zum Schaltbüro der Machthebel gekämpft werden, damit der Übergang vollzogen werden kann. Je stärker die Machtkonzentration ist, um so sicherer ist es, daß die der Arbeiterbewegung zufallende Macht stark ist. Dazu muß der Bevölkerung fest zugeredet werden, damit sie die Notwendigkeit des Machtantritts der «Arbeiterklasse und ihrer Verbündeten» einsieht: ein großzügig als Dialektik ausgegebenes Mysterium.

Auf der anderen Seite wird der Staat zur Hilfslosigkeit verurteilt. Seine ganze Politik scheitert an den zwingenden Erfordernissen der Kapitalverwertung und stellt sich als Ausdruck der Machtlosigkeit heraus. Parlamente, Regierungen, Parteien sehen nur noch zu, wie die Gesellschaft sich entwickelt, und können höchstens als Polizei und Armee ein kümmerliches Leben führen. Irreal ist diese Vorstellung ebenso wenig wie die andere. Nur: Das Kapital erlangt hier umfassende Kräfte. Es bewegt sich und bastelt aus der Naturwüchsigkeit der «stofflichen Zirkulation, der Marktbewegung, der Ausgleichung von Profitraten, über Produktionsebene und Kostenpreise» und immer wieder auf dem Hintergrund der fallenden Profitrate und unter dem Druck des sich durchsetzenden Wertgesetzes die Totalität der Gesellschaft zusammen: ein als politische Ökonomie ausgegebenes Mysterium. Daraus wird der Schluß gezogen, daß der «Staat», und das ist konkret der ganze Zusammenhang politischer Kräfte, Bewegungen, Machtmechanismen, Kommunikationsnetze und auch «Staatsorgane», ohnehin nur für Rahmenbedingungen zuständig, erstens wenig zu sagen hat und nur eine illusionäre Machtexistenz führt; zweitens ohnehin in Permanenz nur als Ableitung seiner Funktionen existiert. Die Folge ist eine uneingestandene Absage an den politischen Kampf und an jede Konfliktstrategie. Führt das eine Mysterium zum Zureden, so dieses zum Zusehen, wie das Ganze sich entfaltet.

Es ist mit Sicherheit anzunehmen, daß revisionistisches Zureden und antirevisionistisches Zusehen eines Tages als willige Träger politischer und wissenschaftlicher Macht zusammenfinden werden.[20]

---

20 Es ist unbestritten, daß Marx in seiner Kritik der politischen Ökonomie sich nur beiläufig mit dem Staat befaßt hat – an den wenigen Stellen allerdings nicht gerade in der Perspektive einer Belanglosigkeit des Staats für die gesellschaftliche Reproduktion und die Kapitalreproduktion. Er hatte sich aber eine Untersuchung des Staats ausdrücklich vorbehalten. Aus dem natürlichen Vorgang, daß er nicht mehr dazu kam, sich damit zu beschäftigen (bekanntlich wegen Ablebens), machen einige heutige Marxisten in makabrer Weise den theoretischen Zusammenhang, daß der Staat

1. Die «Autonomie der Politik»

Es bereitet keine Schwierigkeiten, dem Staat als Überbausphäre eine gewisse Eigenständigkeit zuzugestehen. Diese Sphäre wird geschichtlich in den Reproduktionsprozeß kapitalistischer Gesellschaften durchaus eingegliedert, meist unter dem besonderen Aspekt einer Wechselwirkung, die nach angeblich dialektischer Auffassung zwischen Überbau und Basis stattfinden soll. Das eigentliche Realitätsproblem aber wird immer betrachtet in der genauen Sicht der möglichen Zuordnung des Staats zur materiellen Basis der gesellschaftlichen Reproduktion. Entscheidend ist also die Frage, inwiefern der Staat *selbständig ökonomisch* tätig werden kann und nicht nur eine bloß ideologisch bestimmte, allgemeine Funktion in der Reproduktion des Kapitals zu erfüllen hat. Die immer wieder in den Vordergrund gerückte, zwar mit konkreter geschichtlicher Realität ausgestattete, aber dennoch überbaumystisch gefaßte Aufgabe des Staats, die Klassenherrschaft aufrechtzuerhalten, hat immer noch einen ideologischen Charakter. Die Aufrechterhaltung der Klassenherrschaft wird nicht gesehen als Form organisatorischen Eingriffs *für* die Verwertung des Kapitals selbst und die Reproduktion des Kapitals, sondern immer nur als rechtliche Regelung, die «neben und außer» der wahren, weil ökonomischen Existenz der Gesellschaft, deren Entwicklung begleitet.[21]

So gesehen und bei aller Anerkennung staatlicher Aufgaben bleibt der Staat immer noch ein beiläufiges, wenn auch notwendiges Ergebnis der Kapitalbewegung: eine Realität zweiten Grades, eine Realität, von der man zuweilen den Eindruck hat, als ob die Reproduktion einer kapitalistischen Gesellschaft ohne sie eigentlich auskommen könnte. Daß es den Staat doch gibt, wird ökonomistisch erklärt durch das allerdings stichhaltige Argument, daß das Kapital ein unmittelbares Interesse habe, die Erfüllung gewisser, nicht profitabler Aufgaben einer solchen «außerhalb der Gesellschaft» bestehenden Organisation zu übertragen.

Dabei gerät der doppelte, in sich durchaus widersprüchliche Charakter des Staats vollkommen in Vergessenheit, der unter anderem auch zu der bürgerlichen Mystifikation von der «Autonomie der Politik» geführt hat.

als Wirklichkeit (nicht als abgeleitete Funktion) eine bloße Erscheinung sei, der näheren Beschäftigung nicht wert. Freilich muß die schlichte menschliche Dimension berücksichtigt werden: Da antirevisionistisch gestimmt (was durchaus die richtige Perspektive ausdrückt), sprechen sie sich für die Hilflosigkeit des Staats aus, nur um das Gegenteil zu den Revisionisten zu betonen.

21 Eines sei schon hier festgestellt: Ohne organisatorische Einwirkung des Staats findet Kapitalreproduktion nirgends statt – es sei denn, man nehme an, diese ereigne sich gewissermaßen ohne die physische Reproduktion der Gesamtbevölkerung. Für diese interessiert sich das Kapital sehr wenig. Schon deshalb sieht es sich außerstande, gesamtgesellschaftliche Prozesse organisatorisch zu regeln. Darüber aber weiter unten etwas Näheres.

In bürgerlicher Sicht stellt sich der Staat als eine allgemeine Instanz dar, die mit der unmittelbaren Bewegung des Kapitals und den damit verbundenen Klassenauseinandersetzungen wenig zu tun hat und die sich gewissermaßen selbständig entfaltet, als Norm, als Idee, als Staatsverfassung und «Verfassungswirklichkeit». Diese Autonomie nimmt vielfältige Formen an. Sie bedeutet, daß die Existenz des Staats nach eigener Gesetzmäßigkeit verläuft, daß sie also weder unmittelbar noch vermittelt mit der ökonomischen Entwicklung gekoppelt ist. Sie bedeutet ferner, daß die «Politik», verstanden als Machtzentrum oder als Machtzentren, in der Lage ist, nicht nur in die ökonomische Entwicklung einzugreifen, sondern die Entwicklung der Ökonomie nach eigenen Plänen, nach eigenen Zielsetzungen und auch gegen die unmittelbaren Kapitalinteressen zu lenken. Die Autonomisierung der Politik spitzt sich dann zu auf Machtkämpfe politischer Führungsgruppen (Cliquen oder Parteien), die – und das ist für den bürgerlichen Staat entscheidend – ihre Auseinandersetzungen nach rechtlich fixierten, wenn auch sich ständig verändernden Spielregeln austragen. In dieser Perspektive werden gesellschaftliche Veränderungen im wesentlichen als Ergebnis des Kampfs um die Macht und um die bewußte Gestaltung politischer Zustände betrachtet. Dabei wird das wirkliche Verhältnis genau umgekehrt: Die Ökonomie als Basis gesellschaftlicher Reproduktion gerät in den Bereich des bloßen sekundären Mittels zur Durchsetzung politischer Programme. Derart verkündet die bürgerliche Wissenschaft als Ausdruck einer sozialen Bewegung, die die materielle Produktion und die daraus sich ergebenden Gewinne zum Fundament des ganzen Lebens gemacht hat, den absoluten Vorrang des Ideals und verdunkelt so jene Zustände, welche aufzuklären sie vorgibt.

Aber auch auf der anderen Klassenseite muß man sich vor Verdunkelung hüten. Man muß vorsichtiger und wirklichkeitsnäher mit der Wahrheit umgehen, daß der Staat eine bloße Überbauerscheinung sei: die Seite einer lediglich formalen Bestimmtheit, deren ganze Wirklichkeit von der Kapitalbewegung abhänge.

Gewiß ließe sich manches Mißverständnis vermeiden, würde man den durchaus tauglichen Begriff der Überbauerscheinung genau, das ist: dialektisch, fassen. Daß das Dialektische hier aber im argen liegt, ist ja bekannt (schon Engels konnte das feststellen). Aus dem Überbau wird allenthalben der «bloße» Überbau gemacht. Hier muß offensichtlich näher spezifiziert werden.

Als Organisation der Gesellschaft, speziell als Organisation der Klassenverhältnisse[22] auf der einen Seite, auf der anderen Seite der Rahmen-

22 Zur Präzisierung: Klassenverhältnisse entstehen nicht politisch, sondern in der Produktion von Mehrwert. Sie *organisieren* sich aber in der politischen Sphäre als reale

bedingungen von Produktion (vor allem in der Zirkulation) erhält der Staat einen Realitätscharakter, den er als bloße Überbauerscheinung, genauer: als bloße «Verfassungsordnung», noch nie gehabt hat. Das gleiche gilt auch für die Gesetze. Daß Gesetze, gesetzliche Regelungen in ihrer Normativität betrachtet eine bloß ideologische Erscheinung sind, darüber besteht kein Zweifel. Gesetze können aber ihre eigene Formbestimmtheit der Normativität überschreiten. Sie führen nicht nur eine normative Existenz am Rande tatsächlicher Vorgänge, sondern sie greifen gerade als Zwangsgesetze, d. h. als eine materielle Gewalt, in die Wirklichkeit ein und verändern sie. Der Übergang von der absoluten Ausbeutung der Arbeitskraft zum «normalen» Arbeitstag am Anfang der englischen Kapitalakkumulation verdeutlicht diese materielle Seite des «Überbaus» : Die für die Kapitalbewegung wesentliche Umpolung der Mehrwertproduktion vom absoluten zum relativen Mehrwert, also eine ökonomische Wende, wurde kraft Staatsgesetzes herbeigeführt. Es ist, wie Marx sagt, eine unumgängliche Bedingung der Kapitalreproduktion, daß «das Kapital endlich an die Kette der Regulation gelegt» wird (Kapital I, MEW 23, 258). Von dem bloß normativen Charakter der Gesetze kann hier keine Rede mehr sein. Vielmehr legen sie die bloß ideologische Äußerlichkeit ab und werden zu «übermächtigen gesellschaftlichen Hindernissen» *innerhalb* der Kapitalbewegung (Marx). Die außerökonomische, politische Gewalt, die im bürgerlichen Staat immer in Form des Gesetzes auftaucht, kann also auch zur ökonomischen Gewalt werden, wenn das Gesetz Ausdruck der staatlichen Durchsetzbarkeit ökonomischer Forderungen ist; oder wenn das Gesetz als staatliche Zwangsmaßnahme bestimmte ökonomische Prozesse der «Regulation» unterwirft. Marxens Hinweis auf die Regulation, und das bedeutet wohl auch auf eine tendenzielle Regulierbarkeit der Ökonomie, fordert zu einer Präzisierung heraus; umsomehr, als sich darin eine organisatorische Seite äußert, die als staatlich-rechtliche Vermittlung den ökonomischen Prozessen entgegentritt.

Der diesen Sachverhalt fassende Begriff des organisierten Kapitalismus ist mißverständlich und überdies politisch bedenklich, da für apologetische Zwecke seitens der Bourgeoisie verwendbar. Sie macht daraus die Fähigkeit ihres Staats, wirtschaftliche Krisen zu vermeiden. Noch mehr: In ihrer Sicht werden Krisen, wenn sie schon organisatorisch zu bewältigen sind, zufällige, steuerbare Erscheinungen; und die krisenfeste Ökonomie zu einem staatlich geplanten linearen Wachstum. Die wirtschaftliche Entwicklung der letzten Zeit räumte bekanntlich mit dieser Ideologie auf. Es wäre aber gefährlich, würde man den politisch-praktischen Folgen solcher Regulierungsversuche keine Bedeutung beimessen. Sind ökonomische Krisen

Größen. Daher kann der Staat sie auch durch Gesetze regulieren und im politischen Kampf zusammenfassen.

langfristig auch unvermeidbar, weil sie sich der institutionellen, in Regeln fixierten Planung durch die Zyklenbewegung entziehen, so geht mit dem bloßen Regulierungsversuch eine, strategisch wesentliche Verschiebung der politischen Strukturen einher (die so genannte Stärkung des Staats). Das wirkt sich auf einer anderen Ebene konkret aus.

In der Sphäre der Zirkulation bleibt der organisierte Kapitalismus ein immer wieder unternommener Versuch (mit Teilerfolg).

Geht es hingegen um das sich in der Produktion vollziehende Verhältnis von Arbeit und Kapital, so stellt der staatlich geregelte Kapitalismus keinen Versuch dar, sondern eine, durch die Mehrwertproduktion selbst bedingte Wirklichkeit. Auf dieser Ebene, der Ebene der konkreten Existenz von Produzenten und Produktionsmitteln, auf der sich auch Reproduktions- und Produktionsbereich überschneiden, findet durchaus z. T. bewußte Lenkung gesellschaftlicher Prozesse statt. Und dies vermittelt sich auch weiter in die Ökonomie hinein, da Ökonomie bekanntlich ohne das Tauschverhältnis Lohnarbeit/Kapital ein Unding wäre. Zur bewußten Ausgestaltung gehört schon die vom bürgerlichen Staat erst ermöglichte Durchsetzbarkeit des allgemeinen Gleichheitsverhältnisses auf dem Markt, das sich am Anfang der Kapitalakkumulation naturwüchsig eingestellt hatte. Die staatliche Vermittlung sorgte dafür, daß daraus kein zerstörerischer Wildwuchs wurde.

Da sie aber seit jeher nicht von «Kapitalisten» vorgenommen wurde, *erscheint* sie – ein notwendiges Ergebnis der Kapitalbewegung, als solches den Erfordernissen der Akkumulation strikt folgend – als autonome, nur durch freien Willen und durch ideale Zielorientierung bestimmte Handlung politischer Führungsgruppen: die rein ideologische, mystifizierende Vorstellung des Staats, die die Herrschaft legitimieren soll.

Der Doppelcharakter des Staats geht in der Wirklichkeit aus der Koppelung widersprüchlicher sozialer und organisatorischer Aspekte hervor. Hier einige der wichtigsten: Eine der Kapitalbewegung unterworfene Instanz behauptet sich als *notwendige* Bedingung für die Existenz des Kapitals selbst und kann daher auf die eigene, ursächliche Grundlage zurückwirken; ein politisches System, dessen spezifische historische Aufgabe in der akkumulationsorientierten Regelung gesellschaftlicher Beziehungen liegt, kann sich mit Kräften konfrontiert sehen, die diese Regelung tendenziell ablehnen und aufgrund der konstitutionellen Eigenschaft des Systems selbst Druck (Legitimitätsdruck) ausüben; organisatorische Macht wird an politische Gruppen delegiert, die aus dem gleichen Legitimationsdruck die Delegation als persönliche unabhängige Entscheidungsbefugnis beanspruchen; die gleichen Gruppen endlich verfügen über das geeignete Macht- und Gewaltmonopol, um eigene Pläne durchzusetzen, scheitern dabei aber an den unüberwindlichen Schranken der sie beauftragenden Ökonomie.

Im allgemeinen werden die sozialen Aspekte dargestellt, die in der Tat eine stoffliche Differenzierung zwischen dem Kapital (seinen Verwertungsinteressen) und der Gesamtheit des gesellschaftlichen Systems (dem Interesse der Massen an der Bedürfnisbefriedigung) mitbedingt. Der Staat setzt sowohl auf der einen Seite spezifische Klasseninteressen des Kapitals organisatorisch durch und gleicht *widerstrebende Interessen* (der viel zitierten Kapitalfraktionen) aus.[23]

Auf der anderen Seite berücksichtigt der Staat, da seine besondere Form als eigenständige Existenz das Allgemeine ist, auch allgemeine Interessen und faßt daher *gesellschaftliche Widersprüche* zusammen. Nicht, daß er einen gegen das Kapital gerichteten sozialen Auftrag dazu hätte – wie dies häufig in der Politikwissenschaft dargestellt wird. Für sie erscheint in konsequenter Fortsetzung des oben erwähnten Denkmusters Politik als etwas Listiges (die List der bürgerlich-demokratischen Vernunft), das von vielen Seiten, Gruppen und Klassen zum pluralen Ausgleich beauftragt, doch von allen und nach allen Seiten sich freihält und dadurch das Allgemeinwohl hinter dem Rücken der Partikularinteressen besorgt. Vielmehr schließt gerade die Reproduktion derjenigen Bedingungen, die der Durchsetzung von Kapitalinteressen dienen, notwendigerweise die Berücksichtigung von Klassen ein, die in ihrer gesellschaftlichen Stellung – sei es als Produzent, sei es als breite abhängige Masse – nicht auf der Kapitalseite stehen.

Gerade hier setzt sich aber die Wirklichkeit des Doppelcharakters des Staats durch. Wenn auch die Basis einer kapitalistisch produzierenden Gesellschaft allein in dem sich verwertenden Kapital zu finden ist, so reicht dies für die Begründung besonderer politischer Formen nicht aus. Auf dem Hintergrund des ganzen Akkumulations- und Verwertungsprozesses – und diesen teils bedingend – bleiben immer noch *notwendige*, weil nicht abzuschaffende Bereiche, soziale Gruppen, ökonomisch ins Gewicht fallende Größen, die der Staat in die Erfüllung seiner Aufgabe miteinbeziehen muß und die sich unmittelbar nirgends als «Kapital» (in der Form der Ausbeutung

23 Kapitalfraktionen bilden eine stehende Redewendung, ohne daß hier genaueres darüber zu erfahren wäre. Hier nur ein Hinweis zur Klärung: Entgegen landläufig tradierter Meinung der Seminarmarxisten sind Kapitalfraktionen keine festgefügten Kapitalgruppen; sie bilden sich vielmehr und bilden sich um je nach konjunktureller und Akkumulationslage. Das macht sie für die Politik nicht faßbar und daher nicht kalkulier- und kontrollierbar. Kapitalgruppen finden sich in der Export- und Währungspolitik zusammen, die in der binnenwirtschaftlichen Kreditpolitik wieder auseinandergehen. Und umgekehrt. Das ist übrigens auch für eine zu erneuernde Beschäftigung mit dem Faschismus wichtig. Die von Jürgen Kuczynski festgestellte und teilweise richtig analysierte Funktion von Kapitalfraktionen in der Weimarer Zeit bei der Entstehung des deutschen Faschismus und bei der Machtergreifung der Nazis braucht nicht unbedingt als feststehendes Erklärungsschema für alle Zeiten zu gelten.

oder Unterwerfung) darstellen, sich bewegen. Sie stehen vielmehr als bloß konsumierende Größen oder als zukünftige Produktivkraft endgültig oder vorläufig außerhalb der Mehrwertproduktion: Rentner, Randgruppen, Kinder – und vor allem die Reproduktivkraft Frau.[24]

Nur bleibt es nicht auf diese Gruppierungen beschränkt, für die ebenso Randorgane des Staats zuständig sein könnten: Polizei, Fürsorge und – hier allerdings in einem sehr spezifischen Sinn – die Schule. Das gilt vielmehr und in noch stärkerem Maße für das Leben der Klasse, die Hauptbedingung und zugleich Gegenpol der Kapitalproduktion ist: die im Produktions- und Reproduktionsbereich Arbeitskraft liefernden Frauen und Männer.

Gewiß leben die Arbeiter in allen Äußerungen ihrer individuellen und familiären Existenz vom ausbezahlten Lohn. Insofern zahlt – konkret gesprochen – das Kapital deren Reproduktionskosten, und sie fallen der Kapitalbewegung zu und der Kapitalakkumulation zur Last. Dieses Konkrete wird aber bald zur Abstraktion, wenn man den wirklichen Prozeß der sich immer weiter entwickelnden, sich immer verändernden Beziehungen zwischen der *Gesamt*klasse und dem *Einzel*kapital betrachtet. Man muß vor allem in Rechnung stellen, daß die Gesamtklasse für das Einzelkapital nicht existiert. Um sie kümmert sich das Einzelkapital höchstens karitativ über die Vermittlung privater Fürsorgeverbände und kirchlich gestimmter, bourgeoiser Frauenvereine. Der Staat hingegen muß bei der Durchsetzung einer an der Akkumulation orientierten Politik nicht nur widerstreitende Interessen der verschiedenen Kapitalgruppen, in erster Linie der eigentlichen Führungsgruppen der Wirtschaft (Konzerne) ausgleichen: Das Wesen der parlamentarischen Vermittlung; nicht nur Klassenauseinandersetzungen konstitutionell neutralisieren: das Wesen der Eingliederung von Arbeiterparteien in den «Pluralismus». Der Staat muß vielmehr bei seiner Tätigkeit die *gesellschaftliche Existenz der Arbeiter* organisatorisch fassen und teilweise ökonomisch tragen, will er die grundlegende, objektive Bedingung der Kapitalakkumulation sichern. Am 8. Kapitel des ersten Buchs des Kapitals geht die Wirklichkeit nicht vorbei – auch wenn Marx' Repetitoren die Dialektik des «normalen Arbeitstags» lediglich als Ornamentik verwenden. Die «Wirksamkeit» des Staats bei der Kapitalreproduktion beschränkt sich nicht auf den bloßen Klassendienst, Leib (aller) und Eigentum (der Bourgeoisie) zu schützen.[25]

---

24 Randgruppen sind freilich meist nur polizeilich existent. Nach der Rationalität des Kapitals gehören sie ausgemerzt.

25 In der gängigen Interpretation wird Marx zuweilen zu einem handfesten Liberalen umgebildet. Staat und Recht zur bloßen Überbauerscheinung zu relativieren, die lediglich die «Ordnung der äußeren Beziehungen der Individuen» und die «Erhaltung des äußeren Friedens» regelt, bildete das intellektuelle Hauptgeschäft der liberalen Aufklärung in Deutschland: von Thomasius aus über Gundling (immerhin 1671–1729)

Ebensosehr muß der Staat die wirklichen Bedingungen einer Reproduktion der Arbeitskraft «neben und außerhalb» der unmittelbaren Verwertung besorgen. Dieser Sachverhalt muß kurz näher erläutert werden, da er – wie oben erwähnt – den konkreten Grund für die staatliche Eingriffsfähigkeit und -notwendigkeit in die Grundstruktur des Verwertungsprozesses bildet.

Zunächst aber eine Präzisierung: Es geht hier nicht um eine Korrektur der an sich richtigen Theorie der gesellschaftlichen Reproduktion, die in einer kapitalistisch produzierenden Gesellschaft stets erweiterte Reproduktion von Kapital ist. Es steht fest (und wird selbst von der bürgerlichen Wissenschaft verklausuliert zugestanden), daß der Träger (das Subjekt) des gesellschaftlichen Weiterlebens bei uns das «Kapital» ist: kein bloßes Investitionsmittel, sondern ein umfassendes Verhältnis. Es schließt Lohnarbeit und Produktionsmittel sowie das diese beiden verbindende Verhältnis, damit aber das *Wesen* unserer Gesellschaft ein. Damit faßt die «Lohnarbeit» kategorial die ganze Existenz der Arbeiter, einschließlich Familie usw. abstrakt zusammen. Darüber besteht kein Zweifel. In Wirklichkeit aber fällt das «Kapital» in Einzelkapitale auseinander, die als solche *allgemeine* Reproduktionsbedingungen weder herstellen noch tragen können. Das Gesamtkapital, aus dessen Fond die gesellschaftlichen Kosten (dies reicht konkret von den Sozialisationskosten bis zur Finanzierung periodischer Wahlkämpfe – dieser Rückbezug auf konkrete Vorgänge muß immer gegenwärtig bleiben) bestritten werden, ist zunächst nur eine Vermittlungskategorie. Sie stellt sich über den teils naturwüchsigen, teils angestrebten Zusammenhang der Zirkulation: Konkurrenz, Planungsversuche, National- und Weltmarkt her und kann also nicht bewußt selbst tätig werden (es sei denn, es käme der zwar vorstellbare, aber in der Tat illusorische Weltmonopolist zustande). Daraus ergibt sich ein Zweites, das mit der bloßen Vermittlungseigenschaft des Gesamtkapitals zusammenhängt. Auf der Seite der Arbeiter treten Existenzbedingungen auf, die sich der totalen Subsumtion unter die Verwertung der Einzelkapitale entziehen. Anders gesagt: So total findet die Kapitalreproduktion in der Wirklichkeit nicht statt, daß sie ohne eine «außerökonomische» Gewaltinstanz auskäme. Sie sorgt nicht nur für Ruhe und

---

bis zum «tiefsten Stand ... (der) Wertschätzung des Staats ... bei den Gebildeten « (Windelband, Lehrbuch der Geschichte der Philosophie, 15. durchgesehene und ergänzte Auflage, Tübingen 1957, S. 455. Und: Wilhelm von Humboldt, Idee zu einem Versuch, die Grenzen der Wirksamkeit des Staates zu bestimmen, 1792). Diverse Papiere, Diskussionsbeiträge, Analysen und Ableitungen materialistisch-dialektischer Art der letzten Zeit in der BRD können ihre bewußtlose Anknüpfung an die ähnlich gelagerte Position des liberalen Bürgertums der deutschen Klassik nicht leugnen. Es bleibt gewiß der Erläuterung und näheren Beschäftigung wert, inwiefern Marx selbst sich an dieses Denken anschließt oder vielmehr sich von ihm beeinflussen läßt. Ein «Liberaler» war er aber bestimmt nicht. Sowohl das eine wie das andere wird im allgemeinen – da bewußtlos – aus purer Ignoranz geleugnet.

Ordnung, sondern ebensosehr – und das ist wesentlicher – für das Arbeiterleben und -weiterleben. Das ist eine Trivialität, die dennoch zutrifft – und häufig vergessen wird.

Drittens endlich trennt sich das Tauschverhältnis nirgends (trotz Integrations- und Bestechungsversuchen des Kapitals) von seiner Negation, von der einzig wirklichen Auflösung der kapitalistischen Produktionsweise, also vom Klassenkampf. Resultiert auch der Klassenkampf aus dem Produktionsprozeß (und wird insofern instrumentalisierbar), so sprengt er ihn zugleich – tendenziell und in Permanenz. Das Tauschverhältnis als Grundlage der Reproduktion und als sich fortsetzende Bestätigung der Unterdrückung der Arbeit und deren Unterwerfung unter das allmächtige Kapital hält in Wirklichkeit die von ihm selbst hervorgerufene Spannung nicht ewig durch. Und dennoch muß das Kapital alles unternehmen, um genau diese Spannung durchzuhalten.

Erst aus diesem Widerspruch erklärt sich die Notwendigkeit des Staats der politischen Zusammenfassung bürgerlicher Gesellschaften. Diese müssen an eine sog. «außer»-gesellschaftliche Instanz allgemeine Reproduktionsaufgaben übertragen, die in vorkapitalistischen Gesellschaften ohne diese allgemeine Vermittlung von den Ständen und den Zünften organisatorisch wie finanziell getragen wurden. Dem gegenüber drängt die im Kapitalismus unumgängliche Vermittlung aber – wie gesagt – zur bewußten Lenkung. Erst aus diesem Widerspruch und aus der in ihm gelegten Entwicklung bestimmen sich politische Organisationsformen und deren Transformation.

Darauf wird noch einzugehen sein. Hier ist zunächst einer der möglichen inhaltlichen Gründe für die Abzweigung einer besonderen Instanz zum Zweck der gesamt-gesellschaftlichen Organisation aufzuzeigen. Er braucht nicht unbedingt der wesentliche Aspekt zu sein. Aus ihm kann sich aber konkreter als aus den sonst vorgenommenen Ableitungen eine Perspektive entwickeln, die mit dem gewiß widersprüchlichen Sachverhalt fertig wird: daß der Staat nichts, das Kapital alles ist; daß andererseits in den hoch entwickelten kapitalistischen Ländern die radikale Umwerfung unmenschlicher Produktionsweise weniger an der Machtvollkommenheit des Kapitals als an den konterrevolutionären Mechanismen und Techniken des kapitalistischen Staats scheitert.

Die Klärung dieses elementaren Widerspruchs ermöglicht eine politische Umsetzung theoretischer Kapitalanalysen, die die besondere Wirklichkeit staatlicher Machtmechanismen *praktisch* durchschaut und sie also auch treffen kann. Hier bildet sich auch der Zusammenhang von ökonomischem und politischem Kampf, der den vereinzelten Konflikt zu einem umfassenden verallgemeinert. Eines erfährt der Klassenkampf stets an seinen Höhepunkten: Das Einzelkapital läßt sich schlagen; dahinter bleibt aber das theoretisch bloß «abgeleitete» politische Machtsystem, das praktisch das schon geschlagene Kapital retten kann. Fiat war im Herbst 1969 am Ende, der italienische Staat noch lange nicht[26]. Um es noch einmal zu betonen: nicht die bornierte formale Bestimmung (Verfassungsinstitute) ist damit gemeint, sondern die Organisationsformen, die unmittelbarer mit der Existenz einer politisch gefaßten Gesellschaft verbunden sind. Darunter fallen Verbände, Massenmedien, Parteien, auch Arbeiterparteien, mit der ganzen, sehr elastischen Abstufung ihrer Möglichkeit der Machtausübung und der Beeinflussung, die je nach der spezifischen ökonomischen Entwicklung und der Klassenlage manipulativ, integrierend, oder direkt unterdrückend vorgeht. Es kommt noch hinzu, daß gerade die teilweise Übernahme der Klassenreproduktion die Einbruchstelle in das politische Bewußtsein der Arbeiter bildet. Dies geschieht nicht nur in der Form der (in der Tat weitgehend illusionären) Sozialpolitik; sondern und entschiedener in der Form von Arbeiterorganisationen, die äußerlich die Präsenz der Klasse im bürgerlichen Staat darstellen und diesen zuweilen zu kurzfristigen, aber wirksamen sozialen Kompromissen zwingen können. Darauf gründet sich der Erfolg sozial-demokratischer Integrations- und Bestechungsversuche.[27]

Die Zuständigkeit des Staats für die Lebensmöglichkeit der Arbeiterklasse ließe sich nun aus der bekannten Funktion: «Herstellung der allgemeinen Produktionsbedingungen» ebenso überzeugend wie nichtssagend ableiten. Fraglos bilden die Arbeiter in ihrer umfassenden gesellschaftlichen Existenz die allgemeinste Bedingung der kapitalistischen Produktion. Das erklärt jedoch die Einbruchstelle noch nicht ausreichend. Vielmehr zeigt sich in der Wirklichkeit, daß die Unzuständigkeit des Kapitals und seine Unfähigkeit durch die Form der eigenen Reproduktion bedingt ist. Das heißt: Es ist in der kapitalistischen Produktion selbst angelegt, daß der Arbeiter unter den Bedingungen des Kapitalismus ebenso wenig ohne Staat auskommt wie das Kapital selbst. Mit einem wesentlichen Unterschied freilich: Dem Kapital ist der Staat das Instrument der Durchsetzung seiner Interessen und gleichzeitig der notwendige Organisator des äußeren Rahmens für die Verwirklichung solcher Interessen; dem Arbeiter erweist sich der Staat tagtäglich als Instrument seiner Unterdrückung, zugleich aber auch als Mittel seiner Existenz – die politische Seite der Entfremdung.

26 Auch der Staat kann zu Ende gehen. Darüber weiter unten. Daß bei Fiat die Lage sich nicht geändert hat, zeigt die «Nachricht aus Turin», hier S. 58.

27 Ein Beispiel für diesen Zusammenhang: Bekanntlich wäre der vereinzelte Arbeiter ohne Gewerkschaften der Willkür des Kapitals ausgesetzt. Ebenso bekannt ist, daß gewerkschaftlich geforderte, staatlich durchgesetzte Urlaubsregelungen als zeitökonomische Einschränkung der Ausbeutung zur Mehrwertproduktion gehören. Dogmatische Ökonomisten aber weigern sich, in einer solchen Regelung einen Eingriff des Staats in die Kapitalverwertung zu sehen.

Eine solche Funktion des Staats ergibt sich nicht aus politischer Machtvollkommenheit noch aus gewollter Abwälzung von Reproduktionskosten auf das Steueraufkommen. Es wirkt darin auch keine geplante Arbeitsteilung gesellschaftlicher Machtblöcke, etwa der Monopole und der politischen Bürokratie. Eher ist es zu vermuten, daß sie durch die Widersprüchlichkeit von Arbeits- und Verwertungsprozessen bedingt wird, als der konkreten Bewegung, in der Arbeitskraft und Produktionsmittel zusammengefügt und Werte hervorgebracht werden. In diesem, dem eigentlichen Produktionsprozeß oder der einfachsten Basis des kollektiven Lebens erfährt der Arbeiter als Subjekt des Arbeitsprozesses lediglich eine abstrakte Vergesellschaftung. Nicht er wird Teil des Ensembles, sondern nur seine zum bloßen Objekt der Verwertung verkürzte Tätigkeit: seine verkaufte Arbeitskraft.[28]

Von der formalen Seite her stellt sich das Verhältnis von Lohnarbeit und Kapital als Tauschverhältnis dar, das von der materialen Seite her zu einem Ausbeutungsverhältnis wird. Diese Einschränkung, an die der lohnauszahlende Unternehmer bürgerlich gesehen durchaus zu Recht festhält, bestimmt das Ausmaß des Interesses des Kapitals an der Existenz der Arbeiter. Deren ganze Arbeitskraft und deren Lebensbedingungen werden im Produktionsprozeß selbst keineswegs reproduziert, vielmehr nur verwertet und gegen Äquivalent ausgetauscht. Gerade auf diese Weise konkretisiert sich die wesentlichere Seite der Privataneignung – wesentlicher als die Aneignung des gesellschaftlich hergestellten Gebrauchswerts. Noch bevor das Produkt und die «Gewinne» vom Kapital privatisiert werden, noch bevor also der Gebrauchswert zu einem bloßen Tauschwert reduziert wird, findet die Enteignung der Arbeitskraft und ihre Überführung in das Privateigentum der Unternehmer statt.

Mit anderen Worten: Das Kapital ist an der eigenen Reproduktion und an der Wiedereinsetzbarkeit der Arbeitskraft zwar interessiert, aber er kümmert sich nicht um die Reproduktion der vereinzelten Arbeiter als konkrete Individuen. Er kümmert sich nur um die vergesellschaftete Arbeitskraft und verhält sich dem konkreten Arbeiter gegenüber genauso gleichgültig, wie ihm der Gebrauchswert und der Gebrauchscharakter einer Ware gleichgültig ist. Die Grobheit der Beziehung verlangt eine grobe Darstellung: Dem Kapital – und das ist in der Wirklichkeit keine mystische Gesamtgröße, sondern immer ein bestimmtes Unternehmen und ein bestimmter Unternehmer – kommt es in erster Linie darauf an, daß gegen gezahlten Lohn der ein-

28 Es ist bekannt, wie wesentlich für die Entwicklung der Marxschen Kritik der politischen Ökonomie gerade diese Unterscheidung sich auswirkte. Aber auch für die praktisch-politische Konsequenz ist das Auseinanderfallen von Arbeit und Arbeitskraft von zentraler Bedeutung.

zelne und vereinzelte Arbeiter pünktlich und gesund das Fabriktor passiert und sich an die Arbeitsstelle begibt. Was sich außerhalb des unmittelbaren Tausch- und Ausbeutungsverhältnisses ereignet: Essen, Trinken, Familienleben, Schulbesuch der Kinder, Mütter- und Väterberatung der Arbeiterfamilie, Bumsen, Wohnen gehört dem Bereich der Produktion nicht mehr an und entfällt förmlich, obwohl genau hierin (und nicht in der produktiven Verausgabung der Arbeitskraft) die wirkliche Reproduktion der Arbeiter als Gesamtgruppe, als Klasse stattfindet. In diesem spezifizierten Sinn fällt die Aufgabe der Reproduktion der Arbeiter organisatorisch dem Staat zu und verschafft ihm einen Spielraum für zweckbestimmte, das ist: im Interesse der *Kapital*reproduktion liegende Entscheidungen, die äußerlich dem «Wohl der arbeitenden Bevölkerung» dienen.[29]

Wichtig ist dabei allerdings nicht der offensichtliche, wenn auch politisch in bestimmten Situationen durchaus wirksame Sozialbetrug. Wichtiges liegt nur in dem dahinter sich verbergenden Vorgang. Im gleichen Maß, wie der Staat die umfassende Klassenreproduktion organisatorisch übernimmt, *verstaatlicht* sich die gesellschaftliche Existenz der Arbeiter. Hierin steckt die materielle Ursache der politisch-manipulativ erzwingbaren Fixierung der Arbeiter auf die staatlichen Verkehrsformen des Kapitalismus: ihrer Zustimmung zu dem sie in Ausbeutung haltenden System[30]. Dies zeigt sich unmißverständlich im Sozialisationsprozeß. In der Koppelung von Verstaatlichung der Sozialisation und Vergesellschaftung der Arbeitskraft enthüllt sich die enge Beziehung von Staat und Kapitalakkumulation, nach deren Erfordernis sich bekanntlich die Sozialisation gestaltet.

Diese unter dem verharmlosenden Namen der «Ausweitung der Staatsaufgaben» laufende Verstaatlichung nimmt immer härtere Formen an. Sie bedingt keineswegs eine neue Qualität des Staats – auch nicht aufgrund des bekannten und strapazierten Umschlags der wachsenden Quantität in eine neue Qualität. Es tritt durchaus die alte Qualität hervor, wenn auch in einer der Entwicklung angemessenen Form. Die Übernahme der Reproduk-

29 *Ökonomisch* könnte das Kapital unmittelbar, ohne staatliche Vermittlung aus dem erzielten und realisierten Mehrwert auch die gesellschaftliche Reproduktion der Arbeiterklasse besorgen. Denn die Wertmasse, aus der das Kapital die Finanzierung seiner Aufgaben schöpft, entsteht nicht außerhalb der Kapitalproduktion. Auf diesen Widerspruch gehe ich weiter unten noch kurz ein. Zu beachten wäre, daß dieser ökonomischen Möglichkeit offensichtlich keine soziale und politische entspricht. «Die Bourgeosie hat nicht das Zeug, selbst direkt zu herrschen», meinte schon Engels. Brief an Marx 13.4. 1866, MEW 31, 208.]

30 Die Umpolbarkeit des Proletariats auf den bürgerlichen Staat ist ein gesellschaftlicher Sachverhalt, kein Naturgesetz. Sie kann sich jederzeit verändern und verschwinden. Auch das «Vertrauen» in die Kompromißfähigkeit des Staats ist veränderbar in Zeit und Raum. In der BRD ist es höher – vorläufig – als anderswo. Für den italienischen Arbeiter ist der Staat nur Staat der padroni, auch wenn er diesen Zustand nicht bekämpft.

tionsaufgaben durch den Staat, damit die Erhärtung von dessen besonderer Existenz, ergibt sich notwendigerweise aus dem Akkumulationszwang, der in der geschichtlichen Entwicklung sich sinnlich wahrnehmbar äußert als zeitökonomische Unmöglichkeit der Kapitalisten, sich direkt mit Politik zu beschäftigen. Sie hatten anderes, wichtigeres zu tun: Sie mußten eben akkumulieren. Eine solche Übernahme kennzeichnet allgemein die kapitalistische Produktionsweise (die daher als solche eine Schwächung des Staats nicht durchhält); und ergibt sich nicht – wie einige Theorien es vermuten – aus der zunehmenden Monopolbildung und der ihr entsprechenden Allianz von Monopolen und politischem Apparat. Die allgemeine Schulpflicht als die erste Stufe einer durchgängigen Verstaatlichung der Sozialisation wurde in Preußen gewiß nicht unter dem Druck einer politischen Allianz von Ruhrmonopolen und hohenzollernschem Hof eingeführt.[31]

Die unvermeidliche Borniertheit und Unbekümmertheit der Einzelkapitale bleibt nicht ohne Folgen. Sie wirbelt dialektisch die mechanische Gegenüberstellung Staat-Gesellschaft oder Politik-Ökonomie, Basis-Überbau durcheinander. Es braucht zunächst gar nicht betont zu werden, daß der Staat die gesellschaftliche Reproduktion der Arbeiterklasse nur dann trägt, wenn er selbst ökonomische Potenz ist, also eine eigene ökonomische Basis hat[32]. Überdies: So trennbar der Staat als außer der Konkurrenz und der unmittelbaren Kapitalbewegung stehende Reproduktionsinstanz auch von der wirklichen Basis der Gesellschaft sein mag, so verbunden bleibt seine Tätigkeit mit der Kapitalproduktion selbst, da – über die Vermittlung des Tauschverhältnisses zwischen Kapital und Lohnarbeiter – der Arbeiter, der für das Kapital nur in der Form dessen variablen Teils in die Mehrwertproduktion eingeht, als konkreter Pol des Tausches, als Verkäufer von Arbeitskraft nicht innerhalb der Kapitalbewegung mystisch entsteht (kein Produkt der Verwertung ist), sondern Existenz aus der umfassenden Verkehrsform der Gesellschaft ist. Das bedeutet schließlich: die gesellschaftliche *Eigenschaft* des Arbeiters, Mehrwertproduzent zu sein, ergibt sich unmittelbar aus dem ökonomischen Gang der Verwertung; die gesellschaftliche Existenz der Arbeiterklasse findet tatsächlich außerhalb der unmittelbaren Tauschbeziehung statt, die vielmehr diese *Existenz* nur ermöglicht. Anders gesagt: Setzt auch das Leben, das materielle Leben

31 Zeichnet sich die Gefahr ab, daß die Politik die Ökonomie überfordert und die staatlich besorgte Klassenreproduktion in den Sozial- und Integrationsmaßnahmen des Staats akkumulationsdisfunktional ausschlägt, bahnt sich sehr schnell eine «Subversion» des Staats in Richtung auf noch autoritärere und faschistische Formen an. Vgl. Agnoli/Blanke/Kadritzke, Vorwort zu Alfred Sohn-Rethel, Ökonomie und Klassenstruktur des deutschen Faschismus, Edition Suhrkamp, 1973, S. 23 ff.]

32 Aus dem Steuereinkommen. Insofern handelt es sich um eine schwankende Basis, die die jeweilige Akkumulationslage und die finanzielle Grenze der Sozialpolitik anzeigt.

des Arbeiters die Kapitalproduktion voraus (denn ohne sie wird kein Lohn ausbezahlt), so kann das Kapital selbst die Erledigung des komplexen und umfangreichen Geschäfts der Organisation des Lebens nicht bewältigen. Wird aber dieses Geschäft vom Staat bewältigt, so «greift» dieser in die Verwertung selbst viel konkreter «ein» als in der bloßen Maßnahme der wirtschaftspolitischen Intervention.

Diesen notwendigen Eingriff leistet er nicht infolge der eigenen, bedingten Formbestimmtheit politisch-rechtlicher Art (Verfassung, Regierungsform, Freiheit der demokratischen Grundordnung), sondern durch seine tatsächliche Gewalt und durch die ihm zur Verfügung stehenden und auf sein Organisationsziel hin verfügbaren Machtmittel zur Steuerung gesellschaftlicher Prozesse. Also: nicht kraft Ideals, sondern kraft Amts, das seine Schranken gerade *nicht* in der bloß abgeleiteten Qualität seiner Machtausübung findet, sondern im Organisationsziel selbst, das die Machtdelegation mit einem imperativen Mandat versieht: die Garantie der Akkumulation.

So schließt sich der sozialen Verdoppelung des Staats ohne Bruch diese zweite Verdoppelung an. Einmal liegt eine rein ideologische Formbestimmtheit vor, der eine ideologische Funktionalität entspricht (die Funktionalität bestimmter Verfassungsordnungen für die kapitalistische Produktionsweise). Zum anderen entwickelt sich eine organisatorische Formbestimmtheit, die die Verwirklichung des gesellschaftlichen Inhalts (eben Kapitalakkumulation) erst überhaupt möglich macht: die reale Funktionalität, die die abstrakte Basis-Überbau-Trennung ebenso aufhebt wie die Geschlossenheit einer selbständigen und selbstbezogen handelnden politischen Sphäre sprengt.

Diese Funktionalität bestätigt nicht nur die Produktionsverhältnisse. Sie dehnt sich auch auf die inhaltliche Gestaltung des Tauschverhältnisses aus. Die unmittelbare Beziehung von Arbeitern und Kapital, die sonst sich als Marktbeziehung darstellt, erfährt selbst eine zunehmende Verstaatlichung. Der Staat unterwirft der gesetzlichen Regelung Vorgänge, die früher sich naturwüchsig (auf dem Markt) vollzogen. Wie Marx richtig prognostizierte, verwirklicht sich im Spätkapitalismus in noch stärkerem Maße als in der ersten Phase der Kapitalakkumulation das allgemeine Reproduktionsprinzip kapitalistisch produzierender und bürgerlich organisierter Gesellschaften: das Prinzip des politischen Staats. Daß die Beziehungen zwischen Frohnarbeit und Kapital tendenziell zur Institutionalisierung drängten, lag schon im rechtlich-vertraglichen Charakter der Abmachung zum Verkauf von Arbeitskraft. Nicht umsonst findet die Bourgeoisie im Rechtsstaat ihr eigenes kollektives Lebenselement. «Da der Staat die Form ist, in welcher ... die ganze bürgerliche Gesellschaft einer Epoche sich zusammenfaßt, so folgt, daß alle gemeinsamen Institutionen durch den Staat vermittelt werden, eine politische Form erhalten.» (Marx)[33]

Die Verdoppelung in der sozialen Funktion: auf der einen Seite nur das Kapital, auf der anderen Seite aber auch die Gesamtgesellschaft zu vertreten, konkretisiert sich erst in diesem Widerspruch von Ideologie und organisatorischer Macht. Und ebenso hierin liegt der Kern des widerspenstigen Pudels: der «Staatsautonomie», die genau in dem Moment keine ist, in dem sie sich zu konstituieren scheint. Der Staat entfaltet sich in der Wirklichkeit als eine Instanz, die keine bloß ideologische Konstruktion mehr ist. Die Kategorie des Überbaus trifft in dem Moment nicht mehr für ihn zu, in dem er für die Reproduktion des ganzen Tauschverhältnisses «zuständig» ist. Zugleich aber gerät der Staat immer mehr unter die Bedingungen der Verwertung selbst in dem gleichen Maße, in dem er zunehmend durch die Regelung des Verhältnisses von Lohnarbeit und Kapital in die Grundstruktur der Verwertung eingreift, um sie durchgängig garantieren zu können. Deshalb ist er auch etwas ganz anderes als ein bloßer Apparat der Macht politischer Führungsgruppen, der diesen Führungsgruppen frei zur Verfügung stünde und über den konsequenterweise ohne Rücksicht auf die Kapitalverwertung frei verfügt werden könnte, sofern man die Macht ergreift – zum Beispiel um eine abgehobene Reformpolitik durchzuführen. Mit der autonomen Intervention hat der Staat sich schon längst selber in die Grundstruktur der Verwertung begeben und unterliegt unmittelbar deren Logik. Erst dieser Prozeß macht die wirkliche, nicht personell bedingte oder an Gruppeninteressen (z. B. der Monopole) gebundene, sondern wesentliche Symbiose von Ökonomie und Politik aus.

An diesem Aspekt verdeutlicht sich der Widerspruch zwischen ökonomischer Erfordernis und politischem Wollen. Die gesamtgesellschaftliche Garantie liegt nicht lediglich in dem als Gesetz verkündeten, mit Gewalt durchsetzbaren Programm der oberflächlichen Aufrechterhaltung von Herrschaft vor: in der klassischen Form des Klassenstaats liberal-polizeilichen Typus, der die Ökonomie von außen unterstützt und ihrer Entfaltung freien Lauf läßt. Seit Beginn des Imperialismus hört der Staat auf, bloßer Nachtwächter der Bourgeoisie und Tagespolizist gegen das Proletariat zu sein. Der Faschismus enthüllte in der besonderen geschichtlichen Lage einzelner Nationalgesellschaften mit seinem korporativistischen «Dreieck» Arbeiter-

33 Deutsche Ideologie, MEW 3, 62. Da wird das Lohnverhältnis zum Politikum, seine Fassung zur politischen Form, die Ausbeutung zur rechtsstaatlich sanktionierten Unterwerfung. Unumgänglich «müssen die Proletarier, um persönlich zur Geltung zu kommen, ihre eigene bisherige Existenzbedingung, die zugleich die der ganzen bisherigen Gesellschaft ist, die Arbeit, aufheben. Sie befinden sich daher auch in direktem Gegensatz zu der Form, in der die Individuen der Gesellschaft sich bisher einen Gesamtausdruck gegeben, zum Staat, und müssen den Staat stürzen, um ihre Persönlichkeit durchzusetzen» (Marx) [Anmerkung: a. a. O. 77]

Unternehmer-Regierung vollends das enger gewordene Verhältnis von Ökonomie und Politik.[34] Die politisch gesicherte Existenz der Klassengesellschaft hat schon längst den äußerlichen Charakter abgestreift und tritt funktional nicht mehr nur mit der Herrschaft des Kapitals über die Arbeit, sondern mit der Reproduktion des sich verwertenden Kapitals in Verbindung. Daher schließt sie auch punktuell die Einschränkung der Lebensbedingungen der Kapitalistenklasse und der Verwertungsbedingung einzelner Kapitale ein, erweisen sich die Einschränkungen als akkumulationsnotwendig. Das bedeutet: Die Garantie geht von der staatlich-rechtlich durchsetzbaren Aufrechterhaltung der politisch vermittelten Klassenmacht des Kapitals zwar aus; zugleich aber hinüber zur ökonomisch wirksamen Regelung der Mehrwert*produktion*.

Die Regelung ist fraglos der Mehrwert*realisierung*, dem Markt und dem Konkurrenzverhältnis vorgelagert und stellt insofern keine «Wirtschaftslenkung» im üblichen Sinn dar. Andererseits: Besteht Ökonomie als materielle Basis wesentlich in der Herstellung von «Lebensmitteln» aller Art und in der Reproduktion der, dieser Herstellung zugrunde liegenden Verhältnisse, so vollzieht sich der wirkliche Prozess der gesellschaftlichen Reproduktion in erster Linie in der Produktionssphäre. Darüber herrscht Einigkeit. Wenn aber dem so ist, so trifft es ebenso zu, daß der «Staat» – um es noch einmal zu betonen – permanent genau in diese Sphäre eingreift. Dies ereignet sich bei jeder staatlichen Maßnahme der Einkommenspolitik, bei jeder Tarifverhandlung, bei jedem Akt gesetzlicher Festlegung eines Mindesturlaubs. Auch bei Tarifverhandlungen, denn die Gewerkschaften gehören zwar der «Verfassungsordnung» formell nicht an, bilden dennoch einen Teil des politischen Systems. Nicht von ungefähr fällt die endgültige Klärung der Schadenersatzansprüche der Metallindustrie Schleswig-Holsteins gegenüber der IG Metall (nach den großen Streiks 1956) in die Zuständigkeit des Bundesverfassungsgerichts.

Festlegung von Löhnen (wozu auch die gesetzliche Normierung eines Mindestlohns gehört, ebenso aber die durch Staatsgesetz verfügbare Beteiligung des Kapitals an der ärztlichen Wiederherstellung der Arbeitskraft, da dies einen Teil des Lohns ausmacht) entscheidet keineswegs über Klassenherrschaft. Sie gehört aber, als Festlegung des Tauschäquivalents, direkt der Kapitalverwertung an dem *ökonomischen* Verhältnis von Lohnarbeit und Kapital. Darin wirkt sich gewiß die Kapitalbewegung aus, aber nicht, weil der Staat ausgeschaltet bleibt, sondern weil er – eben der Staat des Kapitals ist.

34 Näheres dazu in meinem Aufsatz «Die bürgerliche Gesellschaft und ihr Staat», in: Das (damals noch nicht lückenlos traditionalistisch gewordene) Argument, 41/1966, S. 449 ff.

Nicht, daß es keine «wirtschaftspolitischen» Lenkungsversuche gäbe. Im Gegenteil: Sie rücken immer mehr in den Mittelpunkt des öffentlichen Interesses und bestimmen auch in einem erheblichen Grad Verschiebungen innerhalb des Apparats und der Machtstrukturen des Staats. In dieser Hinsicht verdienen die in Frankreich und in Italien bestehenden Planungskommissionen eine genauere Analyse – nicht so sehr ihres doch kümmerlichen *wirtschafts*politischen Erfolgs wegen, sondern auf Grund der politischen Verschiebungen, die ihre Tätigkeit hervorruft. Die zur ökonomischen Planung und zur Krisenvermeidung geschaffenen Machtzentren funktionieren weiter, auch wenn sie erfolglos bleiben, und verschärfen derart die *gesellschaftliche* Unterdrückung: gegen Kapitalanarchie geschaffene Ketten, an die am Ende nicht die Unternehmer gelegt werden, sondern die Gewerkschaften. Ähnliches, obgleich auf einem komödienhaften Niveau, geschieht in der westdeutschen Konzertierten Aktion, die ohnehin nur Einkommensplanung anstreben soll.

Für die inhaltliche Bestimmung der staatlichen Funktion bleibt der Regelungsversuch in der Produktionssphäre wesentlich. Auf dem Weg der Verrechtlichung der Klassenbeziehungen – einer Verrechtlichung, die bis in die Betriebe hineinreicht (siehe Betriebsverfassungsgesetz) – faßt der Staat die Produktion als Prozess und als Verhältnis in institutionalisierten Formen zusammen.[35]

Hierin behauptet der Staat seine spezifische Eigenschaft und seine geschichtliche Existenz, die politische Form kapitalistisch produzierender, bürgerlich konstitutionalisierter Gesellschaften zu sein. Gleichgültig, wohin die Reflexion ihn einordnet: in den Überbau, in die bloße Formbestimmtheit, in die Ideologie (lauter Reflexionskategorien), er ist und bleibt in der immanenten Anarchie der Kapitalbewegung und in dem darin sich verwirklichenden doppelten Konflikt der Kapitale und der Klassen der einzige *reale Gesamtorganisator*. Der Ruf nach dem Schutz des Staats und nach den rettenden Kräften beim Ausbruch gesellschaftlicher Krisen, den die Unternehmer ausstoßen, hat gar keinen «ideologischen» Grund. Er entspricht einer ökonomischen Zwangssituation: Das Kapital läßt sich nur in einem «regierbaren» Land verwerten.

Wie gesagt: Das macht die Widersprüchlichkeit der Autonomie aus. Im Prinzip liegt sie als *materiale* Unabhängigkeit politischer Führungssgruppen

35 Man könnte einwenden, diese Verrechtlichung beträfe immer nur die sogenannten «äußeren» Bedingungen der Kapitalproduktion und -reproduktion. Indessen: Der bei Marx vorkommende Ausdruck «äußere Bedingungen» hat keinen qualitativen Sinn. Gemeint ist keine sekundäre Wirklichkeit, keine qualitative «Äußerlichkeit» im beschränkten Sinn; vielmehr das, was zwar außerhalb des unmittelbaren *Konkurrenzverhältnisses*, zugleich aber als Bestandteil des Kapital- oder genauer des *Produktions*verhältnisses innerhalb des wirklichen Prozesses stattfindet.

(Parteiapparate, Staatsbürokratie, Regierung, Parlamente, Gerichte) gegenüber den ökonomischen Zusammenballungen nicht vor, da die Inhalte der Politik, selbst der Interventionspolitik, von den Erfordernissen der Reproduktion des materiellen Lebens bestimmt, also vom Zwang zur Verwertung und zur Akkumulation (zum «Gewinn» als dem auch bürgerlich eingestandenen Motor unserer Gesellschaft) diktiert werden. Die Herren des Staats üben Macht über das Volk aus; und keine gesellschaftliche Herrschaft, die sich gegen die Herren der Ökonomie kehren könnte. Gewiß tritt der Staat zuweilen als Ausgleichsinstanz unterschiedlicher Kapitalinteressen auf und kann unter Umständen zwischen verschiedenen Verwertungsperspektiven (den sogenannten Kapitalfraktionen) wählen. Die Perspektivwahl selbst erfolgt nicht nach dem freien Ermessen der Politiker, sondern nach dem unterschiedlichen Druck in der Akkumulation der einzelnen Industriezweige und Produktionsabteilungen.

Von der *formalen* Seite sieht das Verhältnis jedoch anders aus. Der Staat könnte die ihm zufallende organisatorische Arbeit gar nicht leisten, wäre er nicht mit formal eigenständiger Macht ausgestattet.[36]

Dabei stehen sich materiale Abhängigkeit und formale Selbständigkeit nicht abstrakt-getrennt gegenüber. Sie unterscheiden sich in wichtigen Aspekten, so z. B. hinsichtlich ihres Verschleierungscharakters. Gerade die Möglichkeit der Perspektivwahl verdunkelt das ganze Verhältnis: Was spezifischen Kapitalbewegungen folgt, erscheint als freie politische Entscheidung. Formal hingegen tritt die Autonomie unverhüllt hervor: Sie ist klar erkennbar und gibt sich freudig zu erkennen, denn gerade in der offenen Art ihrer Durchsetzbarkeit steckt ihre Fähigkeit, den realen Prozess zu verdecken. (Selbst die mächtigsten Monopole sind nicht in der Lage, von sich aus Gesetze zu verkünden).

In der Wirklichkeit pendelt die Politik ständig zwischen beiden Polen hin und her: Auch formale Macht ist reale Macht. Hinzu kommt noch die «Berechtigung des Zufalls» (Marx, Grundrisse S. 30), der jederzeit zu unvorhergesehenen Machtkonstellationen führt und den Spielraum der Autonomie erweitert. Im konkreten Fall kann die formale Macht selbst zur materialen werden, wenn die zu regelnden Inhalte aus der Mehrwertproduktion heraus-

36 Ideologisch äußert sich die formale Eigenständigkeit staatlicher Macht darin, daß die Staatsorgane auch die Kapitalisten treffen. Diese zählen rechtlich zum Bestand des Volks – die konstitutionelle Folge der allgemeinen Marktgleichheit von Käufern und Verkäufern. Die in der Warenzirkulation sich vermittelnde Gleichheit drückt sich im gleichen Stimmrecht aus. Alle konservativen Versuche, ein Mehrklassenwahlrecht einzuführen, müssen an dieser Bestimmtheit des Wahlrechts scheitern. Eher zu verwirklichen ist entweder eine weitgehende Manipulation der Wahlen (durch besondere Wahlsysteme, Sperrklausel und so weiter); oder aber die gänzliche Abschaffung des Wahlrechts. Die letztere würde zwar bürgerliche Freiheiten einschränken, das Prinzip der Marktgleichheit aber nicht antasten.

fallen und unmittelbar nur das private Leben der «Staatsbürger» betreffen. Verliert die Ökonomie ihr unmittelbares Interesse an der Politik, so wird diese aus der materialen Abhängigkeit entlassen. Nicht hinter jeder Maßnahme des Staats steckt ein Verwertungsinteresse; noch äußert sich in jedem Gesetz der politisch umgesetzte Wille irgendeiner Kapitalfraktion. Auf der zwar nicht ökonomiefreien, aber von der material unmittelbaren Herrschaft des Kapitals freigelassenen Ebene, tummeln sich selbständig Politiker, Parteien, Sittlichkeitsvereine, der Sportbund und die Dichter. Gerade für die Rolle eines Gesamtorganisators aber ist diese partielle Autonomie bedeutsam, zumindest ideologisch nützlich. Die Lückenlosigkeit einer, nur vom Verwertungsinteresse bedingten Bestimmung der Politik erscheint stellenweise aufgebrochen. Die propagierte Orientierung des Staats am Allgemeinwohl erhält eher Überzeugungskraft, wenn solche Bereiche einer inhaltlich werdenden formalen Eigenständigkeit erstens breit genug sind; zweitens und vor allem öffentlich verbreitet werden. Daher auch das unverhältnismäßige Gewicht, das sie bei den Massenmedien bekommen. Man denke an die Diskussion über die Freigabe der Pornographie – eine vermutlich völlig von ökonomischen Pressionen zustande gekommene Entscheidung, die wirkungsvoll die Freiheit eines politischen Systems dokumentiert, dessen organisatorische Macht vielmehr im Dienst der Erhöhung der Arbeitsintensität steht und der Bestätigung des Ausbeutungsverhältnisses. (Oder auch: Die Pornographie wird freigegeben; den Linksradikalen das Berufsrecht weggenommen, sofern – und hier bricht wieder die Verwertungsorientierung durch – die Ausübung eines Berufs mit emanzipatorischem Gebrauch des Organisationsapparats verbunden werden kann).

Das Wichtigste an der formalen Autonomie freilich, die zugleich sich als Macht der Form darstellt und als solche sich legitimiert (der klassenenthobene, an partikulare Inhalte nicht gebundene Staat), liegt darin, daß sie in der Ausübung des staatlichen Hauptgeschäfts sich in einer allgemeinen Organisationsbefugnis konkretisiert. Eine solche Befugnis steht dem realen Kapital, also dem Einzelkapital, nicht zur Verfügung, noch hätte sie als Kommandogewalt eines Kapitalisten eine ausreichende Legitimationsbasis. Sie könnte also unter den Bedingungen der heutigen Gesellschaft das Verhältnis von Lohnarbeit und Kapital nicht einmal partiell regeln (im Rahmen eines einzelnen Betriebs), stünde sie nicht in der alleinigen Verfügung des Gesamtorganisators.

So betrachtet, ist der Staat als politisches System kein «Agent» des Kapitals, auch wenn in besonderen geschichtlichen Situationen eine Regierung als Agentur einzelner Großkapitale und Monopole Partikularinteressen grob-sinnlich zum Erfolg verhilft. Es gibt ohne Frage Politiker, die schlichtweg bestochen sind; ebenso wie massive Druckversuche des Kapitals bei der Ausgestaltung der staatlichen Praktiken in der Wirtschafts-Handels-Außenhandelspolitik. Er, der Staat, *kann* kein Agent des Kapitals sein, weil das Gesamtkapital keine reale Größe ist, sondern eine, allerdings reale Vermittlung — es sei denn, das Gesamtkapital fiele mit dem Gesamtorganisator zusammen. Er richtet sich nur punktuell nach dem Einzeldruck, im wesentlichen organisiert er die gesamtgesellschaftliche Reproduktion in der allgemeinen Linie des gemeinsamen Interesses aller Einzelkapitale an der Akkumulation.[37]

Das ist eine grobe Strukturierung, die im Einzelfall sicherlich der Spezifizierung bedarf. Zu fragen wäre z. B. nach den besonderen Beziehungen zwischen Gesamtorganisator und den einzelnen quantitativen Formen des Kapitals: Kleinkapital, Mittelkapitale, Monopole. Man soll sich auch vor der Mystik allgemeiner Ableitung hüten und dem Zufall, dem von Marx erwähnten, die Existenzberechtigung nicht absprechen. Bei der Ausgestaltung der Wirtschaftspolitik wie selbst bei der staatlich durchgesetzten Regelung der Produktionsverhältnisse stellen sich häufig unmittelbar gegebene, insofern nur künstlich ableitbare Beziehungen zwischen ökonomischen Gruppen und politischen Entscheidungsgremien ein. Ebenso können Politiker in der Anwendung ihrer formalen Macht zuweilen gegen Kapitalinteressen verstoßen, ohne daß das Kapital in der Lage sei, sie zur Ruhe zu setzen. Es liegt im objektiven Zusammenhang, ob formale Macht auch auf der Ebene der Kapitalreproduktion und nicht nur in Randbereichen sich verselbständigt und akkumulationswidrig verfährt. Das trifft zum Beispiel für eine ganze Reihe wesentlicher Entscheidungen der faschistischen Führung in Italien ab 1936 ebenso zu wie für rein politisch motivierte, daher auch als «einsam» bezeichnete Beschlüsse des ersten Kanzlers der BRD (Röhrenembargo[38]). Bleibt diese Möglichkeit des Verstoßes der Politik gegen die Ökonomie, d. h. im Grunde des Mißbrauchs politischer Macht außer acht, so verkommt das dialektische Verhältnis zur bloßen Mechanik, aus deren Sinnlosigkeit man sich nur durch phantasievolle Ableitungen retten kann.

Vielmehr zeigen gerade diese Verstöße mehr als alle Abhängigkeit politischer Gruppen von den ökonomischen Erfordernissen, worin die Grenzen der formalen Macht des Staats liegen. Nicht die punktuelle Möglichkeit der

---

37 Die « Agenten»- doktrin zeigt eine eigentümliche Widersprüchlichkeit. Da Kapital nur als Einzelkapital (oder als «Fraktion») existiert, befände sich der Agent in einer bevorzugten Maklersituation. Widerstreitende Kapitalinteressen verlangen nach einem Kompromiß oder nach einem entscheidenden Durchbruch. In beiden Fällen stärkt sich die Position der Ausgleichsinstanz. Die Konsequenz der Agentendoktrin ist die Anerkennung der Eigenmacht des Staats.

38 **Anmerkung der Hg.:** Ein von der NATO beschlossenes und von Adenauer umgesetztes Embargo gegen die Ostblockstaaten, das den Handel mit Groß-Röhren für Pipelines untersagte und damit bestimmten deutschen Firmen, die schon Verträge abgeschlossen hatten, aktiv schadete.

Politik, sich akkumulationswidrig und kapitaldesinteressiert zu verhalten und zu entscheiden, macht die wirkliche Autonomie aus. Autonom handeln nur Politiker, die die Disfunktionalität ihrer Entscheidungen – Disfunktionalität zur Akkumulation – durchhalten können. Gegen das rationale Programm des Kapitals kann jeder, auch ein Parteiführer und ein Staatsdiktator spinnen. Die Frage ist, wie lange man ihn spinnen läßt. Fehlt die Funktionalität und kündigt das Kapital das politische Bündnis mit der Staatsführung (also mit der stofflichen Seite des Staats) auf, so wird einem Regime oder einer Führungsgarnitur der Boden entzogen. Das gilt für den Übergang vom alten liberalen Staat zum faschistischen Regime und für die Restauration des parlamentarisch-oligarchischen Staats im gleichen Maß.

Wenn auch vorläufig festzuhalten ist, daß ein jedes bürgerliches System entweder personell oder strukturell transformiert wird, sobald es gegen den Akkumulationszwang verstößt, so bestimmt der gleiche Zwang auch die entgegenläufige Wirklichkeit des Staats – nicht als ökonomische, sondern als schlichte politische Potenz. Eine jede Befreiungsstrategie, die diese Verdoppelung der bürgerlichen Gesellschaft lediglich als Sache der bürgerlichen Gesellschaft ansieht und als deren Sorge; und daher entweder nur gegen das Kapital oder nur gegen dessen politische Organisation vorgeht oder – was noch schlimmer ist – arbeitsteilig den politischen und den ökonomischen Kampf trennt, scheitert am eigenen Realitätsverlust. Die Fiat-Arbeiter sahen die Realität genau in der Festlegung der Objektive ihres Kampfs: fabbrica e Stato.

Zusammenfassend:

Die reale Funktion als Gesellschaftsplaner wächst dem Staat insofern aus der Kapitalbewegung zu, als der Akkumulationszwang die Tätigkeit des Kapitals auf die eigene Verwertung und Realisierung, also auf die bloß ökonomische Reproduktion, einengt. Das wurde oben am Problem der Reproduktion der Arbeiter deutlich. Dies gilt erst recht bei der allgemeinen Verrechtlichung des Klassenverhältnisses, sobald dieses sich als gesellschaftlicher Antagonismus darstellt und die Sphäre der unmittelbaren Mehrwertproduktion und der unmittelbaren Konfrontation im Betrieb überschreitet. Das Einzelkapital – selbst der größte Konzern – plant die Produktion von Mehrwert; kann u. U., allein oder über Kartellierung, selbst die Realisierung des Mehrwerts in Profiten auf den Markt planen. Es kann Formen und Intensität der Ausbeutung und auf diese Weise auch das unmittelbare Verhältnis vom konstanten zum variablen Kapital, die unmittelbare Klassenbeziehung im Betrieb zeitökonomisch und lohnpolitisch bis ins einzelne regeln und derart die Arbeiter in die Verwertung einplanen. Die für die Kontinuität seiner Produktion wichtigste Aufgabe entzieht sich aber seiner Planungsmöglichkeit. Das Einzelkapital schafft es nicht, soziale Auseinandersetzungen und Konflikte, zugespitzt: den Klassenkampf, planbar zu machen. Selbst bei geringfügigen Umweltkonflikten muß es bekanntlich die staatliche Vermittlung einschalten. Aus eigener Macht zwingt er zu massenhaftem Verkauf der Arbeitskraft, bringt aber gesellschaftliche Widersprüche und Widerstände nicht unter Kontrolle. Vielmehr ist seine eigene Reproduktion die Ursache solcher Konflikte und seiner Unfähigkeit, sie zu lösen – im gleichen Maß zum Beispiel, wie die Reproduktion zyklisch verläuft und soziale Krisen hervorruft. Auch hier: Das Kapital bewältigt die eigene Wirklichkeit nicht. Aus ihm entsteht gesellschaftliche Anarchie, durch seinen Druck breitet sich Reproduktionschaos aus, entfalten sich Klassenkämpfe. Aus der ihm eigenen Kraft kann es aber weder gesellschaftliche Prozesse in der Hand halten noch gesellschaftliche Existenz organisatorisch sichern noch Klassenkämpfe neutralisieren. Das leistet nur das organisatorische Gesamtsystem, der «Staat» in seinen wirklichen politischen Strukturen, die – um es noch einmal zu sagen – breiter und konkreter angelegt sind als das, was man üblicherweise Staatsorgane nennt.

Hier zeichnen sich die entscheidenden Widersprüche ab. Die Unfähigkeit des Kapitals, mit der Desintegration in der Fabrik fertig zu werden und die Konflikte zu meistern, und die entsprechende Delegation der organisatorischen Macht an den Staat bedeutet keineswegs, daß der Riß langfristig oder gar endgültig zugenäht wäre. Wenn das Kapital die soziale Befriedung nicht schafft, und das bedeutet: als Einzelkapital sie weder finanzieren noch planmäßig durchführen kann (auf Grund sonst drohender Unterbrechung der eigenen Verwertung und also des Endes der eigenen Akkumulation) und der Staat die Krisenbewältigung übernimmt, so braucht sich der Erfolg nicht unbedingt einzustellen. Die Bedingungen von Erfolg oder Mißerfolg liegen vielmehr außerhalb des Befriedungs- und Ordnungswillens des Staats wie außerhalb des Verwertungswillens des Kapitals, *weil* sie innerhalb des Produktionsprozesses und dessen staatlich besorgter Verrechtlichung, aber zugleich gegen sie sich erfüllen. Trotz der Nötigung zum Verkauf der eigenen Arbeitskraft besteht keine naturwüchsige Bereitschaft zur Ausbeutung und zur Unterwerfung[39]. Die Koppelung von Produktionsverhältnis und Verrechtlichung der Beziehungen in der Produktionssphäre, heute Bedingung für die Weiterexistenz des Kapitalismus, trägt in sich die-

39 Mögen die Psychologen mit der individuell zufälligen Form dieses Problems sich beschäftigen. Politisch sind Befreiung und Freiheit keine Ideale, sondern materielles Bedürfnis eines jeden Unterdrückten. Unter diesem «Trieb»aspekt müßte z. B. Aggression untersucht werden.

ses vorantreibende negative Element. Hier verbinden sich in der Tat Fabrik und Staat. Die Desintegration in der Ökonomie (die Störung und Zerstörung des Produktionsflusses) trifft auch die Politik, wenn die Verrechtlichung und die Verstaatlichung der Konflikte im Betrieb und «in der Stadt» die Klassenoffensive nicht standhält. Die Arbeiter können sich durch Insubordination (den großen Schrecken, also Terror, vor dem sich die Bourgeoisie am meisten fürchtet) dem Ausbeutungsmechanismus der Fabrik und dem Machtmechanismus des Staats gleichzeitig entziehen.[40]

In solchen geschichtlichen Situationen ist eine Gesellschaft nicht mehr regierbar und Kapital nicht mehr verwertbar. Und umgekehrt: Gegenüber der Möglichkeit solcher Situationen muß der kapitalistische Staat durch langfristige institutionelle Strategien versuchen, die Voraussetzungen für die Regierbarkeit und Reproduzierbarkeit einer ökonomisch und sozial aus den Fugen sich begebenden Gesellschaft herzustellen und aufrechtzuerhalten.

Der Realitätsgrad des Staats hängt von seiner Möglichkeit ab, Krisensituationen zu bewältigen, die die Kapitalakkumulation unvermeidlich hervorbringt. Man kann es freilich auch anders ausdrücken: von seiner Fähigkeit, Befreiungsbewegungen und die Tendenz zur Freiheit einzudämmen und zu neutralisieren.

2. Der Staat – Gesellschaftsplaner und realer Kapitalist

Wirtschaftskrisen und Unregierbarkeit einer Gesellschaft hängen geschichtlich gesehen nicht unbedingt zusammen. Ebenso wenig führen antizyklische Eingriffe des Staats zu einem Wechsel politischer Institutionen, nicht einmal zu einem Regierungswechsel. Fraglos bringen ökonomische Krisen die Widersprüche des Kapitals ans Licht, zeigen konkret seine Unfähigkeit, die eigene Wirklichkeit zu bewältigen und zugleich die Brüchigkeit seines Staats. Bei diesem wird vor allem die Labilität seiner Stellung zwischen konkurrierenden, der Rettung und der Reproduktionsgarantie bedürftigen Kapitale und Kapitalgruppierungen auf der einen Seite deutlich; wie auf der anderen Seite der Zwang, sich in dem Dilemma: Stütze einer Restmöglichkeit der Verwertung-Existensicherung der Arbeiter (zum Beispiel: Währungsstabilität-Vollbeschäftigung) zu offenbaren. Eine «Staatskrise» folgt aber daraus nicht: Das «Land» bleibt regierbar[41].

40 Auf diese Koppelung geht die Parallelität von Arbeiterunruhen in den Fabriken (wilde Streiks usw.) und Ordnungskrisen im politischen System zurück, die die Situation des kapitalistischen Europa seit 1968 charakterisiert. Zu analysieren wäre hier deren Verbindung zum wieder auftretenden Krisenzyklus.

41 Die Regierbarkeit der Gesellschaft bildet immer die größte Sorge der Bourgeoisie.

Für die politischen Führungsgruppen tritt allerdings eine Erschwerung der spezifischen Aufgabe ein, allgemeine Erfordernisse der partiell unterbrochenen Akkumulation (die die durchgängige Abhängigkeit der Politik vom Kapital bedingen) und die dringender werdenden Forderungen der Einzelkapitale nach zumindest minimaler Profitsicherung untereinander auszugleichen. Die Lage – eine durchaus normale – kann aber gemeistert werden, selbst beim Auftreten sozialer Erschütterungen bleiben diese im Rahmen des resignierenden Protestes oder der ritualisierten gewerkschaftlichen Reaktion. Gegen einen zur punktuellen autonomen Aktion drängenden Protest reichen Manipulation und Unterdrückung als gewöhnliche Mittel zur Aufrechterhaltung der gesellschaftlichen Reproduktion vollauf aus. Gewiß kann sich in besonderen Situationen (Italien 1920–22; Deutschland 1933) die Rekonstruktion des normalen staatlichen Lebens mit einer auch konstitutionell gefaßten Veränderung des politischen Systems verbinden. Dies bedeutet aber lediglich, daß die Reproduktion nur auf der institutionellen Ebene in Krise geraten ist; und daß sie wieder in Gang gebracht wird durch entsprechende institutionelle Korrekturen. Auch in diesem Fall bleibt das Land regierbar, die korrigierten Spielregeln erfüllen ihre integrative Funktion und das Kapital regeneriert sich durch die Krise hindurch.

Dies gilt allgemein für alle zyklischen Rezessionen. Die jetzige wird – sofern sie im Ökonomischen verläuft – ebenso wenig zum Untergang des Kapitalismus führen wie die Weltwirtschaftskrise der 30er-Jahre. Sie hat sicherlich ihren «wirtschaftswissenschaftlichen» Sinn: Sie räumt auf mit der Illusion einer antizyklischen Politik, die im intervenierenden Staat Keynesschen Typs monetäre Maßnahmen und psychische Investitionsreiz-Entwicklung als Garantie des Wachstums gefunden zu haben glaubte. Sie räumt auch mit Vorstellungen auf, die auf dem Umweg verschlungener Vermittlungen zur Doktrin des programmierbaren staatsmonopolistischen (Privat-) kapitalismus geführt hatten. Und sie hat politisch-ökonomisch einen noch konkreteren Sinn. Durch diese Krise entfällt auch die letzte, kommunikativ verbreitete Hoffnung auf eine Versöhnung von Arbeit und Kapital im Zeichen einer unendlich fortschreitenden Prosperität der kapitalistischen Länder.

Die Frage ist nur, ob die Rezession im Ökonomischen bleibt, ob sie überhaupt lediglich auf die bekannten, theoretisch hinlänglich geklärten zyklischen Ursachen zurückzuführen ist. Oder ob sie sich in dem Maße mit den «klassischen» Mitteln einer staatlichen Verwaltung ökonomischer Schwierigkeiten nicht mehr bewältigen läßt, in dem in den sozusagen

---

«Alle politisch organisierten Kräfte sind aufgefordert, gegen das Ungeheuer der Unregierbarkeit – die große Bedrohung für die heutige Industriegesellschaft – ins Feld zu ziehen.» La Stampa, Tageszeitung der Agnelli-Gruppe, 20.10.1974. Die Aufforderung erging ausdrücklich auch an die KPI.

normalen Ablauf kapitalistischer Zyklen ein Bruchfaktor nicht mehr rein ökonomischer Art eingebrochen ist und die Gesetzmäßigkeit der Kapitalbewegung von innen her über den Haufen geworfen hat. Daß die Wiederherstellung, vielmehr die erneute Erkennbarkeit des Konkurrenzverhältnisses auf dem Weltmarkt dabei eine entscheidende Rolle gespielt hat, hängt mit dem Totalitätscharakter der Produktionsweise zusammen: Die Unfähigkeit und die Widersprüchlichkeit des Kapitalismus wurden wieder ins Bewußtsein gehoben. Dennoch liegt die entscheidende Ursache nicht im *Konkurrenzverhältnis*. Maurice Dobb konnte neulich feststellen, daß selbst einer äußerlich gesehen rein wirtschaftlich-monetären Erscheinung wie der Währungskrise und der Weltinflation in Wirklichkeit tiefergreifende *Klassenkonflikte* zugrundeliegen. (Diskussion in der Unita, 23., 28., 30. April und 4. Mai 1974.)

In der Tat ist der «soziale Friede» in seinen vielfältigen Formen der Manipulation, der Integration, des sozialen Betrugs und der sozialen Errungenschaften inzwischen weltweit aufgekündigt worden. Wenn auch in verschiedener Stärke je nach der besonderen geschichtlichen Lage der einzelnen kapitalistischen Nationalgesellschaften, meldet sich immer mehr die «Negation von Fabrik und Staat» an, überspringt günstige konjunkturelle Aufschwünge, verschärft die ökonomische Krise dort, wo diese aus der Kapitalbewegung entsteht – oder führt sie herbei, wenn sie sich zyklisch noch nicht einstellt. In einer solchen Situation nutzen alle Interventionsmöglichkeiten und Stabilitätsmaßnahmen des Staats nicht mehr viel, die Kapitalreproduktion noch zu retten. Die Negation zielt im Grunde weder auf Demokratisierung politischer Zustände und Institutionen noch auf eine «Humanisierung» der Mehrwertproduktion noch – trotz Sorge um den Arbeitsplatz – auf die Wiederankurbelung der Ausbeutung. Als unlösliche Einheit von Befreiung und Befriedigung der Massenbedürfnisse setzt sie sich andere Ziele, die selbst dort revolutionär sind, wo das volle Bewußtsein ihres umwälzenden Charakters noch fehlt und sie in biederer Art als Umweltschutz-Aktion (ein Beispiel für viele) ausgegeben wird.

Analysiert man diese Ziele genau hinter den zuweilen zweifellos unsicheren, rohen oder schillernden Erscheinungsformen, die sie annehmen – und die auch zu scheinbar irrationalen, bürgerlicher Betulichkeit nicht ganz geheueren Ausbrüchen zweideutiger Art führen können[42] – so konkre-

42 Dazu gehören sowohl die spontanen Revolten (Reggio Calabria) wie auch die vordergründig bornierten Aktionen gegen Industrie- oder Kernreaktorenbau – eine moderne Form von Maschinenstürmerei. Wichtiger dürften die vielfältigen Formen der von Offe behandelten «Disparitätenkonflikte» sein, deren horizontaler Charakter (Distributionskonflikte) bei einer genaueren Untersuchung des auch in ihnen wirkenden Widerspruchs von Tausch- und Gebrauchswert letztlich in den vertikalen Produktionskonflikt zurückgeht.

tisieren sie sich auf zwei Ebenen, auf denen die wesentlichen Prozesse der gesellschaftlichen Existenz stattfinden.

Einmal vollzieht sich in der Sphäre der unmittelbaren Produktion, innerhalb der stofflichen Seite des Verhältnisses Kapital-Arbeit in zunehmend starkem Maß, auch wenn die Intensität von Land zu Land variiert, eine der Kapitalverwertung zuwiderlaufende Bewegung. Die «Arbeiterrebellion», gesteigert zuweilen bis zur schlichten Arbeitsverweigerung selbst in Rezessionszeiten[43], zielt ohne die traditionelle politische Vermittlung, d. h. ohne repräsentative Organisationen dazwischenzuschalten, darauf, die gewalttätig-degradierende Funktionalität des Verwertungsprozesses zu treffen, sie durch eine *andere* Form der Arbeit, durch freie, schöpferische Tätigkeit, abzulösen. Der Aufstand des Arbeitsprozesses gegen den Verwertungsprozeß in der Produktion mag auch zur Humanisierung der Arbeit beitragen. In Wirklichkeit trifft er den Kern der kapitalistischen Produktionsweise und will sie nicht verbessern, sondern zerstören. Zerstörerisch – und daher zwingend unter Kontrolle zu bringen – sind die im Laufe der langjährigen Rebellion entwickelten Kampfformen. Sie konkretisieren sich vor allem in einer strategischen Linie der permanenten, autonomen Arbeitsunterbrechung und Arbeitsinsubordination, die – wie das italienische Beispiel zeigt – heute für die «normale», das ist entlang ökonomischer Gesetzmäßigkeit verlaufende Reproduktion großer Kapitale (der Monopole) weitaus gefährlicher sind als die rein politisch vermittelte Präsenz der Arbeiterklasse in den Instituten des bürgerlichen Staats.

Zweitens: Auf der Ebene gesamtgesellschaftlicher Prozesse setzt sich die Absage an die Verwertung fort in der umfassenderen Tendenz, nicht nur die Mehrwertproduktion in Frage zu stellen, sondern das ihr zugrundeliegende Produktionsziel: die Schaffung von Tauschwerten. Die radikale Umwälzung des Produktionsziels vom Tauschwert zum Gebrauchswert oder, wenn man so will: der Aufstand des Gebrauchswerts gegen den Tauschwert hat bisher noch nicht die reifen Formen und den Grad der Bewußtheit erlangt, der sich bei der unmittelbaren Konfrontation zwischen Arbeit und Verwertung feststellen läßt. Es tut sich aber genug, um Kapital und Staat zu alarmieren. Wenn auch auf der untersten, spontanen Stufe der Bewußtseinsbildung, gehören viele konfliktuale Erscheinungen im Reproduktionsbereich: Häuserbesetzungen, Besetzung von Warenhäusern und Supermärkten, Forderungen nach Kinderstätten, Schulen, also nach den sozialen Diensten jenseits der Warenqualität, Null-Punkt-Aktionen bis – auf einer schon hohen Stufe der Bewußtheit – auf

43 Eine neue Erscheinung: daß die Kampfkraft der Arbeiter in den zyklischen Krisen nicht mehr in sich zusammenbricht. Daß die Insubordination in der Fabrik trotz drohender Massenentlassung nicht aufgegeben wird (nicht nur in Italien, sondern auch in deutschen Betrieben), verschärft die Unkontrollierbarkeit der Krise.

zu den von den «Konsumenten» vorgenommene Festsetzung der Waren- und Güterpreise[44] in den gleichen Negationszusammenhang, in dem in der Fabrik die ökonomische Zerstörung der Produktionsweise vorangetrieben wird. In diesem Zusammenhang verschwindet denn auch die nur theoretisch postulierte, in der abstrakten Analyse zuweilen sinnvolle, in der Praxis relativ belanglose Scheidung vom Produktionsbereich, in dem Mehrwert geschaffen wird und Reproduktionsbereich, wo Tauschwerte sich in Profite umsetzen.

Fraglos lassen sich empirisch-soziologisch innerhalb dieser einheitlichen Klassenfront Differenzierungen, Spaltungen und immanente Konfliktsituationen ausfindig machen. Es kommen dabei Kriterien der Sozialforschung zur Geltung, die immer gegen den «Begriff» der Arbeiterklasse und den «Begriff» der Massen ins Feld geführt werden und die eindeutige Funktion haben, angesichts sozialer und politischer Krisen das fein strukturierte Gemüt der Bourgeoisie zu beruhigen. In der Tat: Mag der Klassenkampf noch so «toben», mag die Produktion stocken und mögen Bastionen des Imperialismus fallen: «Wissenschaftlich» gesehen handelt es sich um geschichtliche Zufälle. Nun bieten solche Kriterien auch analytische Mittel zur genaueren Fassung der Klassenwirklichkeit vom Standpunkt der Arbeit (und nicht des Kapitals) aus und sind keineswegs lückenlos parteilich schon besetzt. Die Wirklichkeit als Totalität treffen sie jedoch nicht.[45] Die Absage an die kapitalistische Produktionsweise, die in den letzten Jahren sich ausgebreitet hat, kennt keine Qualifikations- oder Einkommensschranken mehr.[46]

Angesichts dieser Situation, die zugleich Enthüllung des Wesens des Kapitalismus bedeutet und zur *praktischen Kritik der politischen Ökonomie vom proletarischen Standpunkt aus* führt, kommt das Kapital mit den ge-

44 Die Hausbesetzungen sind inzwischen in der BRD kriminalisiert worden. In Italien wurden neulich Supermarktbesetzer, die von sich aus die Preise bestimmt, den Verkauf aber weitergeführt hatten, freigesprochen: Die einseitig vom Supermarkt festgelegten Preise widersprächen dem Prinzip des zwischen Käufern und Verkäufern von Waren (z. B. der Ware Arbeitskraft) frei verhandelten Preises. Die Klassenbezogenheit des bürgerlichen Rechts wird an der BRD-Gerichtspraxis deutlich: Die Besetzung eines Hauses zwecks Verhinderung des Abbruchs gilt als gewalttätiger Rechtsbruch; die Zwangsräumung ganzer Familien zwecks Abbruch gilt als friedlicher Rechtsakt.

45 Ebenso brüchig werden diese Kriterien in ihrer politischen Fassung, in der sie zur simplen Feststellung integrierter, auch bestochenen oder aristokratisch genannten Schichten von Arbeitskraft-Verkäufern verkommt.

46 Dieser systemnotwendige, gewalttätige Charakter des Kapitalismus kennt auch keine geschlechtliche Grenze. Der «Arbeiter» hier ist zugleich die Arbeiterin, der Ausgebeutete die Ausgebeutete, der Proletarier die Proletarierin. Eine eingehende Untersuchung (und die praktische Erprobung) der Vermittelbarkeit von Klassen- und Geschlechterfront wäre dringend geboten. Sie kann freilich in erster Linie nur von den unmittelbar Betroffenen, von den Frauen, geleistet werden. Gemeinsam auf alle Fälle ist die Absage an Mehrwert und Tauschwert. Es ist nicht alles gewonnen, wenn die Frau sich von der Herrschaft des Mannes befreit, um sich dann als Tauschware Arbeitskraft wiederzufinden.

wöhnlichen Mitteln seines Staats nicht mehr aus. Die Notwendigkeit einer neuen institutionellen Strategie, die die Planung oder vielmehr die Planbarmachung solcher Vorgänge ermöglichen soll, gründet sich allerdings nicht machtpolitisch, sondern strikt ökonomisch. Sie wird durch die Transformation bedingt, die die kapitalistische Produktionsweise immanent erfahren hat und die das Kapital unter einen, durch die wieder mit voller Geltung aufgetretene Weltmarktkonkurrenz, unausweichlich gewordenen *Planungszwang* gestellt hat – wobei es praktisch völlig belanglos ist, ob sich die Planung der einzelnen Kapitale erfolgreich durchsetzen kann. Im wesentlichen handelt es sich um zwei Grundbedingungen, die die Planung erzwingen und die genau den zwei Rebellionsmomenten zuwiderlaufen. Die zunehmende *Konzentration und Zentralisation* der Kapitale (bis hin zur Erscheinungsform der Monopolbildung) erfordert dringend eine stärkere Durchsetzbarkeit der Tauschwertorientierung gegen die Befriedigung von Massenbedürfnissen. Das Kapital, namentlich das Großkapital, kann sich heute weniger denn je leisten, sich dem Druck von «Massenwünschen» zu beugen und seine Selbstverwertung sozialen Diensten, Aufgaben und Ausgaben zu opfern. Noch stärker, weil beide Momente treffend, wirkt sich jene immanente Veränderung aus, die sich in der *Erhöhung der organischen Zusammensetzung* des Kapitals konkretisiert und nicht nur äußerlich den Absatz unnötiger Waren betrifft, sondern innerlich in die unmittelbare Produktion von Mehrwert einerseits, in die Entwicklung der Profitrate andererseits einschneidet. In diesem geschichtlichen Entwicklungsstadium des Kapitalismus wirkt sich die Rebellion nicht mehr störend aus und läßt sich daher naturwüchsig nicht mehr auffangen: die gewöhnlichen Mittel des liberaldemokratischen Staats. Sie bricht zerstörend in die Kapitalreproduktion ein, weil sie sowohl die Produktionsplanung für den Markt als auch deren Voraussetzung: die Kontinuität der Produktion und die Kontrolle über den kontinuierlichen Ablauf des Verwertungsprozesses über den Haufen wirft. Sie wirkt tödlich: «Auf je großer Stufenleiter sich. ... das capitai fixe entwickelt. ..., um so mehr wird die Kontinuität des Produktionsprozesses oder der beständige Fluß der Reproduktion äußerlich zwingende Bedingungen der auf das Kapital begründeten Produktionsweise» (Marx, Grundrisse 591)[47].

Die Forderung des Kapitals, eines Kapitals, das sich – wie oben dargestellt – nur um das Tauschverhältnis und um die Profitrealisierung kümmern kann, an den Staat bestimmt sich in der Perspektive der ihm drohenden Gefahr, der «planend», das ist durch die Bereitstellung und Ausnutzung entsprechender Instrumente (vom Verfassungsorgan bis zu technologischen Subsystemen), entgegengewirkt werden soll. Kurz gefaßt, geht es um den

47 s. oben, Turiner Vortrag.

Versuch einer Neutralisierung und optimalen Eliminierung der Negation in den vielfältigen Bereichen, in denen sich Massenbedürfnisse *politisch* (das heißt: in der Machtfrage) artikulieren können und in dem spezifischen Bereich, in dem die Kontinuität des Produktionsflusses durch Arbeitsverweigerung und Insubordination erstens unterbrochen wird; zweitens durch institutionell nicht geregelte Formen der Unterbrechung ebenso *politisch* die Kontrollierbarkeit und Planbarkeit einer Unterbrechung unmöglich machen. In der Umkehrung ergibt sich der gesellschaftliche Inhalt der staatlichen Planung: durch verstaatlichte Formen der politischen Artikulation die Rebellion in die Konstitutionalität, und das ist genau in die Akkumulationsfunktionalität zurückzuzwingen; durch rechtlich geregelte, der Planbarkeit zugängliche Formen der Austragung von Arbeitskonflikten den «beständigen Fluß der Reproduktion» zu sichern. Es ist nur ein greifbares Kennzeichen dieser Ökonomie und Politik verschmelzenden Planversuche, daß sie zwar auch den Markt betreffen, aber den Markt nicht als Umlaufverhältnis konkurrierender Kapitale, sondern den *Arbeits*markt als Umschlagstelle des Tauschverhältnisses von Arbeit und Kapital.

Immer mehr muß also die Staatspolitik auf die Garantie des Produktionsflusses, auf die Kontrolle und Planbarkeit der Arbeitsunterbrechung und auf die Einkapselung der gebrauchswertorientierten Massenbedürfnisse zielen. Die Instrumente sind vielfältig (auch die Konservation des Bestehenden kann Phantasie entwickeln); die von den einzelnen Nationalgesellschaften gebotenen Beispiele der akkumulationsadäquaten Gesellschaftsplanung mußten einzeln analysiert werden – erstens für die Ausarbeitung einer emanzipationsadäquaten Praxis; zweitens für die genauere Bestimmung möglicher Widersprüche, deren Ausnutzung die Strategie des Kapitals schwächen könnte. Freilich gibt es auch scheinbare Widersprüche: nur in der Simulation, also rein spielerisch vorstellbare Möglichkeiten der Umkehrung (der «Umfunktionierung») bürgerlicher Errungenschaften, die in Wirklichkeit einen klug durchdachten und erdachten Bestandteil der Neutralisierungspolitik bilden. Das klassisch zu nennende Beispiel bietet die Beteiligung von Arbeitervertretern an der «Bestimmung» über marginale Bedingungen der Produktion. Gerade die legalisierten und dadurch der Rechtskontrolle unterworfenen Formen der Mitbestimmung gehören zu den wirksamsten Mitteln der Planbarkeit, der kontrollierbaren Austragung von Konflikten im Produktionsbereich. Der Widerstand der Unternehmer gegen die Mitbestimmung in Westdeutschland offenbart ohnehin nur die taktische Klugheit des Kapitals. In Italien schielt der Industriellenverband (Confindustria) nach der westdeutschen Regelung.

Gesellschaftsplanung kann sich vordergründig und im ideologischen Angebot (zum Beispiel in Wahlzeiten) als technisch-technologisch konzipierte Verbesserung der Lage der abhängigen Massen und als listiges Instrument des Fortschritts anbieten. Der «Planstaat» erscheint hier als Diener des Volks, seine Integrationspolitik als Fortschritt zur Humanisierung der Gesellschaft. Die parteipolitischen Unterschiede im Angebot erweisen sich als nur machtpolitisch wichtig, für den wirklichen Zustand der Massen (der «Konsumenten»-Masse und der Klasse der unmittelbaren Produzenten) als wesentlich belanglos, wenn auch marginal interessant. Gegen die Hebung der Qualität des Lebens läßt sich nichts einwenden – wenn nur die Ursachen verschwinden, die die Qualität des Lebens zerstören. Die Vertreter des Kapitals und *seines* Staats sprechen eine weniger mystiphizierte, dafür erfreulicherweise sinnvollere Sprache. Angesichts der ökonomischen Krise zeigen sie genau an, wo in Wirklichkeit das kritische Problem liegt: «Das heutige Problem ist nicht die Hebung der Lebensqualität *in* der Fabrik, sondern die Kontinuität des Lebens *der* Fabrik» – eben die Kontinuität des Flusses der Reproduktion[48].

Damit meldet sich die Koppelung von Gesellschaftsplan und Krise an. Der doppelte, auf der gesellschaftlichen Ebene und in der unmittelbaren Produktion vorangetriebene Angriff gegen das Kapital und seinen Organisator macht erst die *wirkliche* Krise des Kapitalismus aus, die auch den regenerativen Charakter des Zyklus sprengt. Sie trifft nicht die bloße Verwertung, geht vielmehr weit über die ökonomisch auftretenden Verwertungsschwierigkeiten hinaus und sprengt den Kern der Produktionsweise: die durch Tauschwerte bestimmte Mehrwertproduktion und ihre gesicherte Weiterexistenz.

Insofern kann man von einer *Verschiebung der Krisenachse* im heutigen Kapitalismus sprechen, deren Beachtung in den Mittelpunkt langfristiger politisch-strategischer Überlegungen rücken muß. Gegenüber dieser konfliktualen Perspektive des Zusammenbruchs verlieren die bekannten, rein ökonomischen Überproduktionserscheinungen nicht etwa an Bedeutung. Zyklen und Klassenkampf lassen sich nicht mechanisch trennen. Nur bedeutet die Verschiebung, daß der Konkurrenzkampf der Kapitale auf dem Weltmarkt nicht länger als Ursache einer endgültigen Krisensituation zu sehen ist; und daß dementsprechend auf der Ebene planender Eingriffe des Staats nicht mehr der Versuch des ökonomischen Krisenmanagements und der Regulierung wirtschaftlicher Abläufe die wesentliche Verzahnung von politischer Maßnahme und Kapitalerfordernis darstellt.

Oben wurde schon die neue Seite des Staatseingriffs kurz erörtert. Die (alte) Frage der Staatsintervention in das Konkurrenzverhältnis (Krisenmanagement; versuchte Organisation der Kapitalverwertung; Maßnahmen, die

48 So Guido Carli, Präsident der Banca d'Italia, der italienischen Staatsbank im Jahresbericht 1974, vgl. La Stampa 1.6.1974.

sich letztlich gegen den tendenziellen Fall der Profitrate richten) und in den Verwertungsprozeß (Milderung der Disproportionalität und der Überproduktion durch staatliche Wirtschaftspolitik) wird für eine Funktionsanalyse des bürgerlichen Staats zwar nicht gegenstandslos, schon weil eine solche Krisenpolitik – zum Beispiel als Stabilitätspolitik ausgegeben – immer versucht wird. Sie rückt aber *politisch* in eine sekundäre Position. Die wirkliche Krise kann sich nach wie vor auch in der Zirkulation äußern, sie findet aber in produktionsspezifischen Konfliktsituationen statt. Die Kapitalreproduktion wird wesentlich (und das heißt: in der Perspektive eines tatsächlichen Zusammenbruchs) nicht durch akkumulationsimmanente Schwierigkeiten gefährdet, sondern im zunehmenden Maß durch Störung und Zerstörung der Mehrwert- und Tauschwertproduktion[49]. Daher geht es – um es gedrängt zu sagen – bei den einzelnen Planmaßnahmen und Planungsformen des Staats um institutionelle Eingriffe, die Logik des Kapitals, die spezifische Rationalität der Mehrwertproduktion vor der Rebellion der Arbeit gegen die Verwertung und der Rebellion des Gebrauchswerts gegen den Tauschwert zu schützen. In dieser Lage verliert aber das Kapital seine Protagonistenrolle. Die Masse der Bevölkerung (die «Konsumenten») und die unmittelbaren Produzenten werden zu Protagonisten: Das Klassenverhältnis bricht in die Kapitalbewegung ein und erweist sich als bestimmender Faktor.

Die Nötigung, unter dem Zwang zur Produktionskontinuität die artikulierte Störung zu neutralisieren und auszuschalten, ergibt sich durchaus aus den immanenten Veränderungen der Produktionsweise. Denn sowohl das Wiederaufleben der offenen Klassenkämpfe in einigen kapitalistischen Ländern wie auch die höhere Bewußtheit der Massen entfalten sich nicht von irgendwoher, sondern genau entlang der hohen Stufe der Akkumulation.[50] Wesentlich dabei ist aber, daß die Klasse – sonst unter das Kapitalverhältnis subsumiert als bloße Arbeitskraft – sich nunmehr autonom macht, sich von den Akkumulationsbedingungen freikämpft und sich förmlich, wenn auch nicht (immer) mit Feuerwaffen, in das Kapital einschießt.

49 Die Verschiebung der Krisenachse wird von den traditionellen Arbeiterparteien nicht beachtet. Das führt zu einer gefährlichen Diskrepanz zwischen der Entwicklungslinie der Klasse und der Generallinie der Partei, deren Strategie immer noch von der ökonomischen Bewegung und vom immanenten Kapitalverhältnis ausgeht und sich weiterbestimmt in der Analyse des «Kräfteverhältnisses» der verschiedenen Gruppierungen der bürgerlichen Gesellschaft, wie es sich in der entsprechenden, partei- und parlamentspolitischen Repräsentation manifestiert. Die Klassenlinie entwickelt sich entlang der Negation der Kapitalbewegung. Sie wird durch diese fraglos *bedingt*, aber nicht *bestimmt*.

50 In diesem Zusammenhang muß auch die immer deutlicher werdende Verschiebung im Kapital von der Vorherrschaft des Finanzkapitals zur Durchsetzung des Industriekapitals näher betrachtet werden. Die Verschiebung der wesentlichen Krisensituation von der Zirkulationssphäre zurück in die Produktion hängt auch mit dieser Form der Kapitaltransformation zusammen.

Gesellschaftsplanung in dem dargestellten, besonderen Sinn ist also weder eine Ideologie der Technokraten (auch wenn technologisch sich gebende Führungsgruppen daraus ihre Ideologie machen) noch eine Wunschvorstellung kapitalkonformer Systemtheoretiker. Fraglos können hinter den einzelnen Plangesetzen und staatlichen Maßnahmen besondere, von der jeweiligen Lage der kapitalistischen Gesellschaften bedingte, mit jeweiligen Kapitalgruppen verbundene Bewegungen und Verbände innerhalb der politischen Kräfte stehen. Das macht auch Gewicht und Rolle der verschiedenen parteipolitischen Fronten aus, die zu formell je verschiedenen Perspektiventscheidungen kommen können. Im Einzelfall treten beim gesellschaftspolitischen Lenkungsversuch beachtliche Unterschiede auf: etwa in der Regulierung des Arbeitsmarktes, bei der gesetzlichen Normierung der Arbeitskämpfe (obzwar gerade hier der Spielraum einer differenzierten Regelung eingeschränkt ist), bei der Verteilung vorhandener finanzieller Mittel. Hier, vor allem im Planungsstadium, können technische «Führer» ihren Tummelplatz finden. Wichtig ist aber, den Zwang zur Planung und deren Charakter begrifflich genauer, konkreter zu fassen, um dadurch – unter anderem – der Versuchung zu entgehen, die technokratisch sich gebende Wende in der Politik dezisionistisch einzuschätzen. In der Tat gehört es zur Ideologie und zur Verschleierungstendenz des heutigen Kapitalismus, Planungselemente, Krisenmanagement und Systematisierung kollektiver Vorgänge als nicht mehr kapitalistisch auszugeben, sondern als (positive) Folgeerscheinung des Machtantritts klassenenthobener, an Verwertungsinteressen nicht mehr gebundener und vom Kapital daher nicht mehr gesteuerter oder steuerbarer Führungsgruppen. Die generelle Planungsaufgabe des staatlichen Organisators erwächst vielmehr organisch aus der notwendig gewordenen Produktionsplanung der Einzelkapitale. Sie weitet diese gesamtgesellschaftlich aus in dem Maß, in dem für das Einzelkapital (für das reale Kapital also) es zur unumgänglichen Rahmenbedingung geworden ist, daß gesellschaftliche Bewegungen und Prozesse in institutionell geregelter Weise überschaubar, kontrollierbar gemacht werden und letzten Endes jedes Gewicht für die kurz- oder langfristige Weiterentwicklung der Mehrwertproduktion verlieren[51]. Und das wird von den politischen Vertretern des Kapitals durchaus erkannt, auch wenn sie verständlicherweise der Wirklichkeit einen verschleiernden Namen geben und die Neutralisierung des Klassenkampfs ordnungspolitische Sicherheit nennen – ein Wort indessen, das die Beziehungen zu spezifischen Formen der Unterdrückung

51 Dadurch wird der Staat (die «Rahmenbedingung» überhaupt) in das Kapitalverhältnis zurückgerückt (vom Überbau in die Basis), aus dem er in Anlehnung an gelegentliche Äußerungen der «Deutschen Ideologie» orthodox entlassen und von dem er zwecks Legitimation der politischen Generallinie revisionistisch getrennt worden war.

keineswegs leugnet. Kurt Biedenkopf meint, «daß es zu den unerläßlichen Rahmenbedingungen einer marktwirtschaftlich betriebenen Wirtschaftspolitik gehört, den Unternehmen wenigstens für die Zeiträume ihrer eigenen Planungszyklen eine ordnungspolitische Sicherheit zu gewähren, d. h. ihnen eine verläßliche Auskunft darüber zu geben, mit welchen Änderungen im Bereich der gesellschaftlichen, gesellschaftspolitischen Daten sie rechnen müssen. Niemand ist bereit, ... das allgemeine politische Risiko mit in Kauf zu nehmen, daß sich die ordnungspolitischen Daten kurzfristig grundlegend ändern.»[52]

Bildet die Gesellschaftsplanung einen Bestandteil der institutionellen Strategie, die praktische Umsetzung in der spezifisch bürgerlichen Formbestimmtheit der Politik (rechtlichstaatliche und rechtsstaatliche Regelhaftigkeit, organisatorische Zusammenfassung gesellschaftlicher Kräfte, Ritualisierung von Konflikten) einer permanent gewordenen, präventiven Konterrevolution[53], so erscheint sie vordergründig als bloße Willkürmaßnahme zur Herrschaftssicherung. Sie ruft daher den Eindruck einer massenfeindlichen, nur vom Machtstreben der Bourgeoisie bestimmten Verschwörung hervor.[54] Es wird zwar immer einen komplexen Zusammenhang von Absprachen, objektiven Erfordernissen, informell vorgebrachten, aber manchmal auch sehr formell-institutionell weitergegebenen Wünschen geben. Ökonomie und Politik, konkret gesprochen die ökonomischen Herrschaftsgruppen (die Bourgeoisie) und die politischen Führungsgruppen, zetteln keine förmliche Verschwörung gegen das Volk oder gegen die abhängigen Klassen an. Sie planen dennoch gemeinsam Maßnahmen und gesetzliche Regelungen und treffen ebenso gemeinsam die nötigen Anstalten – gewiß nicht «gegen das Volk», sondern lediglich zu ihren eigenen Gunsten und zur Aufrechterhaltung der Kapitalreproduktion. Dazu gehört zum Beispiel, daß der Produktionsantagonismus nicht nur auf dem Weg der öffentlichen Kommuni-

52 «Nutznießer unseres Systems sind Arbeitnehmer», Rede K. Biedenkopfs über die aktuelle politische Situation aus der Sicht der CDU, am 31. März 1975 in Frankfurt. Vgl. Frankfurter Rundschau 12.4.75, S. 6.

53 Es versteht sich, daß vom entgegengesetzten Klassenstandpunkt aus dieser Sachverhalt anders darzustellen ist: «Staatsmaßnahmen zur notwendigen Stärkung der marktwirtschaftlichen Ordnungsvorstellungen gegen kollektivistische Umtrieb und zum Schutz der freiheitlichen Ordnung gegen Feinde der Freiheit». Man merke aber: «Wenn von Freiheit die Rede ist, muß man genau zusehen, ob sich nicht Privatinteressen dahinter verbergen» (Hegel).

54 «Verschwörungstheoretische» Erklärungen führen häufig zu strategischen Fehleinschätzungen. Das ist bekannt. Ebenso bekannt ist ihre wissenschaftliche Dürftigkeit, gerade in materialistisch-dialektischer Sicht. Andererseits: Es gibt durchaus Herrschaftspläne. Die herrschende Klasse ebenso wie die Träger der politischen Macht versuchen eine ganze Menge von Sozialisations- und Manipulationsmechanismen einrasten zu lassen und suchen nach wirksamen Sozialtechniken. Zuweilen lassen sie ganze Institute zu diesem Zweck arbeiten.

kation verdeckt wird, sondern ebenso sehr institutionell ausgeschaltet werden soll durch *bewußt* herbeigeführte Verlagerung politischer Interessen auf Einkommens- und Verteilungsprobleme: die tendenzielle Verschleierung des Klassenkonflikts der Produktionssphäre durch die Pluralität sektorialer Konflikte in der Distributionssphäre.[55] Hier können nur Mystiker glauben, die spezifische Umpolung von Klassenunterschieden, die zum Beispiel unter dem Namen des Pluralismus läuft, erfolge planlos und ohne Arg: bewußtlose Folge geistesgeschichtlicher Entwicklung (für die einen) oder der Kapitalbewegung (für die anderen).

Die Neutralisierung der Massenartikulation und des unmittelbaren Produktionsverhältnisses stellt jedoch kein politisches Machtprogramm dar – weder der Bourgeoisie noch der Politiker, so sehr die erstere an ihrer Herrschaft (auch eine Rahmenbedingung der Akkumulation) festhalten will und die letzteren in menschlich überaus verständlicher Weise gerne Träger von Machtbefugnissen bleiben oder werden wollen. Nicht der Machtanspruch macht den Plan und die damit verbundene Veränderung im politischen System (die Transformation des Verfassungsstaats) erforderlich, sondern der Akkumulationsprozeß. Erst in dessen Folge stellt sich das Machtproblem. Wäre ungestörte Akkumulation auch bei einer Verschärfung der Klassenkämpfe möglich, würde sich die Bourgeoisie mit der Institutionalisierung der Konfliktsituation begnügen und sich keineswegs auf einen Machtkampf einlassen. Ihre Klassenherrschaft gründet sich ökonomisch und braucht die unmittelbare Beteiligung an der Staatsmacht nicht. In anderen geschichtlichen Situationen unternahm die Bourgeoisie nichts gegen die politische Machtstellung des Adels, sofern sich dieser der Kapitalentfaltung nicht in den Weg stellte und deren formelle Bedingung: die Regelhaftigkeit oder den Rechtsstaat akzeptierte (Beispiel Preußen).[56] Gewiß muß dies – ebenso nach der geschichtlichen Spezifizierung – relativiert werden. Soziologisch gesehen geraten einzelne Kapitalfraktionen oder -gruppen in der Frage der politischen Formbestimmtheit in Gegensatz zu anderen und streben auch

55 Der Versuch, der in letzter Zeit für kapitalistische Gesellschaften eine existenznotwendige Bedeutung gewonnen hat, Distribution von der Produktion zu trennen, das politische Gewicht der letzteren zu negieren, gesellschaftliche Prozesse und deren politische Seite als bloße Verteilungsprobleme auszugeben, habe ich in der «Transformation der Demokratie» erläutert.

56 Das Interesse der Bourgeoisie an der unmittelbaren Machtausübung wird zuweilen überschätzt, auch in der Form seiner Ideologisierung, als ob es also eine Frage politischer Ideale wäre, bestimmte Staatsformen und Regierungsformen durchzusetzen, und nicht eine Frage der Akkumulationsfunktionalität. So mißverständlich auch Gulijew, Demokratie und Imperialismus, Berlin 1972, S. 221: «Das Idealziel der imperialistischen Bourgeoisie besteht natürlich (sic!) darin, sich von der Demokratie zu befreien und das Volk aus dem politischen Leben auszuschalten.» Nun, gerade letzteres war «Idealziel» aller herrschenden Klassen und Gruppen auch in vorimperialistischen Zeiten.

andere Formen der Machtausübung an. Der Sachverhalt ist von der Faschismus-Diskussion her hinlänglich bekannt. Ebenso in soziologischer Sicht kann die Transformation der politischen Formbestimmtheit, also die besondere Macht- und Verfassungsstruktur des Staats sich aus dem Zusammenwirken besonderer gesellschaftlicher Interessen einerseits, verschieden orientierter Führungsgruppen andererseits ergeben. Solche Bündniselemente sind zuweilen für die institutionelle Regelung durchaus bedeutsam. Man denke an die nachfaschistischen Verfassungen, die in einzelnen Ländern (zum Beispiel Frankreich und Italien – weitaus weniger Westdeutschland) eine Kompromißlösung darstellten – der labilen Klassenlage, aber auch der Verunsicherung über den weiteren Verlauf der weltpolitischen Konflikte geschuldet. Oberflächlich im bornierten Wortsinn sind diese geschichtlich feststehenden Erscheinungsformen nicht. Als Ausdruck wirklicher Prozesse übernehmen sie den entsprechenden Wirklichkeitsgrad.

Dem ist es aber anders, wenn – in der schon angedeuteten Veränderung des Verhältnisses von ökonomischer Basis und politischem Überbau – die soziologische Sicht und die ideologische Faktendarstellung nicht gerade beiseite geräumt, aber doch ihrerseits relativiert werden. Der Staat als realer Organisator existiert weder neben und außer der Gesellschaft, noch kann er sich der materiellen Basis entheben. Alle Transformation des bürgerlichen Staats der Gegenwart: von faschistischen Regimen über korporative Planungsstrukturen bis zur «Ordnungspolitik» und den Praktiken der «Sicherheitsüberprüfung»; von der Machtverschiebung innerhalb der Verfassungsorgane bis zur Verstaatlichung der Parteien und der Gewerkschaften, findet ihre Grundlage in der Koppelung und im Widerspruch von Akkumulationsstand auf der einen Seite (der Seite des Kapitals) und Grad der Klassenreife (auf der Seite der Arbeit, gesellschaftlich gesehen des Proletariats). Diese wesentlichen Faktoren, als autonome Wirklichkeit genommen, entziehen sich aber sowohl dem politischen «Machttrieb» wie einem politisch durchsetzbaren Profit- und Überprofitstreben. Sie schaffen objektiv Widersprüche im Kapitalverhältnis, zu deren Auflösung der Staat mit seinen gesellschaftlichen Planmaßnahmen dazu tendieren muß, die gesellschaftliche Reproduktion zu verstaatlichen. Sofern der Staat sich durchsetzt in der Form von Staatsgesetzen, fällt diese spezifische Verstaatlichung gesellschaftlicher Beziehungen mit einer durchgängigen, tendenziell totalen Verrechtlichung zusammen. Die Verrechtlichung vollzieht sich freilich nicht in einem juristisch-quantitativen Sinn: als bloße Inflation der Gesetzesmasse, als Überhandnehmen formaljuristischer Fixierungen. Es geht dabei vielmehr um die weitestgehend lückenlose Durchsetzung der sozialen Regelhaftigkeit mittels des Macht- und Gewaltmonopols und der Kontrollorgane des Staats. Sie findet auch bei Delegierung von Ordnungsbefugnissen, also von Kontroll-

und Regulierungsmacht an gesellschaftliche Organisationen, statt, da die Delegierung nicht naturwüchsig entsteht und gegen den Staat, ohne dessen Sanktionierung wuchert, sondern rechtlich, verfassungsrechtlich und politisch geordnet und abgesichert wird. Es gehört genau zur Gesellschaftsplanung, sicherzustellen, daß die gesellschaftlich «autonom» getroffenen Vereinbarungen und stipulierten Abkommen (Tarifabkommen) sich keineswegs naturwüchsig oder entlang der Klassenkampfbewegung durchsetzen, sondern staatlich erzwingbar werden – etwa in der Form der arbeitsrechtlichen Verbindlichkeit und der arbeitsgerichtlichen Entscheidung. Verstaatlichung und Verrechtlichung bedeuten in erster Linie, daß alles Gesellschaftliche (Beziehungen, Kämpfe, Organisationsformen, Verhältnisse: Produktion und Reproduktion) sich in politisch überwachter, rechtlich-kontraktualer und nicht konfliktualer Form entwickelt. Daß solche Verstaatlichungstendenzen eine irreversible Rückentwicklung politisch offener Systeme bilden, daß also die Überschneidung von der sich erhöhenden organischen Zusammensetzung des Kapitals mit der Aufkündigung des «sozialen Friedens» durch die Arbeiterklasse in der Produktion, der Negierung der Profitfinalität in der Zirkulation die kapitalistische Gesellschaft zum autoritären Staat zwingt, braucht nicht weiter erörtert zu werden.[57] Ein systemimmanenter Widerstand kann diese Involution nicht umkehren, auch wenn er punktuell der Verteidigung von Rechtspositionen dient.

Die Forderung, gesellschaftliche Prozesse zu planen, ergeht nicht speziell an die jeweiligen Regierungen, sondern an das politische System als ganzes.[58] Es ist dabei gleichgültig, ob die «organisierten Kräfte» reformistisch oder konservativ sind. Daß auch Parteien oder Fraktionen, die als linksreformistisch gelten, sich in die Zwangsfunktion einfinden, soziale Konflikte, namentlich zwischen Arbeit und Kapital, «einzukapseln», zeigen die «linken» Reformvorschläge zur englischen Gewerkschaftsgesetzgebung und Arbeitskampfverfassung (vgl. Leviathan, 4/74, S. 484L). Höchstens variiert die jeweilige ideologische Begründung und sicherlich auch die Schärfe, mit der

57 Die Frage, ob jede einzelne Staatstransformation sich aus der Kapitalbewegung ableiten läßt, ist eine akademisch-alexandrinische. Der Staat ist geschichtlich *Ergebnis* der beginnenden Kapitalakkumulation, nicht als Idee, die philosophisch antizipiert wurde (Bodin, z. B.), sondern als Wirklichkeit. Inzwischen ist aus dem Ergebnis eine Voraussetzung der Akkumulation geworden. Seine *Transformation* hingegen bleibt ein Ergebnis und hängt mit der doppelten Ursächlichkeit von Akkumulation und Klassenbewegung zusammen.

58 Es gibt in dieser Hinsicht kein «Subjekt» der Planung in Form von Planungskommissionen oder allein zuständigen Ministerien. Der Existenzweise des bürgerlichen Staats, also seiner Formbestimmtheit, entsprechend handelt es sich um eine «Pluralität» von Instanzen und Subjekten, die teils bewußt teils naturwüchsig die Aufgabe erfüllen. In bürgerlicher Einschätzung (oder Wunschdenken) gehören die kommunistischen Parteien und Gewerkschaften auch zu dieser Pluralität.

die Verrechtlichung ausfällt. Und ins Gewicht fallen auch die Unterschiede in der Verteilung der Lasten und Planungskosten, auch wenn am Ende die Hauptlast immer vom Hauptopfer getragen wird. Auf das sich daraus ergebende, für die Erarbeitung strategischer Perspektiven wichtige Problem der Vor- und Nachteile reformistischer oder konservativer Regierungen kann hier ebenso wenig eingegangen werden wie auf die andere Frage, welche der beiden politischen Richtungen eher planungsfähig und planungswillig sei. Selbst das Kapital ist sich über diese Frage nicht im klaren.

Sie ließe sich viel leichter lösen, bestünde sie wesentlich im Ökonomischen. Vorhandene Ressourcen nach den allgemeinen Richtlinien programmierter oder programmierbarer Investitionen verwertungsorientiert und also akkumulationsfunktional einzusetzen, ist ein Geschäft, das vermutlich eine bourgeoise Partei besser besorgen kann als eine proletarische. Muß aber der Konflikt im unmittelbaren Produktionsverhältnis *erfolgreich* formalisiert werden, sieht die Sache schon anders aus. Selbst bei der Disziplinierung der Klasse im Fall der Massenarbeitslosigkeit bleibt es problematisch, welche Regierung am besten für die Regierbarkeit des Lands geeignet ist. Denn auch in diesem Fall liegt das Planungsziel nicht in möglichen Arbeitsmarktverschiebungen oder in Maßnahmen einer normalen, bekanntlich schon längst als illusionär erkannten Sozialpolitik[59], sondern in vorweg ausgebildeten Kanalisierungsinstrumenten, die den politischen Druck der arbeitslosen Massen auffangen.

Da nicht die Arbeitslosigkeit die Kapitalreproduktion gefährdet (vielmehr gehört sie zur «Gesundschrumpfung» und wird von Seite des Kapitals periodisch gefördert), sondern der Umschlag des sozialökonomischen Zustands (unverkäufliche Arbeitskraft und entsprechende physische Reproduktionsschwierigkeit der Klasse) in die politische Aktion, werden auf der politisch-staatlichen Seite gerade die Arbeiterparteien und -organisationen planungszuständig.

Das *theoretische* Problem der Gesellschaftsplanung liegt in einem anderen Bereich – in dem schon oben erwähnten des Realitätscharakters des Staats und also seiner effektiven Fähigkeit, Planungsaufgaben zu übernehmen.

Daß so selbstverständlich die Möglichkeit und die Wirksamkeit staatlicher Regulierungen im Kapitalismus für eine marxistisch sich verstehende Analyse nicht ist, zeigt sich an der verunsicherten Diskussion der letzten

59 Wolfgang Müller/Christel Neusüß, Die Sozialstaatsillusion und der Widerspruch von Lohnarbeit und Kapital, Probleme des Klassenkampfs Sonderheft 1, 1971. Müller/Neusüß' Analyse des illusionären und zugleich instrumentellen Charakters der Sozialpolitik des bürgerlichen Staats trifft durchweg zu und ist meisterhaft; die genauere Einschätzung der Staatsfunktion genau im Widerspruch von Lohnarbeit und Kapital hingegen ist gründlich verfehlt.

Zeit. Defensive Marx-Repetition findet sich stets verpflichtet, sich gegen technologisch-technokratische Vorschläge, Simulationen und Untersuchungen zu wenden. Dabei werden nicht nur ökonomische und Gesellschaftsplanung verwechselt oder in eins gesetzt, die Abhängigkeit der letzteren von einer sich der Planung entziehenden Kapitalbewegung nicht als Schranke begriffen, sondern in den abgeleiteten Beweis der Nichtexistenz umgemünzt. Ebenso ungünstig wirkt sich die permanente Verwechselung aus, den objektiv gegebenen Zwang zur Planung als Zwang zum Planungserfolg zu betrachten – obwohl man völlig zu recht auf die Widersprüchlichkeit so genannter Sachzwänge hinweist.

Zentral für die strikte Leugnung bewußt vorgenommener Lenkungen in der gesellschaftlichen Reproduktion durch den kapitalistischen Staat ist aber die Bedeutung, die dem Wertgesetz beigemessen wird. Daß das Wertgesetz in der Kapitalbewegung sich hinter dem Rücken der Akteure und in der von ihm bewirkten Einheit von Produktion und Zirkulation «blind» durchsetzt; daß es in der Tat alle umfassende, über die Produktion der Einzelkapitale hinausgehende Programmierung und Lenkung der Zirkulation, alle ökonomisch gefaßte Organisation des Kapitalismus über den Haufen wirft, haben die letzten Entwicklungen auf dem Weltmarkt hinlänglich und erneut bewiesen. Allein gerade diese konkret erfahrbare Wirksamkeit begründet den Planungszwang. Das Wertgesetz verwandelt sich nirgends zu einem mystischen Demiurg mit totaler Zuständigkeit, dem alles Geschehen – von der Wiege bis zur Bahre des Kapitalismus – aufgebürdet werden könnte, einschließlich der revolutionären Negation.[60] Umgekehrt: Der Planungszwang ergibt sich aus der Möglichkeit, daß ein Faktor der Mehrwertproduktion sich dem Wertgesetz bewußt entzieht und es insofern außer Kraft setzt. Das kann gewiß nicht der Staat mit einer gezielten, programmierten Wirtschaftspolitik leisten. Selbst die in der Theorie des staatsmonopolistischen Kapitalismus angedeutete, antirevisionistisch heftig kritisierte Änderung des Wertgesetzes durch die Garantie der Extraprofite hebt dessen Wirksamkeit nicht auf, sondern verschiebt nur dessen Folgen und führt zu neuen Erscheinungsformen.[61] Das Wertgesetz kann vielmehr nur von dem-

60 Eine ganze Reihe marxistischer Untersuchungen bemühen sich, selbst den Klassenkampf lückenlos unter die Wirkung des Wertgesetzes zu subsumieren, statt dessen doppelte Wirklichkeit zu sehen: die durch die Produktionsweise selbsbedingte Verdoppelung der Natur des Arbeiters. Die Folge solcher Positionen: Die Befreiung erscheint als mechanische Schlußphase eines durch das Wirken des Wertgesetzes und nicht durch den Kampf des Proletariats zustandegekommenen Zusammenbruchs der Kapitalakkumulation.

61 Siehe zum Beispiel die Konkurrenz, die unter der Bedingung partieller Monopolisierung und weitgehender Oligopolisierung (der Ausdruck ist bekanntlich bürgerlichen Ursprungs, desungeachtet aber sachgerecht und auch in der Kritik der politischen Ökonomie anwendbar) und der damit zusammenhängenden, partiellen Marktplanung

jenigen Produktionsfaktor außer Kraft gesetzt werden, der es überhaupt erst in Kraft treten läßt – obgleich unter dem Zwang, sich als Arbeitskraft zu verkaufen. Marx betonte diese Seite (die Seite des subjektiven Faktors im revolutionären Prozeß) durchaus, auch wenn er in der verkürzten Formel von der Expropriation der Expropriateurs das Ende der kapitalistischen Produktionsweise als scheinbar deterministisch-mechanisch sich ergebende Folge der «immanenten Gesetze der kapitalistischen Produktion selbst» erscheinen läßt (Kapital, I, MEW 23 790 f. Ebenda aber: Zu diesen Gesetzen gehört auch das Wachsen der Empörung der «durch den Mechanismus des kapitalistischen Produktionsprozesses selbst geschulten, vereinten und organisierten Arbeiterklasse»)[62]. In der abstrakt-ökonomischen Sicht gehören allerdings Wertgesetz und Staat getrennten Bereichen an; und staatliche Versuche zur Planung des Verhältnisses Arbeit-Kapital fielen in der Tat ins Wasser der Ideologie. In der gleichen, nur politisch verschobenen, von der Ortodoxie zum Revisionismus verkommenen Sicht aber zeigte sich die bewußte revolutionäre Bewegung, die politische Negation des Wertgesetzes als abgeleitet und relativ belanglos. Sie wäre im großen geschichtlichen Sinn buchstäblich unnötig. Der Übergang zum Kommunismus, Ergebnis der «Verkehrsform selbst» und eines sich zur Negationsspitze selbst treibenden Gesetzes, bedürfte der Arbeiterrebellion nicht. Sie würde sich förmlich *ereignen* und die revolutionäre Organisation des Proletariats entspräche als «bewußter» Träger eines bloßen Ereignisses der (meines Erinnerns von Max Weber so definierten) alten Sozialdemokratie: ein Verein, gebildet zur Herbeiführung einer ohnehin stattfindenden Mondfinsternis.

Nicht, daß die vom Wertgesetz bestimmte, ökonomische Bewegung und die dadurch bedingten gesellschaftlichen Reproduktionsprozesse widerspruchslos wären. Das Wertgesetz konkretisiert in sich den Widerspruch des Kapitalismus. Allein: In diesen Widerspruch muß erst die *nicht* zur Logik der Kapitalbewegung gehörende Logik der Revolution einrasten, um seine Sprengkraft zu entfalten. Das System der Mehrwertproduktion wird also zwar entlang seiner Widersprüchlichkeit, aber nur von seiner Negation überwunden: «der *Klassenkampf* als Schluß, worin sich die Bewegung und die Auflösung der ganzen Scheiße auflöst» (Marx, MEW 32,75). Daher besteht kein Gegensatz zwischen dem Wirken des Wertgesetzes und dem Versuch einer Regelung gesellschaftlicher Prozesse durch den staatlichen Organisator, die sich gegen die «Auflösung der ganzen Scheiße» wenden und das Ausscheren des unmittelbaren Produzenten verhindern will. Derart kann

---

neue Formen annimmt – in erster Linie auf dem Weltmarkt, also jenseits eher organisatorisch faßbarer, binnenwirtschaftlicher Nationalbereiche.

62 Eine interessante Bemerkung, die bei der Behandlung der Organisations- und Parteifrage meist vergessen wird.

von einem Zusammenhang zwischen *blind* wirkendem Wertgesetz und bewußter politischer Perspektivwahl und -entscheidung der Führungsgruppen gesprochen werden. Scheinbar paradox, gänzlich unorthodox und also genuin marxistisch zusammengefaßt: Der Staat hat die Funktion, durch seinen Eingriff in die gesellschaftliche Reproduktion und vor allem in das unmittelbare Produktionsverhältnis das Wertgesetz entweder präventiv aufrechtzuerhalten oder – in revolutionären Situationen – wieder in Kraft zu setzen: Die Kontinuität der Mehrwertproduktion soll die Gesellschaft bestimmen und nicht das rebellische Verhältnis des Arbeiters zur Verwertung noch die Ablösung der Tauschwertfunktionalität durch die Rationalität der Bedürfnisse.

Das bedeutet allerdings, daß das vermittelte Interesse des Kapitals an seinem Staat eine Verlagerung erfährt. Bekanntlich hat der Staat seit jeher um der Akkumulation willen den Einzelkapitalen Bedingungen und teilweise Beschränkungen der Selbstverwertung aufgenötigt. Im heutigen Akkumulationsstadium kommt noch eine neue Zwangslage des Kapitals und zugleich eine Veränderung in dem politischen Bewußtsein der Kapitalisten hinzu: bestimmte Opfer ohne weitere Korruptions- und Umpolungsversuche (Abwälzung auf jeweils andere Kapitalisten) auf sich zu nehmen, um die eigene Weiterexistenz zu sichern – es versteht sich: immer unter der Voraussetzung der Funktionstreue des Staats und der Politik gegenüber der Akkumulation selbst. Aber in der entsprechenden Veränderung gilt für den Kapitalisten das gleiche Prinzip, das sich negativ für den Arbeiter auswirkt. Nicht die Qualität des Lebens in der Fabrik, sondern das Leben der Fabrik ist entscheidend; nicht die Quantität des Profits, sondern das Leben des Profits. Das vermittelte Interesse geht hier beträchtlich über die naturwüchsige Interessiertheit an der Profitmaximierung hinaus und zielt eindeutig – koste, was es wolle, wenn nur die Kosten in den Grenzen der Akkumulation bleiben – auf den Schutz des Gesamtorganisators: auf die Verteidigung des *ganzen* Staats.

Bildet die Kontinuität der Produktion bei einem hohen Entwicklungsgrad des Kapitals die Grundbedingung seiner Reproduktion, so fällt sie mit der Kontinuität der «Regierbarkeit» und der Kontrolle und mit der tendenziellen Kontinuierlichkeit der gesellschaftlichen Lenkung als der politischen Garantie der Produktion zusammen. Die Priorität der Gesellschaftsplanung gegenüber der ökonomischen bestätigt auf diese Weise die politische Verschiebung, die im Verhältnis Staat-Kapital stattgefunden hat: rein äußerlich eine «Autonomisierung» der Politik und die Bildung staatseigener Kompetenzen, deren Träger sozusagen partnerschaftlich mit den Trägern des Kapitals (mit den Monopolherren) in eine Allianzverbindung treten; in Wirklichkeit nur die Verlötung zwischen Funktionalität des Staats und funktionierenden Akkumulationsbedingungen. Der Staat wird in das Kapitalverhältnis hereingeholt.

Auf der Ebene der oberflächlichen ideologischen Repression oppositioneller Bewegungen drückt sich diese spezifische Verschmelzung in der Identifikation von freiheitlich-demokratischer Ordnung und sozialer Marktwirtschaft aus. Auf der Ebene der wirklichen Verhältnisse, in denen oppositionelle Bewegungen für das Kapital entweder nicht existent sind oder nicht existent gemacht werden sollen, besteht die Verschmelzung in der Nötigung, Profitinteressen der Einzelkapitale in den Dienst der Aufrechterhaltung des Staats zu stellen. Gerät der Kapitalismus in Schwierigkeit, so richtet sich ein «Krisenprogramm in erster Linie auf die Garantie der Staatskontinuität auch auf Kosten eines temporären ökonomischen Rückflusses» (Guido Carli). Es braucht nicht weiter ausgeführt zu werden, daß Staatskontinuität nichts weiteres bedeutet als Wetterexistenz und Funktionsfähigkeit des organisatorischen Machtapparats – der anderen Seite des «Lebens der Fabrik.»[63]

***

Mit der Gesellschaftsplanung gehen unlösbare Widersprüche einher, die deren Schranken bestimmen. Sie bedürften einer eingehenden Analyse, die hier (noch) nicht geleistet werden kann. Eine Schwierigkeit muß aber behandelt werden, die teils lediglich mit der Finanzierungsfrage eines Plans zusammenhängt (denn zu seiner Verwirklichung gehören auch kostspielige Reformen), teils über den Umweg der Finanzierungsfrage zum Problem der *ökonomischen* Eigenrealität des bürgerlichen Staats zurückführt. Das Problem findet seine theoretische Aktualität und – was wichtiger ist – seine strategische Bedeutung in der bekannten Diskussion, ob der Staat als Gesamtverband nicht nur als «ideeller», sondern auch als «reeller» Gesamtkapitalist fungiere.

Formell kann die allgemeine Aufgabe des planenden Staats als «Befriedungspolitik» bezeichnet werden. Sie kennt zwei Seiten, die sich gegenseitig ergänzen. Einmal geht es negativ um die planmäßig betriebene, ideologische wie polizeiliche Einschränkung der sozialen Wirksamkeit emanzipatorischer Bewegungen. Nicht zufällig begann schon der erste, im großen Maßstab unternommene Versuch einer totalen Verrechtlichung und Verplanung, der italienische faschistische Korporativismus, mit einem Gesetz zur Entfernung

63 Carli ist ein Vertreter des Kapitals und kein ideologischer Kritiker des bürgerlichen Staats und der Sozialpolitik. Das «Leben der Fabrik» ist nach ihm zu recht das wirkliche Problem: Die ökonomische Decke der Produktion soll nicht einstürzen. Die rein staatliche Legitimationsdecke hingegen spielt eine sekundäre Rolle. Die heutige Krise ist – anders gesagt – keine bloße Legitimationskrise. Dazu: Stephan Leibfrieds Besprechung von Offes «Strukturprobleme des kapitalistischen Staates» 1972, in: Politische Literatur, 1/1974, S. 114£f.

«unzuverlässiger» Beamter, vor allem Lehrer aus dem öffentlichen Dienst.[64] Dies tangiert jedoch die Kostenfrage, also die Frage nach der ökonomischen Staatspotenz, nicht unmittelbar. Anders ist es mit der anderen Seite der institutionellen Strategie bestellt. Will diese über die bloße Unterdrückung sozial wirksamer Andersdenkender hinaus mit der Herstellung oder Sicherung des «sozialen Friedens» die unumgängliche Bedingung für die Kontrollierbarkeit und Planbarkeit des Klassenverhältnisses und des Klassenverhaltens erreichen, so muß sie über eine ökonomisch kalkulierbare, finanzielle Basis verfügen: über relativ stabile Fonds, die frei vom Verwertungsinteresse der Einzelkapitale sind und daher dem Staat einen freien Entscheidungsraum gewähren. Hier stößt man aber auf eine beachtliche Schwierigkeit. Die Stabilität der verfügbaren Fonds läßt sich gesetzlich nicht herbeiführen. Sie hängt mit Sachverhalten zusammen, die sich dem organisierenden Eingriff des Staats entziehen. Binnenwirtschaftlich setzt sie eine schon erreichte, schon gesicherte stabile Konjunkturlage voraus und damit eine schon vorhandene gesellschaftliche Beruhigung zumindest innerhalb der Kapitalreproduktion selbst. Hinzu kommt noch die ökonomische Bewegung auf dem Weltmarkt, die sich sowohl der Kontrolle wie auch der Entscheidungsbefugnis nationalstaatlicher und am nationalen Kapital festgemachter Regierungen entzieht. Paradoxerweise müßte also das Ziel des sozialen Friedens schon erreicht werden, um den sozialen Frieden wirklich herzustellen.

Verbinden sich – mit anderen Worten – ökonomische und soziale Krise oder ist diese der ersteren vorgelagert, scheitert die institutionelle Strategie schon an der Unmöglichkeit eines solchen, im voraus gesicherten Zustands. Offensichtlich kann dem nur in präventiver Form vorgebeugt werden – und insofern läuft jede wirksame Strategie als Plan des bürgerlichen Staats oder vielmehr als Folge einer objektiven Zwangslage der kapitalistischen Reproduktion auf die schon erwähnte präventive Konterrevolution hinaus, deren Permanenz sich aus der Permanenz der potentiellen Aufkündigung der Mehrwert- und Tauschwertproduktion (gleich Revolution) ergibt. Und dazu reicht die Finanzdecke nicht immer aus.

Eine andere, ebenso mit der Finanzdecke oder der ökonomischen Basis gegebene Schwierigkeit liegt in dem bloßen Vermittlungscharakter des Staats als «Gesamtkapitalisten». Ebenso wie die Stabilität der ihm zur Verfügung stehenden Fonds (die langfristig planbare Kontinuität und Steigerung des Steueraufkommens), wird ihre Quantität (die Geldmenge) nicht von ihm, sondern von der Akkumulation der realen Einzelkapitale bestimmt. Um eine wirklich autonome Planung der Gesellschaft vornehmen zu können, die auch keinerlei Rücksichten auf die Erfordernisse einzelner Unterneh-

64 Die erste gesetzliche Fixierung: Gesetz vom 25. Dezember 1925, Nr. 2300, über die «Überprüfung der Staatsbediensteten».

men und Industrien nimmt, müßte der Staat entweder alles Kapital an sich reißen[65]; oder aber über ein *eigenes* produktives Kapital und über dessen realisierten Mehrwert verfügen können. Er müßte also nicht nur als Vermittlungskategorie gesamtkapitalistisch fungieren, sondern selbst *realer Kapitalist* werden.

Indessen fände sich gerade in diesem Verhältnis der wesentliche Widerspruch des bürgerlichen Staats: als realer Kapitalist nach realen Profitinteressen zu handeln; als realer Organisator gesamtgesellschaftliche Aufgaben zu erfüllen. Beide Positionen stoßen sich gegenseitig ab. Der reale Kapitalist (keine abstrakte Größe, sondern die einzeln existente gesellschaftliche Qualität des Kapitals) tendiert dazu, die allgemeinen Verkehrsformen als Mittel unter die Verwertung zu subsumieren. Der reale Organisator hingegen muß die allgemeine Verkehrsform als Grundbedingung der Reproduktion jenseits einzelner Verwertungsinteressen und -zwänge am Leben erhalten.

Eine doktrinäre Lösung dieses Widerspruchs bietet die Theorie vom staatsmonopolistischen Kapitalismus, die durch die Interessen- und Machtidentifikation zweier *sozialer* Gruppierungen (Staatsapparat und Monopolherren) die dialektische Spannung eliminiert und den Staat als «Staat der Monopole» auf dem Vermittlungsweg des Bündnisses mit dem Gesamt(groß)kapital zusammenfließen läßt. In der Tat gibt es ein Auseinanderfallen von Verwertungszwang und Garantie der allgemeinen Verkehrsform, also vom Kapitalinteresse und Staatsinteresse nicht, wenn sie sich beide als gesamtgesellschaftliches Interesse der alles subsumierenden Monopole vermitteln und als Einheit von politischen und ökonomischen Führungsgruppen verwirklichen lassen. Die Beziehung zwischen Staat und Kapital entwickelt sich in dieser Perspektive als mechanisch-totale Indienstnahme des ersteren durch eine besondere Gruppe des letzteren – eine Weiterführung der berühmten Kuusinenschen Faschismusdefinition.[66] Irreal ist die Perspektive nicht, wenn sie ihre eigene Voraussetzung verleugnet und dem Staat sozusagen die Chance einräumt, aus den *eigenen*, ihm als realem Kapitalisten zufließenden Gewinnen seine Politik zu finanzieren, seine Reproduktionsausgaben zu bestreiten. Die strategische Folge der Theorie ergäbe dann

65 Die Frage ist, ob der Staat damit aufhört, bürgerlich zu sein. *Ökonomisch* bliebe man bei der Mehrwertproduktion und bei der bürgerlich-kapitalistischen Organisation der Arbeit. Klassenanalytisch gesehen kommt es – wie in Italien, wo über ein Drittel des produktiven Sektors verstaatlicht ist oder mit Staatsbeteiligung arbeitet – zur Bildung eines neuen bürgerlichen Klassentyps, der so genannten «borghesia di stato». Vor diesem Problem steht die KPI mit ihrem Programm der Ausweitung des Staatssektors bei Aufrechterhaltung der kapitalistischen Produktionsweise.

66 O. Kuusinen, Faschismus, Kriegsgefahr und die Aufgaben der kommunistischen Parteien, Referat auf dem XIII. Plenum des Ekki, Moskau 1934, S. 38ff.

einen einsehbaren Sinn. Die Machtergreifung auf parlamentarischem Weg brächte mit dem Eintritt in das Schaltbüro der Macht zwar nicht die Arbeiterklasse zur Herrschaft, aber zumindest ihrer substitutiven Partei die politische Verfügung über die Wertmasse der gesamtgesellschaftlichen Produktion, über ihre Reinvestierung – bekanntlich die einzig konkrete Form der Investitionskontrolle. Nur stimmt die Strategie erst, wenn der Staat zu einem solchen realen Kapitalwesen *gemacht* wird. Die historisch sich bietende, einzige wirkliche Alternative ist denkbar nur ,wenn der Staat selbst Gesamtmonopolist wird: die Form der Übergangsgesellschaft, von der auch Engels gesprochen hatte, die sich schon jenseits der bloß juristischen Form des Kapitals als Privateigentum entwickelt, aber immer noch innerhalb der ökonomischen Weise der Mehrwertproduktion. Der Übergangscharakter einer solchen Gesellschaft äußert sich in der Verfügbarkeit der Wertmasse für die staatliche Planung, so daß immerhin soziale Ausgaben («soziale Dienste») im großen Maßstab und ohne Rücksicht auf Verwertungsinteressen programmiert und verwirklicht werden können.[67] Freilich gibt es auch in der Wirklichkeit einen «Gesamtkapitalisten». Die einzig theoretisch ableitbare *Realität* des Gesamtkapitalisten fällt jedoch durchweg mit der einzig empirisch feststellbaren zusammen. Und diese liegt nicht in der organisatorischen Vermittlung des Staats (dessen Realität auf der Ebene der allgemeinen Reproduktion sich findet, und nicht der Mehrwertproduktion – mit einer unter noch zu entwickelnden Einschränkung); sondern in der ökonomischen Vermittlung der Einzelkapitale untereinander über die Zirkulation (durchschnittliche Profitrate, Konkurrenz, Konzentration und Zentralisation – bis zum Weltmarkt). Deshalb läßt sich die Widersprüchlichkeit der finanziellen Sicherung eines Gesellschaftsplans nicht lösen. Von der Form her stehen dem Staat die (Macht)mittel zur Verfügung, die Kosten auf die Profite zu wälzen. Das Haupthindernis findet sich aber auf der materiellen Seite. Nicht nur hört die kapitalistische Produktionsweise auf, wenn jenseits regenerierender Zyklen die Profitrate tendenziell auf Null herabgedrückt wird und die Akkumulation aufhört. Wird Gesellschaftsplanung ohne Rücksicht auf die Akkumulation durchgeführt, so verstößt dies offensichtlich gegen die eigene Zielsetzung. Statt radikale Absagen

67 Abgesehen von der stofflichen (und nicht bloß definitorischen) Seite, daß der Staat nur dann realiter sich als Kapitalist betätigt, wenn er etwas produzieren läßt und auf dem Markt verkauft: Die Stamokap-Theorie, vor allem in ihrer politisch-strategischen Vorstellung einer Ausschaltung der Monopole im Rahmen der «antimonopolistischen», aber immer noch kapitalistisch produzierenden Demokratie (vgl. hier oben die Anmerkung über die KPI) läuft auf eine, bisher nur von bürgerlichen Ideologen behauptete Konstellation hinaus. Werden die Kapitale als Subjekte der Produktionsplanung und der Staat als Subjekt der Gesellschaftsplanung zusammengefaßt, so wird die «Überwindung» von Produktionsanarchie und Distributionsungerechtigkeit *innerhalb der kapitalistischen Gesellschaft* für möglich gehalten.

und revolutionäre Umtriebe präventiv zu verhindern, schafft man auf eine solche, akkumulationswidrige Weise deren objektive Voraussetzungen. Der Plan verkehrt sich in sein Gegenteil.

Ein Ausweg aus dieser Aporie (der Grundaporie aller Staatspolitik) läßt sich mit normalen Mitteln kaum finden. Die gleiche Wertmasse muß nun einmal sowohl die Akkumulation wie die gesellschaftliche Reproduktion (und also auch Planung) gleichzeitig speisen, so daß die eine nur als Einengung der anderen sich durchsetzt. Das «Sozialprodukt» ist bekanntlich keine beliebig jenseits der Wertproduktion vermehrbare, bloß monetäre Größe, sondern ein Produktionsquantum. Das wußte schon Mephisto, als er durch den Vorschlag der beliebig hohen Geldemmission sich anschickte, die Wirtschaft (in den ersten Stadien der kapitalistischen Entwicklung) der totalen Inflation und somit seinem obersten Höllenherrn zuzuführen (vgl. Goethes Faust).

Der wirkliche Widerspruch zeigt sich allerdings auf einer anderen Ebene, auf der die Realität des Organisators sich in die Irrealität (und nicht nur Idealität) des *Gesamtkapitalisten* konkret umkehrt. Üblicherweise wird dies an der Unfähigkeit des Staats festgemacht, erfolgreich und krisensteuernd in den ökonomischen Prozeß einzugreifen. In Wirklichkeit offenbart sich die Irrealität einer aus dem unmittelbaren Kapitalverhältnis nur *scheinbar* entlassenen, weil nicht als Privatperson oder als Privatgruppe auftretenden staatlich-ökonomischen Potenz genau dort, wo der Staat sichvielmehr selbst *real als Kapitalist betätigt*: selbst produziert, als Unternehmer auf dem Markt auftritt, vorgeschossenes Geld und aufgekaufte Arbeitskraft verwertet. Dies ist eine Wirklichkeit, die erst voll einsichtig gemacht werden muß. Erstaunlicherweise sperren sich sowohl marxistische Traditionalisten (die sogenannten Revisionisten) wie die antirevisionistische Orthodoxie gegen die Tatsache, daß auch der Staat profitabel investiert und zu investieren versucht, Arbeitskraft im strenge Sinn ausbeutet und also Mehrwert produziert.[68] Dabei braucht diese Tatsache gar nicht minimisiert zu werden aus der dogmatischen Befürchtung, es könnten sich so etwas wie Einbruchstellen in die allgemeine Auffassung vom heteronomen Charakter des Staats bilden. Eher führt sie einen viel härteren Nachweis für die Unmöglichkeit eines realen und nicht bloß als politische Vermittlung existenten staatlichen Gesamtkapitalisten. Dem Problem kommt man allerdings nicht näher, bleibt man – als Ausweg aus der unbewältigten Tatsache – bei der bekannten Ansicht, Verstaatlichung der Produktion und Auftreten des Staats als Unter-

68 So K. Zieschang, Ursachen und Wesen des staatsmonopolistischen Kapitalismus, in SoPo 24, 1973, S. 24: Der Staat tritt als Wert- und Mehrwertproduzent nicht auf, sondern er setzt sich ein, um «den monopolistischen Ausbeutungsprozeß auszudehnen und zu vertiefen» durch Bereitstellung entsprechender Rahmenbedingungen.

nehmer komme nur als «Verstaatlichung der Verluste» vor – ein Vorkommnis, das sich in die vergebliche Funktion lückenlos einfügt, im wesentlichen nur für die Erhöhung der Profite rentabel produzierender Monopole zu sorgen. Mag auch das eine wie das andere stattfinden: Wesentlicher ist, daß der Staat in *eigener* Funktion als Profitmacher auftritt. Weder die Renault- noch die Alfawerke «sozialisieren» Verluste (da sie vielmehr mit Gewinn arbeiten wollen), noch dienen sie der Bildung von Extraprofiten anderer Autokonzerne. Gewiß ließe sich heuristisch-kunstvoll selbst aus dem staatlichen Gewinnstreben eine im Dienst privater Monopole stehende Funktionalität staatlicher Produktionsbetriebe ableiten. Die Ableitung würde indes die Tatsache des staatlichen Profitmachers nicht abschaffen.

Dadurch geht ökonomisch eine Veränderung des Staats vor sich, aus der sich auch politische Folgen ergeben. Gerade im Hinblick auf die Gesellschaftsplanung erweist sich das neue Verhältnis als wesentlich, da aus der eigenen ökonomischen (Produzenten-)tätigkeit dem Staat vordergründig eine Potenzierung der Autonomie gegenüber privaten Kapitalinteressen zu erwachsen scheint. Und mit der Potenzierung scheint auch die Möglichkeit einer Planung sich zu verbinden, die – wie dies von den Führern der KPI häufig hervorgehoben wird – sich sowohl ökonomisch wie auch sozial nicht mehr am Verwertungszwang orientiert, sondern an der Bedürfnisbefriedigung: die «demokratische Programmierung». Die Veränderung hängt notwendiger Weise mit dem «Wesen» des Kapitalismus zusammen, an dessen Totalität der gute politische Wille eines alternativen Gebrauchs der Staatsunternehmungen zerbricht. Diese Totalität (das durchgängige Verwertungsgebot) führt die autonom-unternehmerische Tätigkeit des Staats in die Grenzen der Akkumulation zurück. Die Verselbständigung an der ökonomischen Basis verkürzt sich zur bloßen Umpolung vom Einzelkapitalisten als existierender Charaktermaske zum Kapitalisten «Staat», der als konkrete Existenz wieder den Charakter der Maske übernimmt: Anstelle des privaten Fabrikherrn und neben ihn tritt kein jenseits kapitalistischer Ausbeutungs- und Befehlstrukturen tätiges, gemeinwirtschaftliches «Wesen», sondern der staatliche Fabrikherr. Zum «padrone privato» tritt der «padrone di Stato» hinzu, der als solcher nicht im geringsten daran denkt, anderer Leute Profite zu sichern oder gar Extraprofite zu genehmigen, sondern selbst an die eigenen Profite und Extraprofite denkt.

Ebenso wenig kann der Staat sein eigenes Kapital, seine Wirtschaftsunternehmungen als Mittel der Krisensteuerung einsetzen. Die Krise trifft auch die verstaatlichten Sektoren der Produktion – ebenso wie die soziale Krise und die politische Absage der Klasse keinen Halt vor den Toren der Staatsbetriebe macht.

Derart bestätigt sich gerade in den Sektoren, in denen der Staat selbständige ökonomische Tätigkeit entfaltet, nicht die Unabhängigkeit der

Politik, sondern die Vorherrschaft (und die Totalität) des Kapitalverhältnisses. Dies kommt vor allem in den Industriezweigen deutlich ans Licht, die in handgreiflicher Weise in der Marktkonkurrenz stehen, zum Beispiel in der Automobilindustrie. Nicht nur, daß die Organisation der Arbeit in den verstaatlichten Autofabriken strikt an der Mehrwertproduktion orientiert ist und keinerlei Möglichkeiten der Übernahme gesellschaftlicher Reproduktionskosten eröffnet, in der Folge weder eine Einsetzbarkeit für Gesellschaftsplanung im demokratischen Sinn (Demokratisierung der Produktion) noch Gebrauchswertproduktion zuläßt. Überdies kann der Staat als Produzent seine Produkte nicht einmal antizyklisch-deflatorisch ein- und absetzen. Nur ein «politischer Autopreis» (von Alfa, oder früher von VW) könnte eine «andere» Qualität verstaatlichter Betriebe entwickeln und insofern auch den Weg zu einem evolutionären Übergang in den Kommunismus «durch die Verkehrsform selbst» (hier durch allmähliche Ausweitung verstaatlichter Sektoren) öffnen. Doch verlassen in Mailand genau so wie in Wolfsburg nur Tauschwerte die Montagehallen.

In der offensichtlichen Nötigung zu einem so genannten marktkonformen Verhalten, unter der das verstaatlichte Kapital in kapitalistischen Ländern steht, kommt das Gesetz zum Ausdruck, daß sich der Staat als «Unternehmer» keinen Ersatzmarkt schaffen und keine mehrwertenthobene Produktion leisten kann – daß also (horribile dictu, bürgerlich-wissenschaftlich gesehen) selbst bei der ökonomischen Tätigkeit des Staats das Wertgesetz sich durchsetzt.

Insofern tritt die *besondere* Realität des «Kapitalisten» auch beim Staat voll auf. Nur geht ihm dabei genau die *allgemeine* Realität eines nicht nur theoretisch postulierten («ideeller Gesamtkapitalist»), sondern auch *tatsächlich fungierenden* Gesamtkapitalisten verloren.[69] Deutlich wird dieser Verlust (ein Existenz- und kein bloßer Funktionsverlust), wenn man sich den prozeßualen Verlauf der personifizierten Existenz des Kapitals verdeutlicht. Der reale Einzelkapitalist finanziert aus dem realisierten Mehrwert die Reproduktion sowohl des eingesetzten Kapitals – des konstanten wie des variablen – wie auch der eigenen Person, also seine gesamte und von ihm aus gesehen gesamt*gesellschaftliche* Eigenreproduktion: von der Erneuerung des Maschinenparks, über den Ankauf von Rohstoffen, den Aufkauf wertschaffender Arbeitskraft bis zu den toten und Transportkosten und zur eigenen physischen Existenz einschließlich Versorgung der Familie und Vorsorge einer etwaigen statusbedingten Geliebten,

69 Anders in der Stamokap-Vorstellung, nach der der Staat tatsächlich als Kapitalist fungieren *muß* – und zwar in seiner Gesamtform: «das Kapitalverhältnis (kann) nur noch aufrechterhalten werden, indem der kapitalistische Staat selber als fungierender Kapitalist auftritt», Der Imperialismus in der BRD, Berlin 1972, S. 251.

falls er ein Mann ist; der Familie und eines statusbedingten Begleiters, falls er eine Frau ist. Der Staat wäre analog dazu nur dann ein *realer* Gesamtkapitalist, wenn er aus der Realisierung des in den staatseigenen Betrieben geschaffenen Mehrwerts sowohl die Akkumulation des investierten Kapitals wie sämtliche gesellschaftliche Reproduktionskosten herauswirtschaften könnte. Die Ironie kommt hinzu, daß ein derart real erfolgreicher Staat am Ende sich genötigt sieht, aus dem erzielten Gewinn auch die Ausgaben für diejenigen Rahmenbedingungen zu decken, die *allen* Einzelkapitalen zugute kommen, und somit mit dem eigenen Gewinn den Erfolg der eigenen Marktkonkurrenten zu finanzieren.[70] Vielmehr und umgekehrt sieht sich der Staat genötigt, sich selbst gegenüber als abhängiger Organisator zu betätigen und die Kosten für die Rahmenbedingungen der eigenen Kapitalistenrealität aus dem Steueraufkommen zu decken. Exemplarisch: die Straßen-, Kanal- und Zugverbindungen von und nach Wolfsburg, von und nach Alfa-Sud sind nicht mit VW- oder Alfagewinnen gebaut worden.

Das will heißen: Er kann durchaus realer Kapitalist sein, aber nur als Unternehmer neben anderen. Als solcher verliert er die allgemeine Qualität, vermittelte Zusammenfassung aller Kapitale und gesellschaftlich die zusammenfassende Form aller Klassen und Individuen zu sein. Er tritt voll in die Sphäre der Konkurrenz ein und kann sich von der eigenen ökonomischen Realität her nicht mehr als Regulator des Kapitalverhältnisses betätigen.

Der wirkliche Widerspruch liegt also nicht darin, daß der Staat ohne Mehrwertproduzent zu sein angeblich in die Rolle eines realen Gesamtkapitalisten einschlüpft. Handelt er als Kapital, so streift er seine «Öffentlichkeit» ab: *Wird der Staat zum realen Kapitalisten, so ist er kein realer Organisator mehr – kein Staat*. Das gilt erst recht für die Sphäre der unmittelbaren Produktion selbst. In staatlichen Betrieben der kapitalistischen Gesellschaft findet keine *gesellschaftliche* Aneignung der Produkte vergesellschafteter Arbeit statt. Wird der Form nach das Privateigentum als juristische Größe auch von einer anderen juristischen Eigentumsform (der «öffentlichen Hand») abgelöst, so überspringt diese Ablösung die Grenze spezifisch kapitalistischer Aneignung nicht: Unmittelbarer Produzent und Produkt bleiben getrennt; die Beziehung zwischen Arbeiter und Unternehmen bleibt im Rahmen des Tauschverhältnisses; der Staat wirft die Pro-

70 Mit dem Erlös der Alfawerke müßte der italienische Staat für die reibungslose Verwertung des Fiat-Kapitals sorgen. Richtig am Verhältnis ist allerdings, daß der Staat keine Markt- und Preispolitik betreibt, die zu einer ruinösen Konkurrenzsituation der Privatkapitale führt. Man kann dies als Zeichen der Interessenverschmelzung von Privat- und Staatskapital betrachten, gewiß nicht als eine willfährige Politik zugunsten der Monopole. In Wirklichkeit ist es das Kapitalerfordernis selbst, das jenseits der juristischen Eigentumsform auch den Kapitalisten Staat zwingt, die gleiche Preispolitik zu betreiben wie die Privatkapitalisten.

dukte als Tauschwerte zwecks Akkumulation auf den Markt.[71] Aus diesem Grunde erfährt auch die stoffliche Voraussetzung der Mehrwertproduktion in staatlichen Betrieben keine Änderung: Die Organisation der Arbeit, da kapitalistisch, erhärtet die Abhängigkeit des unmittelbaren Produzenten in der Fabrik und die untergeordnete Stellung des Arbeiters in der Klassengesellschaft. Anders gesagt: Die «reelle Subsumption der Arbeit unter das Kapital» bleibt im vollen Umfang erhalten, es wird nach wie vor «im Gegensatz zu und unbekümmert um den Produzenten» ausgebeutet. Das Fehlen der gesellschaftlichen Aneignung führt auch in solchen Betrieben dazu, «daß die Stufenleiter der Produktion nicht nach gegebenen Bedürfnissen, sondern umgekehrt die Masse des Produkts durch die, durch die Produktionsweise selbst vorgeschriebene und stets wachsende Stufenleiter der Produktion bestimmt wird» (Marx)[72].

Das besagt sicherlich nichts über mögliche, taktisch-strategische Nützlichkeit und Zweckmäßigkeit partieller Verstaatlichungsmaßnahmen, etwa im kommunalen Bereich. Aber die politische Illusion und die strategische Globalhoffnung müssen ausgeräumt werden, Verstaatlichung im Kapitalismus (wahrscheinlich «Verstaatlichung» überhaupt) ändere fundamental die Produktionsweise und damit auch die Klassenlage der Arbeiter einerseits, den Waren- und Tauschwertcharakter der produzierten Güter andererseits. Statt dessen stellt sich eher eine bedenkliche Seite ein, die mit dem *politisch*-ideologischen, allgemeinen Charakter des Staats zusammenhängt und die zur Vortäuschung einer, der Allgemeinheit verpflichteten Eigenschaft des Betriebs führen kann und die Möglichkeit einer einheitlichen Kampffront bei Lohn- und gesellschaftspolitischen Konflikten beschneidet. Eine solche Gefahr tritt dennoch nur bei einem niedrigen Stand der Klassenreife und der politischen Bewußtheit ein. Wer seine Arbeitskraft verkaufen muß, kommt schnell dahinter, daß der Kapitaleigner gesellschaftlich unsichtbar bleiben oder sich eine «öffentliche» Vertretungsmaske anlegen kann. Hier stößt der bürgerliche Staat auf eine zweite, weitaus entscheidendere Schranke seiner Lenkungsmöglichkeiten. Die erste findet sich – wie bereits gesehen – in dem Widerspruch zwischen Akkumulationserfordernis und Planungskosten. Sie bedingt übrigens auch die strukturelle Unmöglichkeit

71 Dabei bestätigt sich auf der stofflichen Seite sowie auf der personellen Ebene, also in der innenbetrieblichen Struktur, das Organisationsprinzip der kapitalistischen Produktion als eines Verwertungsprozesses. Der Staatsmanager tritt als hierarchische Spitze der staatlicherseits auf dem Arbeitsmarkt gekauften Arbeitskraft mit der gleichen Kommandogewalt entgegen wie sonst ein jeder Privatmanager. Selbst für die Schaffung des «besseren Betriebsklimas» und für die Herbeiführung humanerer Fabrikzustände nützt in *unserer* Gesellschaft die Verstaatlichung der Betriebe gar nichts.

72 Resultate des unmittelbaren Produktionsprozesses, Frankfurt a. M. 1969, S. 63.

und das Scheitern einer jeden «systemverändernden» Reformpolitik, da die Mittel, die dafür aufgebracht werden müssen, in dem Grad zunehmen, in dem sich die Klassenabsage verschärft und also – entlang der neuen Krisenachse – die Mehrwertproduktion sich reduziert. Das heißt aber, daß der planende Staat immer komplexere und teuerere Auffangmechanismen und technisch-manipulative Subsysteme schaffen muß, je geringer und langfristig unkontrollierbaer, nicht planbarer die zur Verfügung stehenden Fonds sind. Ein lehrreiches geschichtliches Beispiel bietet Giolittis Reformversuch im vorfaschistischen Italien: Die hohen Integrationskosten (politische Warenpreise und politische Löhne) zwangen ökonomisch das norditalienische Kapital zu einem politischen Kurswechsel. Es sei daran erinnert, daß sich in solchen Kosten etwas Konkreteres verbirgt als die bloße Sozialausgabe im staatlichen Etat. In ihnen schlägt sich für das Kapital die Verbindung von Akkumulationsstand und Klassenreife «geschäftlich» (in der Form der Abzweigung von Geldern aus der reinvestierbaren Wertmasse) nieder.

Jenseits der Ökonomie aber zerbricht die präventive Politik erst an der Schranke des Klassenwiderstands gegen jede Form der Institutionalisierung des Klassenkonflikts und dessen staatlicher Repräsentationsform und gegen die rechtliche Ritualisierung des gesellschaftlichen Antagonismus – wie sie im transformierten Verfassungsstaat der kapitalistischen Gegenwart inzwischen zur allgemeinen, irreversiblen Tendenz geworden ist. Auch hier stellt sich ein Reaktionszusammenhang ein. Je konkreter die Artikulationsmöglichkeit der Massenbedürfnisse und der gesellschaftlichen Negation ist, um so dringender versucht die Bourgeoisie, ihren Staat zu reformieren in Richtung auf eine transformierte «Demokratie». Daraus ergibt sich aber, daß die von vielen emanzipatorisch gerichteten Kräften und Gruppen erhoffte, zuweilen schlicht erträumte Verfügbarkeit des bürgerlichen Staats für die Überwindung von Ausbeutung und Herrschaft und die mit dieser Hoffnung verbundene Strategie (die doppelte wie die einfache) in eine theoretische Dimension gerückt wird, die sowohl ihre Substanzlosigkeit zeigt wie auch neue Wege der revolutionären Praxis erkennen läßt.[73]

Wenn dies verstanden wird, kann die Ebene der bloß moralisch-agitatorischen Argumentation verlassen werden, die auf die Gültigkeit von Normen, Ideen und Traditionen (auch des Kampfs) pocht. Es wird dann möglich, Prozesse der radikalen Veränderung und der Befreiung nicht mehr als Folge der

---

73 Die Verrechtlichung des Arbeitskampfes und die Verstaatlichung seiner Träger (Parteien und Gewerkschaften) – der Kern der Gesellschaftsplanung – treffen die *Organisationen*, weniger die Klasse, sofern sich diese nicht lückenlos mit den Organisationen identifiziert. Gegen eine autonom gewordene und autonom handelnde Klasse (die aus den Organisationen immer noch Instrumente machen kann) sind sie stumpf. Dazu J.H. Goldthorpe, Die britische Arbeitskampfverfassung, in Leviathan 4/74, S. 499. Goldthorpes Aufsatz gehört zu den wichtigsten Beiträgen über dieses Thema.

Tätigkeit freier, offener oder geheimer, dezisionistisch gerichteter Gruppen aufzufassen und also zu meinen: es genüge, alte, konservative oder reaktionäre politische Führungsgruppen abzulösen, um die richtige Richtung sich dann abwickeln zu lassen.

Gegen solche naive Politik funktionieren die Machtmechanismen des bürgerlichen Staats seit jeher mit erstaunlicher Präzision, bezeichnenderweise auch wenn sie in oberflächliche, zeitweilige Formschwierigkeiten geraten. Nur wenn sich der Logik der institutionellen Strategie die Logik des Klassenkampfs entgegenstellt und diese die ihrem emanzipatorischen Inhalt genau verwirklichende organisatorische Form gefunden hat, halten das Kapital und sein Staat die neue Wirklichkeit nicht mehr aus.

Anhang

Revolutionäre Strategie und Parlamentarismus[74]

Vorbemerkung

Aus Allendes Sturz haben große und kleine Arbeiterparteien des kapitalistischen Westens die Bestätigung der Generallinie einer im wesentlichen parlamentarischen Strategie gewonnen. Teils aus theoretischer Ableitung, teils aus Opportunismus, teils endlich aus der Resignation, keine revolutionäre Lage mehr erhoffen zu können, versuchen sie, sich voll in den bestehenden Machtapparat einzubauen. Läßt sich dieser nicht durch den Klassenkampf auflösen, so sollen seine Regeln anerkannt und ausgenutzt werden. Derart will man die institutionelle Strategie, die die Reproduktion der kapitalistischen Gesellschaft sichert, «dialektisch» in ihr Gegenteil verkehren: Veränderung durch Anpassung.

Die drei schon klassisch zu nennenden Formeln, die den Sozialismus ohne Revolution heraufbeschwören wollen, sind die Volksfront in Frankreich, die antimonopolitische Demokratie in Westdeutschland, der historische Kompromiß in Italien. Allen drei gemeinsam ist die rein formale Vorstellung eines klassenneutralen Verfassungstaats, der sich je nach dem Kräfteverhältnis der Klassen untereinander und nach dem parteipolitisch-parlamentarischen Machtverhältnis alternativ gebrauchen läßt. Die politische Form erscheint in dieser Perspektive als bloß logische Kategorie, von allem sozialen Inhalt getrennt – und mit jedem sozialen Inhalt beliebig ausfüllbar. Sie gilt also nicht mehr als Form eines bestimmenden Inhalts: Organisation der Produktionsweise; sondern als Ausdrucksform des politischen Wollens: Organisation von Bündnissen und Programmen.

Auf diese Weise stellt sich die Frage erneut, ob der Staat der Bourgeoisie sich zum Volksstaat verwandeln läßt; oder konkret gesprochen: ob der parlamentarische Weg eine, wie auch immer gefaßte revolutionäre Bewegung ersetzen kann. Die Alternative gilt nicht nur für die traditionellen Arbeiterparteien. Deren Führungsspitzen haben sich ohnehin schon entschieden, und es fragt sich in dieser Hinsicht nur, ob die Basis bereit ist, der Führung blind zu folgen. Auch neue Gruppierungen der Linken sehen sich mit der Realität des bürgerlichen Staats konfrontiert und hören die Lockrufe eines gegenseitigen

74 **Anmerkung der Hg.:** Der eigentliche Aufsatz erschien auf Italienisch unter dem Titel: «Strategia rivoluzionaria e Parlamentarismo», in: *Sviluppo economico e rivoluzione*, Bari (De Donato) 1969. Das Vorwort wurde für die deutsche Veröffentlichung 1975 hinzugefügt.

Loyalitätsangebots. Am konkretesten zeigt sich dies in Italien, da in Italien vorläufig der Klassenkampf immer noch am weitesten entfaltet ist.

Mit der Bildung der Partei der proletarischen Einheit (PdUP)[75] und mit der Annäherung zwischen der neuen Partei und der Manifestogruppe hat eine neue Phase der links von der KPI organisierten Linken in Italien begonnen. Im gleichen Maß, in dem die organisatorische Stärkung erfolgt, muß das Verhältnis der Bewegung zu den anderen politischen Kräften und zu den institutionellen Rahmenbedingungen der kapitalistischen Gesellschaft geklärt werden. Die nächsten Wahlen kommen auch für Italien mehr oder weniger bestimmt – und mit ihnen die strategische Perspektivwahl für die Linke, im Wahlgang eine formelle Überprüfung der eigenen Lage zu sehen oder aber den Revolutionsakt der «modernen Industriegesellschaft».

Gleichgewichtiges vollzieht sich in Westdeutschland gewiß noch nicht, kann aber jederzeit durchaus eintreten. Daß die Arbeiterklasse als eigenständige politische Macht sich auch hier bei uns rekonstruiert, läßt sich allenthalben schon feststellen. Daran wird sie bestimmt nicht durch die Versuche der Ideologisierung seitens der bürgerlichen Sozialwissenschaft gehindert.[76]

Daher die Aktualität dieses Aufsatzes. Er wurde in Italien etwa ein Jahr vor dem heißen Herbst veröffentlicht und fiel in eine Phase der Klassenkämpfe und der politischen Konflikte innerhalb der italienischen Linken, in der die größte kommunistische Partei der kapitalistischen Welt – durch den französischen Mai und die Studentenbewegung in Italien und Deutschland verunsichert – zur Bejahung einer fundamental außerparlamentarischen Strategie zu tendieren schien. Die mögliche Aktualität resultiert aber auch aus der entgegengesetzten Entwicklung, die inzwischen eingesetzt hat. Die Führung der kommunistischen Partei Italiens ist zur Zeit dabei, der Perspektive einer radikalen gesellschaftlichen Veränderung eine ebenso radikale Absage zu erteilen. Damit verbindet sich die sogenannte «Depotenzierung» des Klassenkampfs, d. h. also die politische Weigerung, im Klassenkampf die eigentliche wesentliche Waffe der Befreiung zu sehen. Letzter Ausdruck dieser Entwicklung, die auf eine lückenlose Sozialdemokratisierung hinausläuft, ist die in letzter Zeit direkt an die Christlich-demokratische Partei und an das norditalienische Kapital ergangene Aufforderung zum «historischen Kompromiß».

---

75 Die Partei der proletarischen Einheit ist hervorgegangen aus dem Zusammenschluß des linken Flügels der ehemaligen sozialistischen Partei der proletarischen Einheit mit dem linken Flügel der linkskatholischen politischen Bewegung der Arbeiter – movimento politico dei lavoratori. Die neue Partei hat ihre stärkste Position in der gewerkschaftlichen Linken, vor allem bei den Metallarbeitern.

76 Mir scheint es, daß die Butzbacher Kommunisten den Weg der Klassenautonomie bis jetzt am eindeutigsten gezeigt haben.

Mit dem historischen Kompromiß melden sich die unmittelbaren Folgen eines institutionellen Wegs konkret an, dessen Ablehnung in dem folgenden Aufsatz als notwendig für eine konsequent kommunistische Politik der Emanzipation festgestellt wird.

Der «compromesso storico» hat eine völlig neue Qualität in die KP-Politik gebracht. Sie deckt sich nicht mehr mit der alten Volksfrontpolitik oder mit der Vorstellung einer «antimonopolistischen Demokratie»; und bricht im Grunde selbst mit der kontinuierlichen Entwicklung der italienischen Partei: mit der von Gramsci geprägten und von Togliatti[77] konsequent weitergeführten Tradition. Den Kern der traditionellen Generallinie bildete die Auffassung eines «historischen Blocks» sozialer Gruppen um die tendenziell hegemonische Klasse des Industrieproletariats. Es handelte sich aber immer um einen Block der *abhängigen* Massen, zu dem mit einem spezifischen sozialen Auftrag auch die Intellektuellen hinzustoßen sollten. Die Basis des historischen Blocks lag in erster Linie in der Einheit von Industrie- und Landproletariat einerseits, den breiten Massen des Südens andererseits. Der historische Kompromiß löst nunmehr den historischen Block ab: Die Allianz wird dem Klassengegner angeboten, politisch der Führung der Christdemokraten, gesellschaftlich den «anständigen Kapitalisten», zum zweifellos edlen Zweck der Modernisierung und der weiteren Industrialisierung des Lands. Mit anderen Worten: Es wird eine Allianz geboten zwischen der Arbeiterpartei auf der einen Seite und den politischen Vertretern des Kapitals und selbst dem Großkapital auf der anderen Seite, damit der Akkumulationsprozeß und die Kapitalverwertung ungestört weitergehen können. Letzteres ist wichtig und zeigt das Interesse des Kapitals an diesem Kompromiß an. Seit dem erneuten Ausbruch der Klassenautonomie im Herbst 1969 gelingt es dem Kapital in Italien nicht mehr, die Arbeiter in die Produktionsdisziplin zurückzuholen; noch gelingt es dem Staat, institutionell oder terroristisch (die bekannte «Spannungsstrategie») das gebrochene Subsumtionsverhältnis lückenlos wiederherzustellen. Die KP Italiens hat völlig recht, wenn sie sich als die einzige politische Kraft darstellt, die dieses mühevolle Geschäft besorgen kann. Nur ihre Beteiligung an der Regierung gewährleistet, daß dem Land «eine neue Führung gegeben wird, die über eine wirksame politische und moralische Autorität verfügt und ernsthaft und verständlich zu den Arbeitern über Disziplin reden kann»[78].

---

77 **Anmerkung der Hg.:** Palmiro Togliatti, Generalsekretär der PCI (Partito Comunista d'Italia) von 1947-1964.

78 So Giorgio Amendola, Mitglied der Direktion der KPI, bei einem Kongreß über «Industriesystem und ökonomische Entwicklung in Italien» in Bologna am 14. April 1973, in seinem berühmten «Historischen Dialog» mit Umberto Agnelli, dem jüngeren der beiden Agnelli Brüder. Vgl. die Protokolle des Kongresses, hrsg. von Il Mulino, Bologna 1973, S. 139.

Ob der «historische Kompromiß» eine reale und realisierbare Perspektive darstellt, ist aus mehreren Gründen allerdings fraglich. Erstens ist die italienische Christlich-demokratische Partei (DC) selbst derart regierungsunfähig geworden, daß sie ebenso koalitionsuntüchtig ist. Zweitens: Der Kompromiß findet auf der Kapitalseite keineswegs einhellige Zustimmung. Gewiß scheint in ihm eine letzte Möglichkeit zu liegen, die gestörte Akkumulation mindestens sozial wieder regenerierbar zu machen und also z. T. die Potenzierung der ökonomischen Krise durch den Klassenkampf teilweise aufzufangen. Was aber im Interesse einiger großer Kapitalgruppierungen des Nordens liegt, stößt gegen das Interesse der Großagrarier des Südens ebenso wie gegen die politischen Programme des im Lande investierten USA-Kapitals.

Drittens endlich ist es zu bezweifeln, ob die italienische Arbeiterklasse die neue Strategie sich zu eigen machen wird. Bei der kürzlich in Genua abgehaltenen Arbeiterkonferenz der KPI sollte nach dem erklärten Willen der Parteiführung «der große Vorschlag des historischen Kompromisses in die Hände der Arbeiter gelegt werden». Nun, die Arbeiter haben das Angebot gar nicht zur Kenntnis genommen und zogen es vor, das Problem des Generalstreiks zu diskutieren.[79] Daß das Interesse der Klasse für die politischen Vorschläge ihrer größten Organisation auch zur offenen Distanzierung werden kann, zeigten die Turiner Ereignisse anläßlich der großen Chile-Demonstration vom 19. November 1973. Der Versuch der KP-Führung, eine gegenüber radikalen Linken abgegrenzte Kundgebung mit der DC abzuhalten, und d. h. praktisch: die Klassenlinke zu spalten in eine radikale Gruppe auf der einen Seite und in eine Allianzgruppe des compromesso storico auf der anderen Seite, scheiterte am Widerstand der Fiat-Arbeiter. Sie sagten ihre Beteiligung nur einer Einheitsdemonstration zu, die sich klar als Ausdruck der Klassenlinken erkennen ließe. Sie setzten ihren Willen durch – bezeichnenderweise in der organisatorischen Regie der Metallarbeiter*gewerkschaft*. Inzwischen hat das Ergebnis des Mai-Referendums[80] (1974) über die Scheidungsgesetze, der Sieg eines «Nein», das sich immer mehr global gegen die Politik der Christdemokraten und gegen deren stillschweigendes Bündnis mit den Faschisten richtete, die Durchsetzbarkeit des historischen Kompromisses noch zusätzlich erschwert. Angesichts der ökonomischen und sozialen Krise des Landes scheint zwar ein Eintritt der KPI in eine bürgerliche Koalitionsregierung notwendiger denn je. Andererseits haben sich die Gegenfronten eher versteift. Die Führung der Partei – durch die letzten

79 Über die Widersprüche zwischen Basis und Führung in der Strategiefrage und über weitere Einzelheiten dieser Arbeiterkonferenz vgl. Bericht und Kommentar von Luciana Castellina im Manifesto vom 12. Februar 1974.

80 **Anmerkung der Hg.:** Die DC (Democrazia Cristiana) und die Kirche versuchten per Volksabstimmung die Ehescheidung wieder zu verbieten und erlitten dabei eine Niederlage.

Ereignisse erheblich verunsichert – pocht zwar nach wie vor auf ihre Kompromißlinie, schlägt zugleich aber auch Alternativmöglichkeiten vor, die auf die Rekonstruktion einer «neuen oppositionellen» Politik hinauslaufen. Indessen liegen historischer Kompromiß und neue Opposition nicht sehr weit auseinander. Denn mit der letzteren meint man nicht den Neubeginn fundamental oppositioneller Politik, sondern den «Eintritt in das demokratische Wechselspiel von Regierung und Opposition». Daher werden gerade im Sinne dieser Rückkehr zur Oppositionsstrategie die Annäherungsversuche an die Mitte fortgesetzt, die revolutionäre Perspektive wird nicht mehr zurückgedrängt, sondern schlicht abgesetzt. Auch der «Neuen Opposition» gelingt es nicht, politische Artikulation einer Massenbasis zu sein, die zum unmittelbaren Angriff neigt – selbst in der Form einer präventiven Verteidigung gegen den faschistischen Terror. Bezeichnenderweise versucht die KP-Führung, die antifaschistische Militanz auf ein legales Maß zurückzuschrauben und betont formalistisch – wie die SPD am Ende der Weimarer Zeit –, daß die Verfassung die stärkste Waffe gegen den Faschismus sei. Inhaltlich wird der Einbau in das institutionelle System weiter forciert und gewinnt zuweilen ideologische Aspekte, die man mit dem Wort Sozialdemokratisierung nur unzulänglich umschreiben kann. So pries Francesco Valentini in dem «kommunistischen» Blatt «Paese sera» (vom 27.9.1974) Togliatti und Berlinguer als Schüler «nicht von Lenin oder Mao, sondern von Cavour[81]»; und die KPI selbst mit folgenden Bemerkungen: «Die eventuelle Regierungsbeteiligung einer westlichen kommunistischen Partei wäre alles andere als «umstülpend»; sie hätte vielmehr den Charakter der «aufgeklärten Konservation und der demokratischen Restauration». Eine kommunistische Partei als glückliche Synthese von aufgeklärtem Konservatismus und restaurierter parlamentarischer Demokratie? Das bildet in der Tat eine günstige Ausgangsstellung für den Kompromiß mit dem «fortschrittlichen» Kapital, den Technokratengruppen der christlichen Demokratie und dem vorurteilslosen Militär; aber gewiß nicht für eine Hegemonialpolitik der Arbeiterklasse.

Es kommt schließlich ein Letztes hinzu – eine zusätzliche Brüchigkeit zwischen der Parteiführung und der Massenbasis. Nicht nur der formelle «Eintritt in die Regierungssphäre» oder der ebenso formelle «Eintritt in das demokratische Wechselspiel von Regierung und Opposition» (was dasselbe ist – vgl. Agnoli/Brückner, «Die Transformation der Demokratie», S. 75ff.) bereiten der italienischen – und nicht nur der italienischen – KP-Führung gegenüber der Basis Kopfzerbrechen, sondern ebenso sehr der Erfolg einer solchen Linie. Sicherlich sind viele Kommunisten bereit, die Linie tak-

81 **Anmerkung der Hg.:** Camillo Benso Graf von Cavour (1810-1861), italienischer Politiker und Staatsmann, einer der wichtigsten Fürsprecher der italienischen Einheit und erster Ministerpräsident des Königreiches Italien.

tisch zu akzeptieren, in der Erwartung, daß die Taktik nicht abermals, wie schon oft in der Geschichte traditioneller Arbeiterparteien die Strategie verschlingt und der politische Erfolg die Revolution entläßt. Die KP-Führung weiß aber genau, daß sie bei einer Regierungsbeteiligung die Revolutionserwartungen, selbst die Hoffnung nach Strukturreformen enttäuschen muß. Insofern ist es verständlich, wenn KP-Führer resigniert zugeben: Sie hielten zwar den historischen Kompromiß für unumgänglich und für den einzigen Weg, sich den Zugang zur Macht zu eröffnen; sie wüßten aber selber nicht, welche Politik sie als Koalitionspartei verfolgen sollten. Was übrigbleibt, ist negativ: Die fortwährende Spaltung einer an der Basis, in den Fabriken und in den Wohnvierteln weitgehend geeinten Klasse.

1

Kurz vor den französischen Wahlen 1968 versicherte Benoit Frachon, Sekretär der CGT, in einem Interview mit dem «Spiegel» (Der Spiegel Nr. 26,1968), worin er gegen die Studentenbewegung des Französischen Mai und die «Provokationen» des «Deutschen» Cohn-Bendit Stellung bezog, daß nicht die Pariser Barrikaden, sondern der Stimmzettel die wirkungsvollste Waffe zur Bekämpfung des de Gaulleschen Regimes sein würde. Die führenden Gruppen der französischen Arbeiterbewegung, obwohl sie aus dem studentischen Aufstand Nutzen gezogen hatten und ihn teilweise als den Funken betrachteten, an dem sich das Feuer des Generalstreiks entzündet hatte, gaben in Erklärungen dieser Art deutlich zu verstehen, daß nach ihrer Auffassung der Königsweg zum Sozialismus in den am meisten fortgeschrittenen kapitalistischen Ländern über den Wahlkampf und -sieg verliefe mit der – wie Benoit Frachon hinzufügte – darauffolgenden Konstituierung einer «wahrhaft demokratischen Volksregierung». Es handelt sich also nicht so sehr um einen kontingent-taktischen Schritt als vielmehr um eine strategische Entscheidung, die auf einer «fortschrittlich» gefaßten, unkritischen, ja apologetischen Interpretation des konstitutionellen parlamentarischen Systems beruht. Im übrigen unterscheidet sich die Haltung der KPF nicht von der, die die schwedische und die österreichische kommunistische Partei in letzter Zeit eingenommen haben; aber auch nicht von der Linie, die von der neuen deutschen kommunistischen Partei seit ihrer Gründung eingehalten wird. Die Tatsache, daß die KPI Berührungspunkte und Momente der Solidarität mit der Studentenbewegung und ihren antiautoritären Motivationen (die extrem kritisch sind gegenüber den traditionellen Organisationsprinzipien und den traditionellen Kampfmethoden) gefunden hatte, läßt eine komplexere und eine spezifiziertere Situation entstehen.[82]

82 Inzwischen ist in dieser Hinsicht – sozusagen als einleitende Melodie zur vorgeschla-

Hinzu kommt noch der Denkprozeß, der nach der sowjetischen Intervention in der CSSR in Gang gekommen war, ein Denkprozeß, der – soll er wirklich marxistisch sein – nicht davor Halt machen wird, die kommunizierenden Röhren zwischen der sowjetischen Generallinie mit ihrem unverhohlenen Hegemonialanspruch (Theorie des Führungsstaats und der Führungspartei) einerseits und den sozialdemokratisch-parlamentarischen Rückentwicklungen einiger westlicher kommunistischer Parteien andererseits aufzudecken.[83]

Man weiß, was für ein Ende die «Revolution» durch Stimmzettel in Frankreich nahm. Die krude empirische Tatsache der Wahlniederlage der KPF ist indessen relativ unbedeutend. Es lassen sich höchstens einige polemische Erwägungen politikwissenschaftlicher Art dazu anstellen. Der quantitative Rückschlag der Kommunisten und der Linken im allgemeinen (erzielte Stimmen) ist im Verhältnis zu den qualitativen Ergebnissen (Sitze) weit geringfügiger: eine Differenz, die, wie man wohl weiß, auf das Wahlgesetz zurückzuführen ist. Den Verlust von Parlamentssitzen rechtfertigt man gewöhnlich als Folge eines ungerechten Wahlsystems, als ein Ergebnis, daß sozusagen arglistig vom Klassenfeind erzielt worden ist, um ein strategisch richtiges Prinzip (die grundsätzlich auf Wahlen ausgerichtete Orientierung der kommunistischen Partei) durch ausgeklügelte legale Mechanismen zu verfälschen. In Wirklichkeit verhält es sich eher umgekehrt. Eine vernünftige kommunistische Strategie, die den parlamentarischen Weg zum Sozialismus wählt, kann dies nicht tun, ohne die Auswirkung des geltenden Wahlsystems zu berücksichtigen. In diesem Punkt gibt es also keine Entschuldigung: Als sie sich für die Teilnahme am Wahlkampf (mit der daraus folgenden Verurteilung des studentischen «Abenteuertums») entschlossen, wußten die Führer der KPF wahrscheinlich, wie man in der Fünften Republik zu wählen pflegt; und daß das System des Mehrheitswahlrechts anders funktioniert als das des Verhältniswahlrechts, da es den Parteien der Rechten eine größere Möglichkeit an die Hand gibt, labile Gruppen des Kleinbürgertums zu mobilisieren. Aber dies sind Randbemerkungen.

Der wichtigste Aspekt der französischen Wahlen besteht vielmehr in dem Kurswechsel de Gaulles. Indem er vom Plebiszit zur Auflösung der Kam-

genen Konzertierung von Arbeiterbewegung und Kapital – eine wesentliche Änderung eingetreten. Die 1969 noch von der KPI selbst an die Anarchisten und an die anderen linken Gruppen ergangene Aufforderung, die eigene Position in die Partei einzubringen, um deren Dialektik zu verlebendigen, weicht neuerdings den üblichen Angriffen und Denunziationen gegen den Linksradikalismus.

83 Im Gegensatz zur Situation in Westdeutschland geht in Italien dieser «Denkprozeß» weiter und erfährt immer wieder neue Anstöße. Zum Teil freilich ist in der KPI eine Art Ritualisierung des punktuellen Protestes eingetreten: Man wendet sich gegen gelegentliche Erscheinungen der kulturellen Unterdrückung, ohne ernsthafte politische Konsequenzen daraus zu ziehen.

mer überging, nahm der General zu der klassischen Methode Zuflucht, die der Parlamentarismus den bürgerlichen Führungsgruppen zur Lösung politischer Krisen anbietet.[84]

Diese Entscheidung gewinnt eine grundsätzliche Bedeutung. Sie hilft Zweifel klären und Unsicherheiten aufräumen hinsichtlich der spezifischen Funktion, die die traditionellen, bürgerlich-staatlichen Institutionen ausüben: sei es im allgemeinen Zusammenhang des Klassenkampfs, sei es in der besonderen Situation eines modernen Staats, der sich anschickt, von den parlamentarisch-demokratischen Strukturen zu neuen Strukturen technokratischen Charakters überzugehen.

Dies alles ist auf dem Hintergrund der gesamtgesellschaftlichen Veränderungen zu sehen, die in den letzten Jahrzehnten vor sich gegangen sind.

Anders als der Konkurrenzkapitalismus der Periode, die grob gerechnet ökonomisch bis zum Beginn des Imperialismus, sozial bis zu den ersten Korporationsvorstößen reicht, übernimmt der moderne Kapitalismus auch soziale Aspekte der Befriedung und der Manipulation der abhängigen Massen («Konsumgesellschaft») und weist gleichzeitig dem Staat Distributionsaufgaben zu, die vorher vom Markt übernommen (jedoch nicht eingelöst) wurden. Deshalb tendiert er immer mehr dahin, staatliche Organisationstypen, die sozial gesehen Klassencharakter haben, in ökonomischer Hinsicht jedoch sich marktneutral verhalten, zugunsten eines ideologisch-sozial sich pluralistisch gebenden Staats zu überwinden, der gegenüber jeder sozialen «Schicht» Distributionsfunktionen ausübt; der zugleich aber mit bestimmten präferenzgebundenen Entscheidungen innerhalb der Ökonomie und des Produktionsbereichs tätig wird. Es handelt sich um den Versuch – in Italien ist er im Gange, in der BRD und in Großbritannien scheint er bereits eine gewisse strukturelle Perfektion erreicht zu haben, die nur durch schwere Krisen erschüttert werden kann –, den Staat in ein mehr oder weniger direktes Organisationsinstrument für den Prozeß der Kapitalakkumulation umzuwandeln. Obwohl eine solche Umwandlung sich der bestehenden, durch die Verfassung gegebenen Einrichtungen bedient und die konventionellen politischen Organe formell nicht ausschaltet, bringt sie doch tiefgehende Veränderungen innerhalb des *realen* Mechanismus der politischen Macht mit sich. Die versuchte Koppelung von Planung und Mehrwertproduktion setzt Entscheidungsinstanzen voraus, die sich jenseits der von der Verfas-

84 Zur Erinnerung: Zunächst hatte de Gaulle vor, sich plebiszitär im Amt bestätigen zu lassen und also plebiszitär gegen die begonnene Desintegration der französischen Gesellschaft vorzugehen. In einer Generalstreiksituation aber hätte ein Plebiszit eher zur Polarisierung und also zur weiteren Desintegration der Gesellschaft führen müssen. Daher die viel klügere Politik, durch die Auflösung der Kammer und durch die Ausschreibung von Neuwahlen die Polarisierung zurückzuführen in die konstitutionelle Pluralität der konkurrierenden politischen Kräfte.

sung vorgesehenen Instanzen, jenseits des streng juristisch abgegrenzten Bereichs der sogenannten staatlichen Organe und in erster Linie jenseits des Parlaments etablieren.

Andererseits haben die englischen und die westdeutschen Erfahrungen gezeigt, wie wichtig die «Volksvertretung» für die politische Disziplinierung der Massen ist: Sie hält die Illusion eines nur politisch geregelten, an der sozialen «Gerechtigkeit» orientierten Verteilungsausgleichs aufrecht. Wie man schon im vergangenen Jahrhundert voraussah, ist das Parlament zu einem wirkungsvollen Instrument der sozialen Integration und Befriedung geworden, das mit ziemlicher Sicherheit einrastet, um den sozialen Konflikt zu mildern, den Klassenkampf zu neutralisieren und ihn seines revolutionären Inhalts zu berauben. Die Barrikaden – seien es die symbolischen der Straßenkämpfe, seien es die wesentlich konkreteren des dauernden Kriegs gegen Unterdrückungs- und Ausbeutungssysteme – werden durch das Petitionsrecht des Einzelnen und ganzer sozialer Gruppen und das Recht auf Interpellation, Kritik und Opposition ersetzt, das von politischen Vertretern der lohnabhängigen Massen wahrgenommen wird. Die «proletarische Bestie» wird auf diese Weise domestiziert und zwar genau in dem Maße, in dem sich ihre politischen Organisationen parlamentarisieren: den Wahlsieg ins Zentrum ihrer strategischen Konzeption rücken und auf diese Weise den Machtmechanismen genau ins Netz gehen. Daß die domestizierte Bestie zum Wachhund der bürgerlichen Villa werden kann, zeigt sich deutlich genug an der Haltung der amerikanischen und deutschen Gewerkschaften wie auch an der ablehnenden Reaktion eines Teils der Arbeiterklasse gegenüber jeglichem Versuch der Erhebung des schwarzen Proletariats in den USA und gegenüber den Forderungen der sogenannten rebellischen Jugend im Bonner Staat.

Die Erfahrung der fortgeschrittenen Gesellschaften zeigt die Fähigkeit des modernen, organisierten Kapitalismus im vollen Licht, das parlamentarische System zu benutzen wie die Möglichkeiten einer zukünftigen Technokratie, aus den konventionellen Formen und Strukturen des Staats Nutzen zu ziehen. Auch wenn die grundlegenden politisch-ökonomischen Beschlüsse und Entscheidungen nicht innerhalb des Parlaments getroffen werden, kann man das parlamentarische System und seine historischen Merkmale (wie z. B. das allgemeine Wahlrecht) ins Spiel bringen, um die effektiven Zentren der Macht ohne allzu schwere soziale Störungen operieren zu lassen.

So geschah es in Frankreich im Sommer 1968. In einer objektiv revolutionären Situation, die durch eine subjektive Situation des Aufstands verschärft wurde, zwang der Rückgriff auf die alte und abgestandene Methode der Auflösung der Kammer und der Ausschreibung allgemeiner Wahlen die Linksparteien «an die Wahlen zu denken»; und trug derart mehr als jede andere politische und polizeiliche Maßnahme dazu bei, den revolutionären Schwung abzuwenden, der die Arbeitermasse ergriffen hatte. Die KPF setzte in einer solchen Situation auf die Verfassung und sah sich genötigt, die Umwälzung zu verleugnen. Während Studenten und Arbeiter die Solidarität der Barrikade entdeckten, begann die «revolutionäre» Partei aufs neue, von parlamentarischen Schlachten gegen Kapitalismus und Gaullismus zu träumen; von langen Reihen eingereichter Petitionen und Interpellationen; und entsprechend Wahlpropagandaformeln auszutüfteln, um auch nichtproletarische Stimmen zu fangen. Auf diese Weise wollte sie einerseits die Feindschaft der kommunistischen Partei gegenüber dem Regime und den Monopolen, andererseits auch ihre bürgerliche Würde, ihre «Reife und Fähigkeit zur Mäßigung» (so Benoit Frachon im Spiegel-Interview), ihren Charakter einer Partei der Ordnung unter Beweis stellen. Von daher die Attacken gegen die Studenten und gegen sehr viele, vor allem junge Arbeiter, die «leninistische» Verachtung für die «Kinderkrankheit des Linksradikalismus» usw.

II

Die damalige Fehleinschätzung der französischen KP betrifft allerdings nicht so sehr die punktuelle politische Beziehung zwischen Studenten- und Arbeiterbewegung. Vielmehr geht es zum einen um das Verhältnis, das sich im Laufe des Emanzipationskampfs zwischen Arbeiterklasse, anderen unterdrückten Gruppen und dem revolutionären Engagement herausgebildet hat; zum anderen um den Zweck, die Funktion und die politische Eigenschaft (der Emanzipation oder der Unterdrückung) der gewöhnlichen Institutionen des bürgerlichen Staats. Dabei handelte es sich gewiß nicht nur um einen «französischen» Irrtum. Auch im «Mondo Nuovo» vom 20. Oktober 1968 konnte man lesen, daß «die Kämpfe im Land mit den parlamentarischen Kämpfen um die Verteidigung der Rechte der italienischen Massen zusammenfallen». Das wäre in der Tat eine großartige Sache, würde es sich nicht in Wirklichkeit nur genau um die romantische Reproduktion der Konzeption von Turati[85] und Bebel handeln. Es ist hinlänglich bekannt, wozu diese Tendenz geführt hat: *In der Perspektive der realen Entwicklung* tragen die konkurrierenden, nicht antagonistischen Kämpfe innerhalb des Parlaments dazu bei, die großen Massen von den konkreten Klassenkonflikten abzulenken.

Ohne Zweifel zeigt sich die Irrtümlichkeit dieser Einschätzung auch in der intellektuellen Unfähigkeit (die auf ein schematisches, undialektisches Denken zurückverweist), die komplexe Einheit zu sehen, die sich zwischen studentischer und Arbeitersituation in der technisch-wissenschaftlichen Ka-

85 **Anmerkung der Hg.:** Filippo Turati (1857–1932), italienischer Sozialdemokrat, bekannt für seinen reformistischen Kurs.

pitalverwertung und in deren staatlich erfolgter Vermittlung entwickelt. In der Tat nähern sich sowohl die politischen Bedingungen der gesellschaftlichen Existenz von Arbeitern und Studenten zunehmend an; wie die Produktionsverhältnisse, die die materielle Arbeit bestimmen, immer mehr sich auch als bestimmendes Element der wissenschaftlichen Arbeit durchsetzen. Konkret zeigt sich die Auswirkung dieser Situation in der täglich erfahrbaren Unmöglichkeit der Arbeiter und Studenten, direkt und wirksam in den Entscheidungsprozeß, sei es der Regierungsbürokratie, sei es der Führungs- und Herrschaftsgruppen des Produktionsbereichs (des Großkapitals) und der «Kultur» einzugreifen, um zumindest eine, für menschlichere Arbeitsweise notwendige strukturelle und funktionale Reform zu verwirklichen. Es handelt sich nicht um eine Annäherung der Denkweise (die durch das geduldige Bemühen um gegenseitiges Verständnis und vor allem durch eine gemeinsame politische Praxis erreicht werden muß), sondern um eine Annäherung objektiven Charakters zwischen sozialen Kräften, die gezwungen sind, unter denselben, vom Kapitalismus diktierten objektiven Bedingungen zu leben und zu arbeiten. Die Forderung nach einem Zusammengehen zwischen Studenten und jungen Arbeitern auf dem Gebiet der politischen Praxis in Westdeutschland und Westberlin war die erste Folge dieser sich aus der Situation ergebenden Gemeinsamkeit.

Die «Revolte der Jugend», die gerade auch die Revolte gegen die parlamentarischen Mechanismen einer Pseudovertretung umfaßt, hat überhaupt nichts zu tun mit einer teils als leichtsinnigen, teils als kriminell dargestellten studentischen Jugend, sondern mit dem klaren Bewußtsein der Entfremdung und der daraus folgenden Klassensolidarität, die sich in der Begegnung der *zukünftigen* Techniker und Forscher und der *zukünftigen* Arbeiter mit einem Erziehungs- und Arbeitssystem gebildet hat, das den einzelnen wie die Gesellschaft an der freien Entfaltung hindert, wie es eine rationalere Entfaltung der Produktivkräfte verunmöglicht.[86]

Die kapitalistische Welt wohnt in der Tat nicht einem teils amüsanten, teils gefährlichen Spektakel jugendlicher Abenteurer bei, sondern wird durch die Revolte der Produktivkräfte gegen ein ökonomisches Produktionssystem und ein politisches Verteilungssystem erschüttert, das durch die geschichtliche Entwicklung technisch, sozial, selbst kulturell überholt ist

86 Die Verleugnung der Studentenbewegung und ihrer politischen Erfahrungen seitens einiger marxistisch-leninistischer Gruppierungen in neuerer Zeit verrät ihre eigentümliche Nähe zu den sonst als revisionistisch bekämpften kommunistischen Parteien. Gemeinsamer Nenner dürfte hier die Verunsicherung rigider Organisationsformen durch libertäre Tendenzen der Studentenbewegung selbst sein – vor allem, seitdem diese libertären Tendenzen sich nicht mehr als spezifisch studentisch erwiesen haben, sondern nur als studentischer Ausdruck einer umfassenderen Bewegung, die schon längst von den Arbeitern ausgeht.

– ein System, das sich nunmehr mit den für den gesellschaftlichen Konservatismus typischen Mitteln verteidigt. Es bedient sich der Polizei, es läßt das Militär intervenieren und es setzt in seiner wirkungsvollsten, weil «friedlichen», jeden Gutgläubigen verführenden Form den Verfassungsmechanismus konterrevolutionär in Gang und appelliert damit gleichzeitig an das verfassungstreue, im Notfall sogar an das sonst obsolet gewordene, vaterländische Gewissen der «Bevölkerung».[87]

Aus der gleichen Perspektive entwickelte die sogenannte Jugendrevolte ihre außer- und antiparlamentarische Politik. Die Kritik an der kapitalistischen Produktionsweise erfaßt in durchaus richtiger Schlußfolgerung die verfassungsmäßigen Institutionen, deren integrierend-repressiver Charakter entdeckt oder vielmehr wiederentdeckt wird. Sie drückt keineswegs die unreflektiert links-«radikale» Haltung sogenannter Randgruppen der Emanzipationsbewegung aus (junge Arbeiter, junge Techniker und Wissenschaftler, Studenten); sondern sie bewegt sich im Umkreis jener revolutionären proletarischen Kritik, für die nicht irgendein vorstellbares Ideal, sondern die unmittelbar erfahrene Produktionsweise den praktischen Schlüssel zur Analyse der politischen Organisationsform einer geschichtlich konkret existenten Gesellschaft liefert. Es ist also eine Kritik, die nicht von der ideellen Vorstellung dessen ausgeht, was eine Volksvertretung und eine «wahrhaft demokratische Volksregierung» sein könnte und sollte; oder was sich mit einem Parlament machen ließe, das aus wahrhaft demokratischen Volksvertretern ideal zusammengesetzt wäre. Sie geht von der Realität des heutigen Kapitalismus aus, der seine Existenz zu verlängern sucht, indem er den Hebel bei den durch Parlamente und (bürgerliche) Regierungen tatsächlich durchsetzbaren Maßnahmen ansetzt. Dadurch übt das Kapital einen tatsächlichen, wirkungsvollen und bestimmenden Druck auf den politischen Entscheidungsapparat aus. Selbst in Krisensituationen – oder vorbeugend – versucht er nicht so sehr, offen zu dem terroristischen Regime überzugehen, das den alten historischen Faschismus kennzeichnet. Vielmehr geht es ihm darum, die verfassungsmäßig vorgesehenen Organe und Mechanismen praktisch zu transformieren, ohne die Verfassungsordnung juristisch zu ändern. Indem die Kritik an diesem Parlamentarismus abgewehrt wird, als

87 Das Zusammenfallen von wissenschaftlicher Forschung, Universitätsstudium und industriellem Produktionsprozeß hat nicht mehr bloß reinen Analogiecharakter. In der Beziehung von Ausbeutung und Macht zwischen Ordinarien und Akademischem Senat einerseits und Studenten andererseits spiegelt sich in der Phase wissenschaftlicher Forschung und Vorbereitung der Produktion die Beziehung von Ausbeutung und Macht zwischen den Eigentümern der Produktionsmittel und den Managern, und den Arbeitern wider. Die Reproduktion dieser Beziehung impliziert auch die Positionen von vermittelten Strukturen, so daß z. B. die Rangordnung im Betrieb sich in der hierarchischen Universitätsordnung wiederholt. Die technokratische Hochschulreform paßt die alte noch feudale Hierarchie den kapitalistischen Erfordernissen an.

sei sie eine Folge anarchisch-apolitischer Haltungen und als wiederhole sie die überholten Thesen des Anarchosyndikalismus, begeben sich die Traditionalisten der Arbeiterbewegung jeder Möglichkeit zu einer neuen Strategie gegen die neuen Formen des Kapitalismus. Sie bewegen sich außerhalb des Marxismus, weil sie sich außerhalb der gesellschaftlichen Realität stellen. Vordergründig stehen sie allerdings nicht außerhalb der Tradition des Marxismus-Leninismus. Vor einem halben Jahrhundert verwarf Lenin die linke Parlamentarismuskritik mit dem berühmten Argument: Die Kommunisten wüßten zwar, daß das Parlament ein Klassenorgan der Bourgeoisie sei; die Proletarier hingegen glaubten immer noch an das Parlament. Dieses Argument wurde inzwischen kanonisiert und dient als Legitimation des parlamentarischen Wegs zum Sozialismus. Die Kanonisierung geht offensichtlich von einer Arbeiterklasse aus, die nie etwas dazulernt und daher immer noch am Glauben festhält. Vierzig Jahre nach Lenins Argumentation läßt sich indes feststellen, daß nicht das Proletariat, sondern nur noch die Führungen der westlichen kommunistischen Parteien an das Parlament glauben.

«Die Arbeiter werden de Gaulle mit dem Stimmzettel bekämpfen»: der stolze Satz, der vorgibt, einen höheren Reifegrad der Partei des Proletariats vorzuweisen (nicht so sehr des Proletariats, das eher geneigt scheint, der konstituierten Macht auf dem Boden unmittelbarer Kampfpraxis entgegenzutreten) vergißt in Wirklichkeit den Faschismus, vergißt die großen amerikanischen Monopole, den Neokolonialismus; er vergißt (und das ist für einen französischen Gewerkschafter noch paradoxer), daß nicht etwa die Wahl ins Parlament, sondern die Ernennung zum Mitglied der Planungskommissionen zum Machtzentrum führt. Er vergißt, daß seit der Zeit der Volksfront bis heute sich die Physiognomie des Kapitalismus in auffälliger Weise geändert hat und daß der Kapitalismus – auch dank der Erfahrungen mit dem faschistischen Korporativismus und mit den Keynes'schen Wirtschaftspraktiken – in seiner Expansion und Selbstverteidigung eine weit größere Effizienz erreicht hat. Wer glaubt, diesen Feind mit dem Stimmzettel bekämpfen zu können, bildet sich ein, der geschichtlichen Wirklichkeit kraft guten Willens ein Schnippchen schlagen zu können; und verliert die Schlacht, weil er den Gegner unterschätzt und den strategischen Wert der Herrschafts- und der Befriedungsmittel falsch einschätzt, die ihm zur Verfügung stehen. Vielleicht gibt es nützliche Idioten, die sich dafür eignen, den Bereich der «revolutionären» Opposition eines Parlaments zu erweitern. Die Hoffnung, eine solche Erweiterung könne eine revolutionäre Strategie ersetzen, die auf dem *außerparlamentarischen* sozialen Konflikt basiert, ist selber eine nützliche Idiotie – nützlich für den Kapitalismus. Der Kapitalismus selbst – auch der verkrachte italienische – ist alles andere als idiotisch, obwohl er sich bisweilen wie ein verrückt gewordener Krimineller aufführt. Seine spezifische staatliche Organisationsform ist keine nützliche und für die Revolution verfügbare Idiotie. Die historische Entwicklung der letzten Jahrzehnte hat die Illusion Engels‘ gewiß nicht bestätigt, daß revolutionäre Bewegungen eher in der Luft der Legalität gedeihen als in der Luft der illegalen Mittel und des Aufstands. Jenseits aller moralisch-politischen Wertung lassen sich in der Strategie dieser berühmten Illusion keine Erfolge verzeichnen, die vielmehr zu dem beispielhaften Niedergang der deutschen Sozialdemokratie führte. Disraeli und Bismarck hatten nicht ganz unrecht, als sie im vorigen Jahrhundert den Proletariern den revolutionären Willen beschneiden wollten, indem sie ihnen das Wahlrecht schenkten. Zugegeben: Dies kann langfristig ebenso ein Irrtum sein. Aber es ist nur dann ein Irrtum, wenn das Wahlrecht als Mittel einer fundamentalen Opposition und dafür benutzt wird, innerhalb des bürgerlichen Staatsapparats exemplarische Zeichen der Gegenmacht aufzurichten. Disraeli und Bismarck haben hingegen recht, wenn sich das Wahlrecht in den Mythos der verfassungsmäßig legalen Revolution verwandelt, die die Emanzipationsbewegung zu einer integralen und integrierten Parlamentarisierung verkommen läßt.

III

Wenn man zu einer strategischen Einschätzung des heutigen bürgerlichen Staats kommen will, ist es ohnehin wenig sinnvoll, sich auf die taktischen Vorschläge und Hypothesen der Klassiker des Marxismus zu beziehen; wie es im übrigen auch wenig Sinn hat, sich sorglos und um ökonomisch-soziale Analysen unbekümmert auf die Appelle und Visionen Bakunins zu berufen. Verbleibt man in kanonisierten Vorstellungen und sieht man von der historischen Veränderung ab, die in der kapitalistischen Welt vor sich gegangen ist, so gelangt man nur zu idealistischen Entwürfen und Perspektiven, die zuweilen einer gewissen romantischen und reaktionären Färbung nicht entbehren. Die Konzeption eines wirklich souveränen Parlaments bezieht sich z. B. auf reale Verfassungsbestimmtheit der beginnenden Kapitalakkumulation, als die industrielle Produktivkraft hauptsächlich durch Manufakturen und die Dampfmaschine repräsentiert wurde. Ähnliche reaktionäre Romantizismen blühen oft in sozialdemokratischen politischen Programmen, die darauf aus sind, die Sympathie kleiner Unternehmer zu gewinnen. Parallel zur parlamentarischen Restauration verspricht man die industrielle Restauration der kleinen Betriebe und die ökonomische Wiederherstellung jener idyllischen «Wettbewerbswirtschaft» des freien Tauschmarktes, verbunden natürlich mit einem gerüttelten Maß an staatlichen und rechtlichen Garantien.

Diese Perspektive gilt auch für eine *praktische*, nicht an Doktrinen festgemachte Überprüfung der theoretischen Positionen von Marx, Engels und

Lenin gegenüber dem Parlamentarismus. Wie schon angedeutet, geht es in erster Linie hier um Lenin. Die schon zitierten grundlegenden Irrtümer der französischen kommunistischen Partei und der französischen kommunistischen Gewerkschaft kann man zum guten Teil der traditionell-doktrinären Treue gegenüber bestimmten Thesen Lenins zuschreiben, die in eine Weltanschauung, in ewige und unveränderliche Axiome umgewandelt wurden. Als ob man nicht wüßte, welche Rolle und welche soziale Funktion – eben eine des Bremsens und der Frustration – «die Kinderkrankheit der Linken» seit Lenins Stellungnahme in theoretischen und politischen Konflikten der europäischen Linken übernommen hat. Marxistisch, d. h. in einer theoretischen Argumentation, die die Praxis einschließt, muß man die *historische Tragweite*, aber auch den *zeitbedingten Charakter* der Leninschen Analyse sehen. In einer Situation, die der bitteren Ironie nicht entbehrt, muß man in dieser Hinsicht auf eine seltsame Differenz achten. Während die kapitalistischen Kräfte hemmungslos auf eigene Ordnungen und liberale Ideale förmlich pfeifen und angesichts der organisatorischen Erfordernissen des Kapitals eine staatliche Teilhabe auch an der finanziellen Verwertung des investierten Kapitals nicht verschmähen, konsultiert der Kommunist angesichts der Notwendigkeit, seine eigenen Kampfpositionen zu radikalisieren, ängstlich eine taktische Schrift Lenins und scheut vor jedem Versuch zurück, der mit Lenins Ordnungsvorstellungen bricht. Es handelt sich nicht darum zu verstehen, inwiefern Lenin vor einem halben Jahrhundert recht daran getan haben mag, die westlichen Parteien zu einer parlamentarischen Orientierung aufzufordern. Es handelt sich um die Einsicht, was sich in der Zwischenzeit geändert hat; welches die neuen ökonomischen und sozialen Bedingungen sind und welche Konsequenzen sich daraus für eine vernünftige Einschätzung der radikalen Kritik ergeben. Auch für Lenin gilt, was wir schon für die traditionalistischen französischen Genossen gesagt haben – nur daß er geschichtlich gerechtfertigt ist. In seinem Urteil über die parlamentarische Mitwirkung und über mögliche politische Allianzen geht Lenin von der Analyse einer Gesellschaft aus, die weder den Faschismus noch die technisch-manipulativen Möglichkeiten der post-faschistischen Umwandlung des bürgerlichen Staats kennen konnte. Noch weniger konnte er die Folgen berücksichtigen, die die Präsenz und Expansion des sozialistischen Lagers auf die Innenpolitik der westlichen Staaten, auf die soziale Haltung des Kapitalismus, in erster Linie auf die Deformation der westlichen Arbeiterbewegungen haben mußte. Die staatliche Organisation des kapitalistischen Reproduktionsprozesses hat zu einer strukturellen und funktionalen Verschiebung des inneren Staatsapparats geführt, bei der Lenins Voraussetzung, das Parlament könne das Zentrum der Macht sein, hinfällig geworden ist. Das müßte aber wirklich schon längst bekannt sein. In den am meisten fortgeschrittenen kapitalistischen Gesellschaften hat die Anzahl der erworbenen Sitze innerhalb der Repräsentationsorgane einen derart sekundären Wert, daß eine rein auf die Wahlen ausgerichtete Strategie lediglich Zeit- und Energieverschwendung bedeutet. Hingegen hat sich – in einem von Lenin nicht vorherzusehenden Maße – die Rolle eines integrativen Machtinstruments immer deutlicher herausgebildet, dessen «Spielregeln» gewiß keine Regeln des anständigen Verhaltens, des Fair play, sind, wie die Apologeten des englischen Unterhauses zu behaupten pflegen; sondern robuste Gesetze, die einen jeden ihrer konservativen Funktionalität unterwerfen, der sie anerkennt. Ihr vordergründig rationaler und von jedem klassenspezifischen Inhalt unabhängiger Charakter ist ein um so tauglicheres Mittel, den Klassencharakter der politischen Kämpfe zu verdecken. Und hier zeigt sich gerade die dialektische Vernunft der außerparlamentarischen und antiparlamentarischen Position der «Kinderkrankheit» des Linksradikalismus. Erst dieser deckt entgegen der aufklärerischen Legende von der Vernünftigkeit des parlamentarischen Systems die antagonistische und klassenbedingte, gewalttätige Struktur unserer Gesellschaft wieder auf.

Gegen die dialektische Vernunft stehen handfeste Apparatsinteressen. Der Rückgriff auf Lenins Polemik gegen den Linksradikalismus und die harte Verurteilung der «Störungen» einer klugen Anpassungspolitik, die die Taktik der Desintegration verursacht, haben spezifische ideologische Implikationen. In ihnen als der Garantie der Erhaltung festgefügter Führungsgruppen steckt die Gefahr des kommunistischen Konservatismus. «Bei dem permanenten Hang, jeden ‹Extremismus› als Kinderkrankheit zu brandmarken, riskiert der Sozialismus, sich selbst zur Sklerose zu verurteilen.»[88]

Dieser alles andere als kühnen, aber immerhin doch qualifizierten Behauptung von Periini kann man die bedrückend traditionalistischen Bemerkungen Waldeck Rochets[89] in seinem Bericht vor dem Zentralkomitee der KPF am 9. Juli 1968 gegenüberstellen. Nachdem er aus Cohn-Bendit nichts weniger als einen Wahlagenten de Gaulles gemacht hat, schließt Waldeck Rochet mit dem Hinweis auf den üblichen Linksextremismus als auf den Feind Nummer eins und die «Hauptgefahr», die das «Bündnis zwischen der Arbeiterklasse und den mittleren Klassen» zerstört. Spätestens hier schlägt die Argumentation allerdings Purzelbäume. Der Extremismus der Linken, der die Allianz mit den Mittelklassen verhindert, ist nach dem Genossen Waldeck Rochet ein typisches Produkt eben der Mittelklassen selbst. Waldeck Rochet warnt also die Arbeiter vor jenen Bürgern, vor jenen Angehörigen der Mittelklassen, die die Revolution wollen; die natürlichen Verbün-

88 T. Periini, Dialektik und falsches Bewußtsein, in: «Rinascita», 15. September 1967.
89 **Anmerkung der Hg.:** Waldeck Rochet (1905–1983), französischer Politiker, Generalsekretär der PCF (Parti communiste français) von 1964–1972.

deten der Arbeiter wären aber in jenen Mittelschichten zu finden, die keine Veränderung wollen, weil sie nicht bewußt unter der Last der bürgerlichen Strukturen leiden: in den konterrevolutionären Mittelschichten.

IV

Die Motive der teils dogmatischen, teils sentimentalen Fixierung auf die verfassungsmäßige Strategie haben unterschiedliche, manchmal zweifelsohne gerechtfertigte Ursprünge. Ein historischer Grund von auch moralisch beachtlicher Tragweite findet sich in der Tradition des antifaschistischen Kampfes. Die Blutopfer, die die Erneuerung des bürgerlichen Staats und die Restauration des parlamentarischen Systems gekostet haben, scheinen jede Unsicherheit in bezug auf die politische, moralische und gesellschaftliche Notwendigkeit der Verteidigung bestehender Verfassungen zu zerstreuen. Diese Motivation erscheint in Italien angesichts des mehrfach unternommenen Versuchs, ein autoritäres Regime wiederaufzurichten, noch begründeter. Man kann durchaus sagen, daß die kommunistische und sozialistische Partei (damals noch nicht integriert und instrumentalisiert, d. h. noch nicht völlig parlamentarisiert) in den fünziger Jahren dazu beigetragen haben, die parlamentarische Verfassung gegen die Rechte zu retten. Aber das bedeutet noch lange nicht, daß die gerettete Verfassung ein fester Stützpunkt für die sozialistische Umwandlung der Gesellschaft und des Staats geworden sei. Daß sie umgekehrt – entsprechend dem Modell der erfolgten Umwandlung in der Bundesrepublik Deutschland – vielmehr eine Stütze autoritärer Rückbildung werden kann, zeigt der Prozeß der politischen Integration und der theoretisch-praktischen Auflösung der sozialistischen Partei Italiens. Man darf nicht vergessen, daß die Korruption der führenden sozialistischen Gruppe gerade mit der «Entdeckung» der ewigen Wahrheiten der parlamentarischen Spielregeln – im Unterschied zu den Methoden der Machtausübung in den sozialistischen Ländern – begann. Das gleiche gilt aber auch für Westdeutschland. Im schon weit entfernten Jahr 1962 ging die deutsche marxistische Linke zusammen mit den Liberalen im Namen der Verfassung auf die Straße, um sie gegen Strauß' mutmaßlich faschistoide Praktiken zu retten. Mit eben diesem Akt bereiteten sie Strauß' «Bekehrung» zur Verfassung vor und ebneten den Weg der Bildung einer christdemokratisch-sozialdemokratischen Großen Koalition. Gewiß war in der Vergangenheit die Verteidigung der parlamentarischen Demokratie häufig eine politische Aufgabe des Proletariats. Nur haben sich daraus heute zweifelhafte Konsequenzen ergeben. Indem man gegen die bürgerlichen Rechte das politische System des Bürgertums verteidigte, schon weil dieses System seinerzeit die Überwindung des Faschismus bedeutete, verfiel man in eine falsche Identifizierung von bürgerlicher Demokratie und Kampf für den Sozialismus. Was ein Ausgangspunkt war, den man im Kampf gegen den Faschismus errungen hatte, verwandelte sich in ein Ziel für den viel umfassenderen Emanzipationskampf der Massen von jedem Ausbeutungs- und Unterdrückungssystem. Um Lelio Basso zu paraphrasieren: Mit dem Ziel vor Augen, dem souveränen Volk das Fürstenzepter zu erobern, verteidigen Sozialisten und Kommunisten das parlamentarische System ohne sich die Frage zu stellen, ob das zu erobernde Zepter nicht auf lange Sicht der Souveränität und vor allem der Freiheit des Volkes völlig unangemessen sei.[90]

Das ist sicher keine leichte Diskussion in einem Land, in dem die bekanntesten Vertreter der politischen Organisationen des Proletariats sich mehr oder weniger explizit als Konstitutionalisten *im Interesse des Proletariats* selbst erklären. Vielleicht ist es legitim sich zu fragen, ob in einer nationalen kapitalistischen Gesellschaft wie der italienischen, die noch kraß desintegriert und deshalb offen antagonistisch ist, der Prozeß der Umwandlung des bürokratischparlamentarischen Staats in einen autoritären, technokratisch-parlamentarischen «Rechts-»staat sich aufhalten läßt. Das würde aber bedeuten: die objektive Entwicklung des heutigen Kapitalismus aufhalten und gleichzeitig die Versuche der herrschenden Klasse bekämpfen, den Staatsapparat zu modernisieren, ihn technisch effektiver und herrschaftsfunktionaler zu machen. Sowohl die Arbeiterbewegung wie die reaktionären Kräfte sprechen heutzutage von der «Reform des Staats», wie man von der Reform der Universität, der Schulen, der Betriebsstrukturen und so weiter spricht. Es liegt jedoch allerhand Naivität in der Annahme, der Klassenkonflikt – auch in der sehr spezifischen Form eines Kampfs um die politische Macht – ließe sich als Wettstreit von Reformern austragen, als eine Art Konkurrenz zwischen reaktionären Plänen (z. B. der Einführung eines Mehrheitswahlrechts und ähnlicher Vorschläge) und fortschrittlichen Plänen, z. B. – wie in den Vorschlägen der KPI – der Einschaltung des Parlaments in die Diskussion über die Wirtschaftsplanung («demokratische Programmierung»). Und dieselbe Naivität drückt sich auch in den Rufen nach einer fortschrittlichen Volksfront aus, die die Klassenschranken aus allgemeinen Gründen der politischen Moral, der «Demokratie», der «Humanität» überwinden soll – dies um so mehr als in den fortgeschrittenen kapitalistischen Ländern die «Überwindung» der Klassenschranken bis heute immer einen korporativistischen Charakter gehabt hat: Von den französischen Kommissionen über die «konzertierte Aktion» der Sozialdemokraten bis zur englischen Einkommenspolitik. Solche aufklärerischen Wünsche irren in drei

90 Vgl. Lelio Basso, 11 principe senza scettro, Feltrinelli, Milano 1958. Basso vertritt in dieser Schrift eine Verfassungsinterpretation, die an Wolfgang Abendroths Possibilismus bei der sozialistischen Deutung des Grundgesetzes erinnert.

grundlegenden Punkten: 1. fällt der Einbau der Arbeiterpartei in einen im wesentlichen bürgerlichen Regierungsapparat (die Regierungsbeteiligung kommunistischer Führungsgruppen) nicht mit einer tatsächlichen Hegemonie der Arbeiterklasse bei der Organisation der gesellschaftlichen Reproduktion zusammen; daraus folgt 2., daß allein die soziale und wirtschaftliche Machtübernahme durch die Massen (sei es im industriellen, sei es im wissenschaftlichen Produktionsbereich) einer hypothetisch vorstellbaren parlamentarischen Eroberung der Macht durch die proletarischen Parteien eine sichere Basis geben kann, um von da aus politisch die Emanzipation von jeglichem repressiven System und den Aufbau des Kommunismus voranzutreiben; 3. schließlich nimmt die Regierungskollaboration zwischen Arbeiterparteien und bürgerlichen Parteien eine zweifach konterrevolutionäre Qualität an: Sie schließt einen politischen Kompromiß ein, der auf lange Sicht die revolutionäre Perspektive zerstört; und gleichzeitig führt sie einen sozialen Kompromiß herbei, der den offenen Klassenkampf verhindert. Auf diesen letzten Punkt ist zu achten. Die Verwirklichung der Demokratie im Rahmen der gültigen Verfassungsformen (die Annäherung von Verfassungsnorm und Verfassungswirklichkeit) hat die Funktion, den Klassenkampf zu eliminieren und die Gefahr revolutionärer Umtriebe durch den Mechanismus einer friedlichen und versöhnlichen «Wachablösung» politischer Führungsgruppen abzuwenden. Man denke nur an das englische Beispiel. Das kann durchaus bejaht, aber nicht als Schritt zu einer allmählichen Umwälzung gesellschaftlicher Verhältnisse ausgegeben werden. Selbst bei radikalster Verwirklichung von Verfassungnormen bliebe die konstitutionelle Struktur der Machtausübung bürgerlich, wie auf der anderen Seite die ökonomische Basis der staatlichen Beteiligung oder der Mitbestimmungsmodelle kapitalistisch bleibt: auf Mehrwertproduktion gerichtet. Kurz: Den bürgerlichen Staat in einen Staat der wahrhaften Volksregierung verwandeln zu wollen, hat den gleichen rein ideologischen und im Grunde reaktionären Charakter wie die Vorschläge, den Monopolkapitalismus dadurch zu überwinden, indem man ihn durch breite Streuung einer großen Anzahl von sogenannten Volksaktien zum «Volkskapitalismus» erklärt.

Die Argumentation gilt auch hinsichtlich der bürgerlich-demokratischen Errungenschaft. Es liegt eine Art Faszination in der Vorstellung, das Proletariat bemächtige sich gerade der demokratischen Staatsorgane, die von der Bourgeoisie zwar in die Geschichte eingeführt, von ihr aber aufgegeben und verraten worden sind. Bei diesen Organen handelt es sich aber nicht um rein technische und deshalb für jeden Gesellschaftstyp, für jede Produktionsweise und für jeden sozialen Inhalt verfügbare Aggregate. Zum Beispiel: Das freie parlamentarische Mandat wird nicht unversehens progressiv und sozialistisch, wenn der Abgeordnete ein proletarischer Abgeordneter ist.

Das Kapital bleibt bekanntlich kapitalistisch, wenn es, statt vergesellschaftet zu werden, den Privathänden bewährter und zuverlässiger Genossen anvertraut wird. Die politischen Errungenschaften des Bürgertums, deren Verwirklichung heute in die Hände der lohnabhängigen Massen übergegangen ist, bestehen vielmehr in konkreten Individualrechten, die wenig mit den staatlichen Organisationsformen zu tun haben und überdies häufig genug der geltenden politisch-rechtlichen Ordnung widersprechen. Man denke an das Streikrecht. Man denke an die Gleichheitsnormen, an die Meinungs- und Kritikfreiheit und an die Freiheit der aktiven Teilnahme an Entscheidungsprozessen – emanzipatorische Inhalte, zu deren Verteidigung sich in der Tat das Kämpfen lohnt. Nur stoßen diese Grundrechte des Menschen gegen die organisatorischen Bestimmungen der Verfassung, die dazu dienen, den politischen Willen der Massen zu kanalisieren und zu disziplinieren. Sie heben am Ende den emanzipatorischen Charakter der Grundrechte wieder auf.

V

Es wurde schon auf die negativen Folgen der Wahlstrategie (einer Strategie, die auf den Wahlerfolg abzielt und deshalb im konstitutionellen Rahmen bleibt) hingewiesen, die von der notwendigen Anpassung an den Mittelstand und an labile Gruppen innerhalb der Wählerschaft herrühren. Hierin zeigt sich nicht nur eine zufällige Schwäche, sondern eine wesentliche Veränderung im Verhältnis zwischen sozialem Konflikt und dessen politischer Austragung im Wahlakt. Die gesellschaftliche Dialektik entwickelt objektiv Situationen, die fraglos zur Zeit des Kampfs um ein allgemeines Wahlrecht nicht vorhanden noch vorhersehbar waren. Noch in den Anfängen der imperialistischen Periode fiel der Kampf des Proletariats für das gleiche Stimmrecht unmittelbar mit dem Klassenkampf zusammen: Das Stimmrecht mußte gegen die Bourgeoisie errungen werden. Heute, da die Umpolung sozialer Konflikte auf Wahlauseinandersetzungen einen wesentlichen Bestandteil der institutionellen Strategie bildet, geht dieses ursprüngliche Verhältnis in die Brüche. Konzentriert sich die politische Tätigkeit einer proletarischen Partei primär auf die Stärkung ihrer Position innerhalb des bürgerlichen Staats und auf die Erhärtung ihrer Präsenz als «Alternativ»-teil des politischen Machtmechanismus, so geht ihre Präsenz und ihre aktivierende Funktion im Klassenkampf verloren. Oder sie verkommt zu der, als höhere dialektische Einsicht stilisierten Verlegenheitsparole, Wahlkampf sei Klassenkampf. Daß der erstere vielmehr den letzteren voll ersetzen soll, bestätigt sich im Verhalten der Parteiorganisationen beim Ausbruch politisch geprägter Auseinandersetzungen zwischen Arbeit und Kapital. Die Absage an eine konkrete, eben aktivierende Präsenz beim Klassenkampf äußert sich in dem Versuch der Parteiführungen, unmittelbar entstehende Konflikte im Produktionsbereich einzudämmen und unter Kontrolle zu bringen. Zuweilen ergeben sich daraus gegensätzliche Interessen zwischen der Betriebsbasis einer Partei, die vom Konflikt lebt, und der Parteispitze, deren allgemeine Linie es verbietet, lokale Arbeitskämpfe, die für eine passive Mobilisierung durchaus nützlich sein können, zu einer totalen Konfrontation ausweiten zu lassen.

Um diese zu vermeiden, findet nicht selten eine Verkehrung der spezifischen Funktion der Partei statt. Sie wird nicht als aktives Element tätig, sondern als Bremse und als Instanz des allgemeineren Neutralisierungsapparats des bürgerlichen Staats, wenn die Arbeiter sich von zentralen Organisations- und Ordnungsbefehlen freimachen und den Klassenkampf autonom aufnehmen und führen. Als ideologische Begleiterscheinung stellt sich auch die Klassendiffamierung ein: Was sonst als revolutionäres Subjekt dargestellt wird, verwandelt sich in ein unreifes Kind, das irrational und zu früh und mit ungeeigneten Mitteln und überhaupt ungefragt losschlägt. Oder in ein verführtes Kind, das Opfer von Provokationen und Provokateuren.[91]

Das richtige Verhältnis läßt sich dann selbst in Krisensituationen schwer wiederherstellen. Anders, wenn man die Strategie wieder auf die Füße stellt und statt den Klassenkampf den Erfordernissen des Wahlerfolges zu opfern, die besondere politische Situation der Wahlzeit in den Dienst des Klassenkampfs stellt. Derart wird aus der Wahlbeteiligung proletarischer Parteien und aus ihrer parlamentarischen Präsenz ein sekundäres Mittel taktischer Natur. Die parlamentarische Opposition *könnte* sich der bürgerlichen Instrumentalisierung entziehen und zur politischen Verlängerung des konkreten Widerstands werden, der primär dort stattfindet, wo Gegenmacht sich in den Betrieben, an den Universitäten, in den sozialen und kulturellen Organisationen und Gruppierungen durchsetzt. Verwirklichen läßt sich diese Möglichkeit allerdings nur, *wenn die Opposition Opposition bleibt* und im Parlament als ständiger Widerstand wirksam ist, auf der sekundären politischrechtlichen Ebene die Revolution und den dauernden Kampf für die Emanzipation widerspiegelt. Das bedeutet aber, daß die parlamentarische Tätigkeit nicht als Mittel zur Gewinnung staatlicher Macht angewendet wird

91 Nachträglich läßt sich feststellen, daß diese, für die französische KP spezifische Politik ihre Wiederholung im italienischen Heißen Herbst erfahren hat. Die Politik der KPI hat die prinzipielle Ablehung aller Klassenautonomie seitens traditioneller Arbeiterparteien bestätigt. Der in der Vorbemerkung schon zitierte Amendola hat übrigens die Klassendiffamierung anläßlich des erwähnten Kongresses verdeutlicht: Er «appelliert» an die italienische Arbeiterklasse, die politische Führung des Landes mitzutragen, aber «ohne Mythologie ... wohl wissend, daß die Arbeiterklasse sich geändert hat ... schon auf Grund ihrer chaotischen Bildung und durch den Einbruch unruhestiftender Elemente», vgl. die zitierten Protokolle des Kongresses zu Bologna April 1973, in: Sistema industriale e sviluppo economico in Italia, Il Mulino, 1973, S. 136

und daß die Opposition fundamental bleibt und sich in keine parlamentarische Fraktion verwandelt, die tendenziell regierungsorientiert ist: sich schlicht und einfach als Regierungsalternative anbietet.

Aus der Analyse der heutigen kapitalistischen Gesellschaften läßt sich erkennen, daß eine proletarische Opposition in den Vertretungskörperschaften ihre revolutionäre Aufgabe unter Vermeidung der Integrationsgefahr nur in dem Maße erfüllt, in dem sie selbst sich innerhalb einer grundsätzlich außerinstitutionellen Strategie bewegt. Daß dabei das Problem möglicher Allianzen eine zentrale Bedeutung erlangt, bleibt unbestritten. Allerdings ist dieses Problem zu lösen im Zusammenhang mit der umfassenden sozialen Bewegung und auf dem Hintergrund des sozialen Konflikts, und nicht aus der Sicht möglicher Stimmengewinne oder eines möglichen Wahlsiegs. Doch muß diese Strategie auch offen durchgehalten werden. Verschweigt man aus taktischen Gründen das desintegrierend revolutionäre Ziel, d. h.: Spielt man taktisch das Spiel der oberflächlichen Bündnisse aus Wahlopportunismus, so erzielt man ausgezeichnete Wahlergebnisse, vermehrt die Zahl der Parlamentssitze und öffnet sich schließlich dem Zugang zu den Hebeln der Macht. Es wird aber nicht leicht sein, exakt die Grenze zwischen kluger Taktik und gefährlichen strategischen Konsequenzen einzuhalten. Einerseits degeneriert auf diese Weise der Wahlakt genau zu dem Sozialbetrug, der bei bürgerlichen Parteien üblich ist. Auf der anderen Seite betritt der Vertreter der Arbeiterklasse am Tag nach seinem schönen Wahlerfolg das Zimmer, wo besagte Hebel sich befinden, und stellt überrascht fest, daß er Sozialdemokrat geworden ist. Die Taktik verschlingt die Strategie, und der gute Wille scheitert an den objektiven Bedingungen der Parlamentarisierung. Dies alles redet keinem Purismus das Wort. Ob eine Partei der Fundamentalopposition sich an Wahlen beteiligt oder nicht, ist keine Frage des Prinzips, sondern der Einschätzung der allgemeinen ökonomischen und sozialen Lage sowie der besonderen Stellung und des parteipolitischen Kräfteverhältnisses. Die formelle Beteiligung bedeutet keineswegs schon Entscheidung für ein systemkonformes Verhalten. Allgemeine Wahlen können ohnehin ein ausgezeichnetes Mittel der Kontrolle über den Kontakt zwischen der organisierten Bewegung und den Massen darstellen: die «Heerschau» – wie man früher sagte – der verfügbaren Kräfte. Sie können auch einen praktischen Beweis für die theoretische Glaubwürdigkeit der proletarischen Parteien liefern, ohne allerdings jenen viel konkreteren Wert der Kontrolle, des Beweises anzunehmen, den die außerparlamentarische Praxis hat – sei es auf der Straße, sei es in ökonomischen und politischen Streiks. Offen ausgesprochen: Die Revolution braucht nicht die passive Radikalisierung der Wähler, um die schicksalschweren 50,1 Prozent zu erreichen; sondern die aktive Mobilisierung: die revolutionäre Praxis und das revolutionäre Bewußtsein der Massen, die sich emanzipieren wollen. In dieser Hinsicht wiegt ein politischer Streik mehr als ein Wahlerfolg.[92]

Stellt sich die aktive Mobilisierung nicht ein, so führt die Erringung politischer Machtpositionen in einem intakt gebliebenen bürgerlichen Staat seitens einer proletarischen Partei keineswegs zu einem Übergang in die «Gesellschaft der Freien und Gleichen», in den Kommunismus. Selbst die dadurch ermöglichte, partielle Veränderungen der Produktionsweise (Ausdehnung des verstaatlichten Sektors der Produktion) wäre nur eine Oberflächenerscheinung – eine Änderung nur in der juristischen Form des Eigentums, nicht in der Organisation der Arbeit, die nach wie vor auf Mehrwertproduktion ausgerichtet bliebe.[93]

Es genügt indessen nicht, vom geringen strategischen Wert der Wahlen zu sprechen und vor einem parlamentarischen System zu warnen, das sich in einen Appendix der realen Macht verwandelt oder in die Vertretung und die politische Organisation der realen Macht umfunktioniert hat. Nicht weniger wichtig ist die konkrete Analyse der gesellschaftlichen, ökonomischen und ideologischen Funktionen des bürgerlichen «Staats» in seiner Gesamtheit. Dieser wird oft selbst von proletarischen Parteien als ein Volks- und – wohlverstanden – «Rechts-»staat dargestellt und propagiert. Während sich die Wächter über die traditionalistische Generallinie gern auf polemische Stellungnahmen Lenins gegen den Radikalismus der Linken beziehen, vergessen sie genauso gern seine Analyse der strukturellen und institutionalen Beziehungen des Rechtsstaats zur kapitalistischen Produktionsweise. Nicht, daß in diesem Punkt eine Revision Lenins überflüssig wäre. Die strategische Erwägung kann heutzutage nicht mehr von der begrifflichen Abstraktion eines Staats der Monopole ausgehen, der nur in dem mechanischen Sinn einer Protektion der Überprofite, der intensiveren Ausbeutung und der Unterstützung der imperialistischen Expansion operiert. Es gilt, die doppelte Funktion eines politischen Apparats zu verstehen, der – wie schon erwähnt wurde – Aufgaben und damit auch pluralistisch gefaßte Strukturen in der Distributionssphäre übernimmt; während er in bezug auf die Basis der Gesellschaft, auf den

92 Hier ist wiederum ein inzwischen erzielter «Fortschritt» der KPI-Führung anzumelden. Der Generalsekretär der Partei, Berlinguer, versicherte im Zusammenhang mit dem «historischen Kompromiß», die KP wolle in Italien selbst bei Erreichung der absoluten Mehrheit nicht allein ohne bürgerliche Parteien regieren.

93 Noch ein Wort zur Verfassungsorientierung traditioneller Parteien. Wenn z. B. die DKP beteuert, daß auch für sie der wesentlichere Kampf in der Gesellschaft und nicht im Parlament stattfindet, so besteht kein Grund, ihre Ehrlichkeit anzuzweifeln. Wenn aber zugleich – wie häufig schon geschehen – von Parteiseite hinzugefügt wird: weil nur der außerparlamentarische Druck der Partei die parlamentarische Durchsetzung ihrer Politik ermögliche, so erhält die außerparlamentarische Strategie ganz eindeutig einen bloß instrumentalen Wert; und die Ehrlichkeit der Beteuerung läßt sich nur durch die Annahme einer beachtlichen Denkunfähigkeit aufrechterhalten.

Produktionsbereich, die gesamtgesellschaftliche Reproduktion des Kapitals betreibt und daher Klassenstaat bleibt. Es scheint, als hätte die italienische kommunistische Partei (auch in diesem Punkt zeigt sich die Folge ihrer Verfassungsfixierung) im Laufe der letzten Jahre diesen Charakter des Staats aus dem Auge verloren. Sie gleitet förmlich in seine allgemeine Verteidigung hinüber und gibt ihn als neutrales, beliebig benutzbares Wesen aus: eine allgemeine, gesellschaftlich nicht spezifizierte Entität, die von der materiellen Basis und den materiellen Widersprüchen des Lebens völlig unabhängig ist.

Im Grunde steht dahinter eine rein idealistische Vision (das alte Crocianische Erbe des italienischen Marxismus), die von abstrakten Begriffen dessen ausgeht, was die soziale Wirklichkeit ausmachen *sollte*. Die verkündete Perspektive der Strukturreformen reduziert sich derart oft nur auf eine andere Interpretation (eine intentional proletarische oder zuweilen simpel volkstümelnde Interpretation) bürgerlicher Organe und Machtmechanismen. Man verwendet dieselbe Methode und denselben Wissenschaftsbegriff des Neoliberalismus, der, ohne das kapitalistische System substantiell ändern zu wollen, dessen einzelne Elemente in andersartiger Weise – z. B. im Sinne der Zusammenarbeit zwischen den Klassen – interpretiert.

So wird der Arbeiter als «Konsument» gedeutet; das Parlament wird als reale und wirkungsvolle Volksvertretung dargestellt; das Oberhaupt des Staats wird als eine überparteiliche Qualität interpretiert, die auf das höchste Gut der Nation ausgerichtet ist.

VI

Es wäre unrealistisch und wenig aufrichtig, nur an die historischen und subjektiven Gründe der konstitutionellen Orientierung zu denken, die für den Großteil der politischen Führer des Proletariats charakteristisch sind. Es gibt auch strukturelle Gründe, die nicht verschwiegen werden dürfen und eine strengere Kritik erfordern. Jede Organisation tendiert zu ihrer Selbsterhaltung und zur Verteidigung ihrer eigenen historisch entwickelten Strukturen: die bekannte Gefahr der Verdinglichung, der Entfremdung von den Massen und der sich verselbständigenden Vorherrschaft der Interessen eines Apparats gegenüber den Mitgliedern der Organisation selbst. Das hat mit schlechtem Willen nichts zu tun, wohl aber mit den objektiven Folgen subjektiv ehrlicher Entscheidungen. Die großen Arbeiterparteien des europäischen Westens haben ihre Strukturen und ihre Strategie derart an den parlamentarischen Mechanismus gekoppelt, daß sie selbst nicht der Ideologie nach, wohl aber in der täglichen Realität des politischen Verhaltens und der politischen Beschlüsse im wesentlichen zu Wahlparteien geworden sind.

Sie sind *objektiv* (und folglich nicht aufgrund mangelnder Moral führender Gruppen und des Apparats) zum periodischen Klassenkompromiß gezwungen. Unter dem Druck dieses objektiven Zwangs paßt sich ihre organisatorische Tätigkeit einem ihren Anspruch als Avantgarde zerstörenden Machtmechanismus an. Es seien hier zwei Erscheinungsformen dieser Anpassung erwähnt. Man denke etwa an die spezifische Art der allgemeinen Mobilisierung, die während der Wahlschlachten stattfindet und die ständig mit der allgemeinen Demobilisierung (und Frustration) der eigenen Anhänger nach den Wahlen endet. Oder man denke an die propagandistischen Teilmobilisierungen, die jedesmal in Gang gesetzt werden, wenn die proletarische Parlamentsfraktion eine Gesetzesvorlage einbringt oder die Vertrauensfrage stellt oder eine Untersuchungskommission beantragt: Vorkommnisse, die belanglos sind, dem Publikum aber präsentiert werden als Handlungen, die die Welt bewegen und auf die völlige Umwerfung des Systems der etablierten Macht abzielen. Der objektive Charakter des Zwangs zeigt sich am französischen Beispiel sehr deutlich. Nachdem die Kammer aufgelöst und neue Wahlen angekündigt worden waren, mußten die französischen Kommunisten sich in falsche Identifizierungen (mit dem Kleinbürgertum) und in verfälschende Gegenpositionen (zu der Studentenbewegung und zu dem politischen Streik) verwickeln. Aber man täusche sich nicht: Sie waren dazu gezwungen, *weil* sie auf die Wahlen gesetzt hatten und nicht auf die Wirkung der gesellschaftlichen Desintegration und der Verstärkung des Klassengegensatzes, die aus dem Generalstreik und aus der Annäherung zwischen Studenten und Arbeitern sich zu entfalten begannen. Was wäre geschehen, was hätte in Frankreich geschehen können, wenn die KPF ausnahmsweise die allgemeinen Wahlen boykottiert und die Legitimität der Auflösung der Kammer bestritten hätte. Keine rhetorische Frage, sondern lediglich die Feststellung einer verpaßten welthistorischen Situation.

Ähnliches ereignet sich in Westdeutschland. Nachdem die deutsche kommunistische Partei sich in streng konstitutioneller Observanz gebildet hatte, sah sie sich genötigt, sich gegen die außerparlamentarische Opposition der am weitesten vorangeschrittenen Gruppierungen der Linken abzusetzen, um das alte Disziplin- und Wahlgewand wieder zusammenzuflicken.

Solche falschen strategischen Entscheidungen greifen die Substanz einer Partei an. Setzt eine kommunistische Partei auf die Verfassung statt auf die Revolution und konstitutionalisiert sie sich, so verändert sich dabei von Grund auf auch ihr eigenes Organisationsprinzip. Sie verliert schließlich ihren Charakter: Sie ist nicht länger avantgardistische Kraft, die den Bruch anstrebt und die Kader der dynamischen Gegengewalt stellt. Sie wird, wenn nicht direkt zur Ordnungspartei, so doch zu einer wohlgeordneten Partei ohne innere Dialektik (denn eine lebendige innerparteiliche Debatte könnte bekanntlich die Wähler verwirren); einer Partei von Kandidaten, die für die legale Arbeit der Gesetzgebungsorgane und der Regierungen bereitstehen; einer rechtschaffenen Partei, die die Stimmen der Rechtschaffenen verdient. Nun, wie man weiß: die Rechtschaffenen lieben die Organisation der permanenten und aktiven Mobilisierung nicht, denn diese stört den Schlaf, die Träume, die Moral und den Konsum.

Hier stoßen wir auf eine wesentliche Ursache der Ablehnung einer neuen außerparlamentarischen Strategie seitens der traditionell kommunistischen Parteien. Jede kritische Haltung und jede wirklich fundamentale Opposition gegen den bürgerlichen Staat, die von der Perspektive der permanenten Mobilisierung der Massen ausgeht, bringt notwendigerweise eine Änderung der bestehenden Organisationsstruktur, der Funktion und Haltung führender Gremien, der Beziehung zwischen Kadern und Basis mit sich. Eine aktive Basis verlangt den Kadern härteres Arbeiten ab und macht den Abschied von den Bequemlichkeiten jeglichen parlamentarischen Abenteurertums und aller parlamentarischen Voluntarismen unvermeidlich.[94]

Es handelt sich hierbei um einen Wandel – die Aufhebung der Berufsrevolutionäre – der ohne intellektuelle Opfer, ohne Preisgabe materieller Gewohnheiten und Interessen und ohne das Risiko eines harten theoretischen und praktischen Übergangs sich nicht vollziehen kann. Das ist nicht ohne weiteres akzeptabel – obwohl genau hierin der Scheidepunkt zwischen versuchtem Kommunismus und angepaßter Sozialdemokratie liegt. Es wird an der Basis und in den Spitzengremien sicher viele Genossen geben, die (ohne zu wissen, daß sie damit das Losungswort des borniertesten deutschen Konservatismus wiederholen) sagen werden: Wir machen keine Experimente, wir setzen keine Organisation und keine Kampfmethode aufs Spiel, die wohlerprobt sind und gut funktionieren, einem neuen Weg zuliebe, dessen Ausgang wir nicht kennen. «Laßt uns nicht zuviel riskieren, um nicht alles zu verlieren», haben schon die deutschen Sozialdemokraten angesichts des Aufstiegs des Nazismus proklamiert. Aber eines Tages wird ein jeder Genosse anfangen über das in der Tat etwas seltsame Phänomen nachzudenken, daß die von der Geschichte so erprobten Organisationen und Methoden in den kapitalistischen Ländern des Westens nicht nur in keinem Fall zur Revolution geführt haben, sondern nicht einmal dazu taugten, die Konterrevolution aufzuhalten.

---

94 Offen gesagt: Es ist viel leichter und bequemer, alle vier Jahre an propagandistische Stratageme zu denken, als dauernd auf eine Strategie zu reflektieren, die auch das Handikap des Unverständnisses vieler Wähler einbegreift. Der Hinweis scheint notwendig zu sein, daß «dreißig von hundert», bestehend aus dem bewußten organisierten Proletariat eine wirksamere Stoßkraft auf die, konstituierte Macht bilden (und einen größeren emanzipatorischen Schwung besitzen) als dreißig von hundert Wähler auf dem Wege zum glorreichen Ziel von fünfzig pro hundert.

Es ist hier nötig, alle Widersprüche zwischen angeblich revolutionärer und Integrationsstrategie zu eliminieren. Wenn man von den in den bürgerlichen Staat gesetzten Hoffnungen zu einer materialistischen Analyse der Kampfmöglichkeiten übergeht, wird es einem auch gelingen, von der Denkkrankheit loszukommen, die die Arbeiterbewegung ruiniert: von dem senilen Antiradikalismus der traditionellen Linken, die sich ständig auf die «Errungenschaften» zurückzieht und dadurch Kopf und Kragen zu retten versucht. Sie möchte den Kopf der eigenen unantastbaren Position als Partei retten, die sich in ehrenwerter Weise in die «Volksvertretung» eingereiht hat; und den Kragen der für die Massen bestimmten, wohlwollenden Deutung der Organe, zu denen man gerade Zugang gewonnen hat und die als «fortschrittlich», als «demokratisch» ausgegeben werden.

Allzuviel Vertreter und Anhänger einer proletarischen Befreiung sprechen von der Revolution und denken an die nächsten Wahlkämpfe. Sie zitieren den Satz Rosa Luxemburgs über den parlamentarischen Kretinismus, lassen sich jedoch von der parlamentarischen Funktionalität fortreißen und werden so selbst zu Funktionären der Konservierung bestehender Verhältnisse. Sie akzeptieren Mechanismen, die tendenziell oder real repressiv sind und suchen ihr Heil in einer «wahrhaft» demokratischen oder kommunistischen oder humanistischen Interpretation all dieser bürgerlichen Machtinstrumente, die sich im Laufe von hundert Jahren angesammelt haben.

Mit einem Wort: Sie haben die elfte Feuerbach-These vergessen und beschränken sich darauf, den bestehenden Staat aufklärerisch zu *interpretieren*, statt ihn radikal zu *verändern*.

Johannes Agnoli

Die Subversive Theorie

«Die Sache selbst» und ihre Geschichte

266 Seiten, kartoniert,
ISBN 3-89657-066-8, 18,80 EUR

«Ich lasse euch hoffen.» – So endet die «Subversive Theorie» Johannes Agnolis. Das Buch dokumentiert die letzte Vorlesungsreihe des Autors 1989/90 am Berliner Otto-Suhr-Institut. «Ich wollte», so Agnoli, «Abschied nehmen von der akademischen Aktivität mit einer Reise quer durch die Geschichte der Theorie der menschlichen Rebellion gegen jede Form von Macht und der Unterdrückung. Ich hatte zwei Ziele, abgesehen von meinem grundlegenden Wunsch, das Denken anzuregen und das Gehirn kritisch einzusetzen. Als erstes geht es um eine historische Forderung: den anderen Weg der Entwicklung des ‹Bewusstseins der Freiheit› aus der Vergessenheit zu reißen, selbstverständlich nicht als linearen Prozess im Sinne Hegels, sondern als ständige Präsenz. Und ich wollte zweitens verständlich machen, daß dieser Weg noch nicht zuende ist, daß die Hoffnung auf eine Gesellschaft der Freien und Gleichen nicht etwa eine eintägig-vergängliche und bedenkliche Kundgebung ist, sondern vielmehr, um es mit Nachdruck zu sagen, der eigentlich Existenzgrund der Menschheit.»

Das Buch wird ergänzt durch ein Sach- und Personenregister sowie umfangreiche Quellenangaben.

Weitere Titel von Johannes Agnoli im Schmetterling Verlag:

Faschismus ohne Revision

177 Seiten, kartoniert, ISBN 3-89657-074-9, 15,00 EUR

Politik und Geschichte

266 Seiten, kartoniert, ISBN 3-89657-073-0, 22,00 EUR

1968 und die Folgen

275 Seiten, kartoniert, ISBN 3-89657-075-7, 15,00 EUR

Moritz Zeiler

Materialistische Staatskritik

Eine Einführung

200 Seiten, kartoniert, ISBN 3-89657-671-2
12,00 EUR, **theorie.org** im Schmetterling Verlag

Die Analysen des Staates gehen in der Linken weit auseinander. Das Spektrum der Interpretationen reicht von der Idealisierung bis zur Dämonisierung, von der Übernahme des Staates bis zu seiner Abschaffung. Während der Staat für die einen als Garant des Allgemeinwohls gilt, betrachten ihn andere als das Instrument der kapitalistischen Klassenherrschaft und wieder andere sehen in ihm das Terrain sozialer Kämpfe.

In seiner Einführung präsentiert Moritz Zeiler die zentralen Thesen marxistischer Theorie zum Staat: Die fragmentarischen Überlegungen bei Marx und Engels, die instrumentelle Staatstheorie bei Lenin, die Hegemonietheorien des Westlichen Marxismus von Gramsci, Althusser und Poulantzas sowie die Analysen von Paschukanis zum Verhältnis von Warenform, Rechtsform und Staatsform und später daran anknüpfende Arbeiten von Agnoli, Hirsch, Holloway und anderen.

Ebenso zeichnet das Buch die linken Debatten über das Verhältnis von Staat und Faschismus nach – geht aber auch auf libertäre Staatskritik, feministische Ansätze und aktuelle Herausforderungen ein.

Erfreulich ist insbesondere, wie Moritz Zeiler die vorgestellten theoretischen Ansätze nicht bloß in klarer und zugänglicher Sprache weitgehend voraussetzungsfrei darstellt...
Moritz Assall in «Forum Recht», 2/18

Zeiler orientiert sich dabei an zentralen Elementen der Marxschen Gesellschaftstheorie – Analyse, Kritik und Subversion – und lädt zum Weiterdenken beispielsweise über das Verhältnis von Ökonomie und Politik ein. Insbesondere der Rekurs auf verschiedene Erklärungsmodelle faschistischer Herrschaft liefert für die Gegenwart erhellende Impulse. Wer eine fundierte Einführung in die Kritik des Staates sucht, welche die wichtigsten Ansätze bespricht und eine umfangreiche Literaturliste enthält, sollte zu diesem Buch greifen.
Moritz Strickert in «analyse & kritik», Nr. 632 / 14.11.2017